Franz Otto Spamer

Vier grosse Bürger

die Wohlthäter und Helden ihres Volks: George Washington und Benjamin

Franklin, Friedrich Wilhelm von Steuben, Abraham Lincoln

Franz Otto Spamer

Vier grosse Bürger
die Wohlthäter und Helden ihres Volks: George Washington und Benjamin Franklin,
Friedrich Wilhelm von Steuben, Abraham Lincoln

ISBN/EAN: 9783742890597

Hergestellt in Europa, USA, Kanada, Australien, Japan

Cover: Foto ©Thomas Meinert / pixelio.de

Manufactured and distributed by brebook publishing software
(www.brebook.com)

Franz Otto Spamer

Vier grosse Bürger

Vier große Bürger,

die Wohlthäter und Helden ihres Volkes.

Otto Spamer's

Illustrirte Jugend- und Hausbibliothek, X. Serie.

Pantheon.

Große Menschen und denkwürdige Ereignisse

aus der Geschichte

aller Zeiten und Völker.

George Washington, Benjamin Franklin;
Friedrich Wilhelm von Steuben und Abraham Lincoln,

die Wohlthäter und Helden ihres Volkes.

Dem Volke und der Jugend vorgeführt

von

Franz Otto und Dr. H. Schramm.

Mit zahlreichen in den Text gedruckten Abbildungen, Tonbildern 2c.

—∗—

Leipzig,
Verlag von Otto Spamer.
1873.

Vier grosse Bürger.

8.

Leipzig: Verlag von Otto Spamer.

„Treu vereint bis zum Tode!"

Kosciuszko — Washington — Steuben.

Vier große Bürger,

die Wohlthäter und Helden ihres Volks:

George Washington und Benjamin Franklin,
Gründer der Nordamerikanischen Union,

Friedrich Wilhelm von Steuben,
Organisator der nordamerikanischen Streitkräfte,

Abraham Lincoln,
Wiederhersteller der großen transatlantischen Republik.

———

Lebensläufe in aufsteigender Linie der Jugend und dem Volke erzählt

von

Franz Otto und Dr. H. Schramm.

Mit 50 Text-Illustrationen, vier Tonbildern sowie zwei Buntbildern.

———

Leipzig,

Verlag von Otto Spamer.

—

1873.

Zur Einführung.

Wie sehr auch in den bisher erschienenen Serien unserer „Illustrirten Jugend- und Hausbibliothek" die geschichtliche und beziehentlich geographische Richtung die ihr gebührende Pflege gefunden, für umfänglichere Lebensbeschreibungen im Zusammenhange mit Schilderungen einzelner weltbewegender Ereignisse ließ sich innerhalb des festgesetzten Rahmens der erforderliche Raum nicht ausreichend gewinnen. Und doch ist im Allgemeinen der Mensch dem Menschen das Interessanteste. Giebt es besonders in der Völkergeschichte und in der Geschichte des Menschengeistes etwas Anziehenderes und Lehrreicheres, als das Leben Derjenigen, welche die Fäden der Geschichte in der Hand hielten und rüstig an dem unausgesetzten und unaufhaltsamen, nur bald langsameren, bald rascheren, nie jedoch stille stehenden geistigen und sittlichen Fortschritte des großen Ganzen mitarbeiten! Wieviel Stoff zu fruchtbringenden Betrachtungen liegt in der Vergleichung ihres Lebens und ihrer Thaten sowie der bestimmenden Ursachen zu letztern! Ziehen wir ein Fazit am Schlusse solcher vergleichender Lebensbeschreibungen, da müssen wir uns freilich eingestehen, daß das friedliche Thun der Wohlthäter der Menschheit nur zu oft an bleibenden Glanz von dem kriegerischen Schein, der die Häupter der Heroen des Schlachtfeldes umgiebt, übertroffen wird. Aber während meist aus der Blutsaat neue Bluternten hervorgehen, mehret sich der von Helden des Friedens ausgestreute Segen von Geschlecht zum Geschlechte.

Denn was der einzelne bedeutende Mensch in Zeit und Raum erkennt und schafft, das ist nichts für sich Bestehendes, das gehört nicht ihm allein an, soll nicht nur dem Volke, welchem er entstammt, sondern der ganzen Menschheit zugute kommen. Und mit Recht empfindet es namentlich unsere Zeit als ein Bedürfniß der Fortentwicklung, daß jegliches Weiterschreiten, statt nur einem Theile oder vielleicht gar einer idealen Welt anheim zu fallen, in das gesammte Leben der Menschheit hineingebildet werde.

Von solchen Gedanken ausgehend, haben wir es, um die erwähnte Lücke im Gefüge unserer „Illustrirten Jugend= und Hausbibliothek" aus=zufüllen, unternommen, eine Reihe hervorragender Persönlichkeiten und wichtiger Zeitereignisse zu schildern und darzustellen, die ganz besonders für Jugend und Volk von Interesse sein dürften. Wir beginnen diese Serie unserer „Jugend= und Hausbibliothek" mit einigen Werken, welche bezeich=nend für den Charakter dieser neuen Sammlung unterrichtender Werke sind.

Auf hohen Thronen. Große Herrscher und Kriegsfürsten im XVIII. und XIX. Jahrhundert. In Lebens= und Geschichtsbildern der Jugend und dem Volke vorgeführt von *Franz Otto*. Mit 170 Text=Illustrationen, 12 Bunt= und Tonbildern ꝛc. Geheftet 1½ Thlr. = 2 Fl. 42 Kr. rh. Elegant gebunden 1⅔ Thlr. = 3 Fl. rh.

Inhalt: Friedrich der Große. — Kaiser Josef II., der Menschenfreund auf dem Throne. — Der neue Cäsar.

Tugendhafte und große Bürger der Alten und Neuen Welt. In Le=bens= und Geschichtsbildern der Jugend und dem Volke vorgeführt von *Franz Otto* und Dr. H. Schramm. Mit 50 Text=Illustrationen, Bunt= und Tonbildern ꝛc.

Inhalt des vorliegenden ersten Bandes: Vier große Bürger der Neuen Welt, die Helden und Wohlthäter ihres Volks. Georg Washington und Benjamin Franklin, die Gründer der Nordamerikanischen Union. — Baron Friedrich Wilhelm von Steuben, ein Organisator der nordamerikanischen Streitkräfte. Von Dr. Hugo Schramm. — Abraham Lincoln, Wiederhersteller der großen transatlantischen Republik. (A. d. „Welt der Jugend".)

Elegant geheftet etwa 1 Thlr. = 1 Fl. 48 Kr. rh. In elegantem englischen Einbande 1⅓ Thlr. = 2 Fl. 24 Kr. rh.

Deutsche Dichter und Wissensfürsten im XVIII. und XIX. Jahr=hundert. Herausgegeben in Verbindung mit Dr. Otto Banck, Prof. Dr. H. Birnbaum, M. O. Mohl, H. Steinhard, Dr. W. Wägner, Aug. Werner. Von *Franz Otto*. Mit zahlreichen Text=Illustrationen, Bunt= und Tonbildern ꝛc. Elegant geheftet etwa 1 Thlr. = 1 Fl. 48 Kr. rh. In elegantem englischen Einbande 1⅓ Thlr. = 2 Fl. 48 Kr. rh.

Inhalt: Lessing und Winckelmann. Klopstock und Herder. Goethe und Schiller. — Alexander von Humboldt. Leopold von Buch. — Karl Ritter.

Möge auch dieser neuen Serie unserer „Jugend= und Hausbibliothek" seitens der berufenen Kreise ein reges Interesse entgegengebracht werden!

Leipzig, 29. August 1872.

Der Verleger und Herausgeber.

Inhalts-Uebersicht.

Friedrich Wilhelm von Steuben. Organisator der nordamerikanischen Streitkräfte.

Tonbilder,

welche an den bezeichneten Stellen einzuhesten sind:

Einleitung.

— —

1 & 2.

Washington und Franklin.

Landung der Franzosen in Kanada.

Die Kolonisirung Nordamerika's.

Romanen und Germanen als Kolonisten im Allgemeinen. — Die rothen Urbewohner von Nordamerika. — Die Engländer und Franzosen in Nordamerika. — Die Niederlassungen der Engländer und Holländer. — Die Schwindelperiode der Mississippi-Compagnie. — Vereinigung sämmtlicher Kolonien unter der Krone von England. — Bruch zwischen dem Mutterlande und seinen Tochter-staaten. — Der schwarze und nochmals der rothe Mensch in Nordamerika.

Nur allmählig ist die volle Bedeutung der Entdeckung Amerika's den Menschen zum Bewußtsein gelangt. Ungeheuer mag freilich die Aufregung gewesen sein, welche seiner Zeit ganz Europa bei der ersten Kunde von der Auffindung eines neuen Welttheils durchzuckte. Was es aber heiße, daß der Mensch fortan in zweien Welten seine Gaben und seinen Scharfsinn sollte benutzen und üben können: das begriff doch nur eine kleinere Anzahl ver-ständiger, weitausschauender Menschen; welche Folgen die Erschließung einer Neuen Welt für die höhere Entwicklung der gesammten Menschheit haben würde, dies konnten kaum Auserwählte ahnen.

1 *

Columbus selbst, der nur einen neuen, d. h. kürzeren Seeweg nach Indien hatte aufsuchen wollen, erblickte in seiner kindlichen Frömmigkeit das Schätzenswertheste seiner Entdeckungen darin, daß sie zur Verbreitung des Christenthums von hohem Nutzen sein würden; mit dem aus Amerika zu holenden Golde, glaubte er, könnte man einst die Befreiung des Heiligen Grabes ermöglichen. Die Konquistadoren aber und deren Nachfolger trieb die Habsucht, die wildeste Geldgier in die Ferne, vorzüglich nach Mexiko und Peru, wo sich unermeßliche Schätze finden ließen. Um Reichthümer zu erpressen, erlaubten sich die „christlichen" Räuber- und Flibustierbanden aus Spanien die empörendsten Grausamkeiten gegen die Eingeborenen. Die Europäer unterjochten die Urbewohner, indem sie die bisherigen Herren des Bodens zu Lastthieren und Sklaven herabdrückten. Als aber die zart gebauten Bewohner Westindiens den Anforderungen ihrer rohen Gebieter auf die Dauer nicht entsprechen konnten und zu Tausenden dem grausamen Joche erlagen, da wurden aus Afrika Negersklaven auf den Boden der Neuen Welt verpflanzt und gleich den Indianern gezwungen, für die weißen Herren in den Minen zu arbeiten und das Land zu bebauen. Denn die Spanier und, wenn auch in minderem Grade, die Franzosen, welche nach Amerika gingen, hielten körperliche Arbeit für unritterlich, ja für eine Schande; die spanischen Kolonien erscheinen deshalb von Anbeginn ohne Zukunft, und die Geschichte führt dort abermals den Beweis, daß das Schwert auf die Dauer nirgends den Pflug zu ersetzen vermag.

Den ersten Besitzern des neuen Welttheils ging von vornherein Das=jenige ab, was allen romanischen Völkern — Italienern, Spaniern, Portu=giesen und Franzosen — noch heutzutage abgeht, die nachhaltige Kraft eines arbeitsamen, bescheidenen und gediegenen Bürgerthums, Eigenschaften, welche dem Deutschen und seinen angelsächsischen Stammver=wandten in hohem Grade eigen sind. Während daher die jene Grundlagen alles Gedeihens entbehrenden Kolonien und Staatenbildungen der Romanen mit ihren vielartigen Bevölkerungsschichten, entarteten Mischlingsrassen und hinsterbenden Urbewohnern im innersten Kerne hohl und gegenwärtig nach außen ohnmächtig sind, ist in Nordamerika durch die Kraft des germanischen Armes und Willens, durch den Fleiß und die geistige Tüchtigkeit germanischer Kolonisten ein stolzer Staatsbau emporgewachsen. In diesem Sinne ist die langsame, aber stetig segensreichere Besiedlung von Nordamerika vom 50—25. Grad nördl. Breite und die Eroberung dieses unübersehbaren Gebietes mittels des Pfluges, vor Allem durch Engländer und Deutsche, ein viel größeres Heldenstück, als die blitzesschnelle und glänzende Gewinnung von Mittel= und Südamerika durch die blutigen Waffen der Spanier.

1. Die rothen Urbewohner von Nordamerika.

Zur Zeit als die ersten Europäer an den Küsten von Nordamerika erschienen, bewohnte jenes ungeheure Gebiet der sogenannte r o t h e M e n s c h, der „sogenannte", denn diese Bezeichnung ist zwar sprachgebräuchlich, entspricht aber nicht der Wirklichkeit; roth oder kupferfarbig sind wol nur wenige Eingeborene der Vereinigten Staaten Nordamerika's; die allgemeine Farbe der Indianer ist vielmehr die des frisch gegerbten Leders oder thonigen Schlammes. Der rothe Mensch also — wir behalten die einmal übliche Bezeichnung bei — war unbestrittener Herr des Bodens eines damals meist unwirthlichen Landes, das theils abwechselnd bedeckt war von undurchdringlich erscheinenden Urwäldern und weit ausgedehnten grünen Flächen mit mannshohem Grase, theils durchrauscht von riesigen Strömen, wie dem „Vater der Gewässer", dem mächtigen Mississippi, dem Missouri, Ohio u. s. w., und im Norden bedeckt von einem System größerer Seen, wie dem Oberen-, Michigan-, Huron-, Erie-, Ontariosee u. s. w. Bis zu den Gebirgszügen, die sich im Westen und gen Süden zu riesigen Ketten emporthürmen, drangen erst die späteren Ankömmlinge aus Europa vor.

Die heutigen Indianer im Westen der Vereinigten Staaten sind die Nachkommen jener rohen Horden, welche im 16. und 17. Jahrhundert von den Seen im Norden bis zum Golf von Mexiko die unübersehbaren Distrikte durchzogen, die der „Große Geist" dem „rothen Mann" als Heimat angewiesen. Sie, die jetzt von 12—16, ja vielleicht gar 18 Millionen bis auf weniger als 2 Millionen zusammengeschmolzen sind, waren einst Gebieter jenes wol 150,000 Quadratmeilen umfassenden Flächenraums, — damals noch ein unkultivirtes, aber immerhin glückliches Jägervolk. Als vor noch nicht 300 Jahren der „weiße Mann" in ihr Land kam, betrat er es als Gast, — nach Verlauf von weniger als einem Jahrhundert waren die „Blaßgesichter" die Herren von ganz Amerika, — der „rothe Mann" wich immer weiter nach Westen zurück, und jetzt haben auch dorthin die Weißen Eisenbahnstraßen geführt, auf denen Feuerwagen die ehemaligen Jagdgründe der Indianer durchrasseln. Nur noch ein Jahrhundert vielleicht und — es giebt keinen rothen Mann mehr im Gebiete des Sternenbanners.

Das Verhängniß schreitet rasch. Nicht blos europäische Krankheiten, zumal die Blattern, nicht blos das entsetzliche Feuerwasser (der Branntwein) und früher unbekannte Laster, nicht blos die Lieblosigkeit der eingewanderten Europäer, die ihren Stolz brachen und alte Besitzthümer, ihr gutes Recht am Boden ihrer Väter ihnen entrissen, sondern auch ein eigenthümlicher Gemüthszustand, eine tiefgewurzelte, ererbte Verdüsterung des Geistes, ihre Abspannung für alle Regungen, welche bei kultivirten Nationen die Triebjedern moralischer Würde und Erhebungen werden, führt die Indianer einem schnellen Untergange entgegen. Ja, man kann buchstäblich sagen: die europäische Civilisation tödtet sie.

Jetzt schon sind die „Blaßgesichter" mehr als doppelt so zahlreich als die Indianer jemals gewesen waren. Prächtige Städte erheben sich auf den Jagdgründen, in deren Nähe der Wigwam des „rothen Mannes" stand, und die Pflugschar durchwühlt längst einen Theil der Prärien, wo vor hundert Jahren noch die Büffelherden grasten. Ueber den Gräbern mit den Gebeinen von Millionen ehemals freier Männer müht sich der weiße Mann für die Güter und Genüsse des Lebens ab, für Dasjenige, was er Leben nennt. Nur ein kleiner Theil der noch vorhandenen rothen Bevölkerung lebt unter seinen Häuptlingen in den Schlupfwinkeln, wohin er sich zurück= gezogen, nach der Väter Weise. Die übrigen sind entartet und entmuthigt, zu einer Wiedergeburt so unfähig wie zur Annahme der Kultur der Weißen.

Am oberen Missouri, am Yellow=Stoneriver bis tief ins Felsengebirge und darüber hinaus, sowie nördlich über dem Winipegsee, südlich bis gen Texas, findet man Stämme, die sich bis jetzt noch in ihrer Natureinfachheit, beziehentlich Wildheit erhalten haben. Da wohnen die Schwarzfüße, die Kräheindianer, die Assinniboiner und Odschibbewäer, die Krihs und die Mandaner, die Mönnitarrier, die Sioux (spr. Sju), die Pahnis, die Osagen, die wilden Komantschen und wie sie alle heißen. Es sind meist hochgewachsene Menschen, deren kräftig geformter, mit hellen Farben bemalter Körper nur zum Theil von ihrem indianisch aufgeschmückten Anzuge verhüllt wird, so daß sie überaus viel Malerisches bieten. Diese Söhne des Waldes oder der Prärie sind freie Männer, geborene Krieger, ihre Frauen dagegen nicht viel mehr als ihre Sklavinnen. Die Jagd auf Büffel und Bären, das Einfangen und Bändigen gestohlener Pferde, der Krieg der Stämme unter einander bilden die Hauptbeschäftigungen der Männer, während die Frauen daheim im Wigwam (der bald einer umgekehrten Schüssel ähnlichen, bald zuckerhut= förmigen Hütte des Indianers) die Felle der Hirsche, Schafe und Büffel gerben, Kleider fertigen, Mais erbauen und die einfachen, größtentheils aus Büffelfleisch bestehenden Speisen bereiten. Die verwegensten Reiter, die kühnsten Jäger, die tüchtigsten Bogenschützen findet man unter diesen Reiter= völkern. Ihre Waffen sind die 2 m. langen Bogen, von welchen sie den mit einer eisernen oder Feuersteinspitze versehenen Pfeil entsenden, der oft über 5 m. lange Speer, der Schild, die Streitaxt oder der Tomahak und endlich noch das Skalpmesser, ein gewöhnliches einschneidiges Messer, das im Gürtel getragen und vorzüglich beim Ablösen der Kopfhäute ange= wendet wird. Nach der Menge dieser Kopfhäute, mit denen ein Krieger sich zu schmücken vermag, wird seine Tapferkeit geschätzt; und die Ehre, welche ihm erwiesen wird, richtet sich nach der Zahl seiner Skalpe. Zu dem kriegerischen Schmucke des Indianers tritt noch der mit den Federn des Kriegsadlers verzierte Kalumet oder die Friedenspfeife, die nur bei feierlichen Gelegenheiten, wie Kriegsberathungen, Friedensbeschlüssen u. s. w., zur Besiegelung der eingegangenen Verbindlichkeiten oder Verträge von den Häuptlingen geraucht und hierauf wieder sorgfältig eingewickelt und im Wigwam des Häuptlings aufbewahrt wird. Als leidenschaftlicher Raucher führt der

Indianer-Häuptlinge.

Indianer stets eine gewöhnliche Pfeife bei sich, die auch nebst Tomahak und Kriegskeule mit ihm begraben wird, um ihm auch in die lang ersehnten „milden und schönen Jagdgefilde“ zu folgen.

Für alles ihm Unbekannte und Geheimnißvolle hat der Indianer nur Einen Ausdruck: „Medizin“. Seine Zauberer und Krankenbeschwörer in ihrem phantastischen Anzuge heißen „Medizinmänner“, das Skalpirmesser eines gewaltigen Kriegers eine „große Medizin“, und das erste Dampfschiff, welches mit rauchendem Schornstein den Mississippistrom befuhr, nannte er gleichfalls „Medizin“.

Biete dem Indianer, was du willst, so gern er europäische Gegenstände von dir auch eintauscht, und wobei du oft für einen werthlosen Gegenstand

einen anderen von hohem Werthe erhalten kannst, seine „Medizin" oder viel=
mehr jenen persönlichen Schutz, den er meist in Gestalt eines Thierbalges
bei sich führt, giebt er nicht hin, begleitet sie ihn doch auch nach der anderen
Welt, hinüber zum „Großen Geiste".

Alles Europäische, womit wir das den gebildeten Völkern Eigenthümliche
bezeichnen wollen, erregt des rothen Mannes Neugierde und ist ihm seinem
Wesen nach „Medizin". Staunend lauscht er dem Weißen, der als Pelzjäger
oder Händler seine Dörfer berührt, wenn dieser von den „blassen Männern"
des fernen Ostens spricht; doch sein kindlicher Verstand kann die Wunder
unserer Zustände nicht begreifen, und „lügen wie ein weißer Mann" vertritt
bei ihm die Stelle unseres Sprüchworts: „lügen wie der Telegraph".

Und eben weil der Urbewohner Amerika's sich nicht in die Verhältnisse
neuer Zustände zu schicken vermag, weil er weder zum Pflug greifen, noch sich
ansässig machen kann, weil er nur Freude am Leben des Jägers und Kriegers
empfindet, während der weiße Mann doch immer mehr seine Jagdgründe ein=
engt und der Büffel auch anfängt abzunehmen, — mit einem Wort, weil der
rothe Mann in das Kulturleben der Gegenwart nicht paßt und von ihm nichts
wissen will: deswegen erscheint der Untergang der Urbevölkerung Nord=
amerika's unabwendbar.

Was die Urbevölkerung des amerikanischen Welttheils war, hat für
die übrige Menschheit keine Bedeutung; was von ihr noch besteht, scheint
fast nur bestimmt, ein großes Bild trostloser Auflösung und Verkommniß,
geistiger Stockung und Fäulniß, allgemeinen Todes darzustellen: einer der
dunkelsten Schatten in dem leuchtenden Gemälde der Menschheit. Sein Anblick
erschüttert uns und läßt die wärmsten Regungen unseres Herzens sich dagegen
auflehnen, aber nichts ist an der Thatsache zu ändern. Lesen wir in den
Büchern der Geschichte von dem Untergange einer Stadt oder eines Helden=
geschlechtes, so reißt uns auch da ein menschliches Gefühl zu wehmüthiger
Theilnahme hin. Was aber ist dies gegen jenes Geschick ohne Beispiel, da
die Bevölkerung eines ganzen Welttheils, vom Verhängniß ergriffen, fast
vor unseren Augen aufgelöst und raschem Untergange entgegengeführt wird!
Da können wir uns nur in Demuth beugen vor der geheimnißvollen Macht,
die das Leben des Einzelnen wie der gesammten Menschheit beherrscht!...

Im Kampfe ums Dasein bleibt der weiße Mensch der Sieger über den
rothen. Wer wollte leugnen, daß trotz aller Fehler, Leidenschaften und
Gebrechen, welche dem Europäer anhaften, derselbe der Träger und Ver=
breiter einer viel höhern Kulturform ist als diejenige, zu welcher der Indianer
sich emporzuschwingen vermocht hat? Ist doch Amerika durch die Weißen
bereits zu einer Stufe von Bildung, Blüte und Größe emporgeführt wor=
den, wie dies der rothe Mann nie und nimmer vermocht haben würde.

Zusammenstoß zwischen Spaniern und Eingeborenen.

2. Engländer und Franzosen im Norden von Amerika.

Wie Columbus am Hofe des Königs von Spanien, so fand auch sein Lands=
mann Giovanni Gabotto oder, wie ihn die Engländer nennen, John Cabot
Unterstützung seiner Pläne in England. Ja, noch ehe Columbus seine erste
Fahrt über den Ozean nach Westen antrat, begannen unter Letzterem die
dann von seinem berühmteren Sohne Sebastian fortgesetzten Unternehmungen,
welche zur Entdeckung Nordamerika's führten.

Man fand dessen Küste (wahrscheinlich Labrador) schon am 24. Juni
1497, also 14 Monate früher, ehe Columbus im Süden das amerikanische
Festland betrat. Das aufgefundene Land war indessen zu weiteren Forschungen
wenig einladend. Daher kehrten die Seefahrer noch in demselben Jahre
nach England zurück. Doch war seitdem auch dort der Entdeckungsdrang
mächtig genug erwacht, um eine neue Expedition zu veranstalten, die unter
Sebastian Cabot's Leitung bis nach Nordcarolina vordrang. Weitere

Erforschungen anzustellen, hinderte damals der eingetretene Mangel an Lebensmitteln. Von einer in den folgenden Jahren unternommenen Reise ist wenig bekannt.

Erst nach 17 Jahren — denn die Begeisterung hatte sich abgekühlt — betrat Sebastian Cabot, der unterdessen in spanischen Diensten gestanden, das Gebiet seiner früheren Entdeckungen wieder. Von König Heinrich VIII. an die Spitze eines Geschwaders gestellt, durchkreuzte er von Neuem die nördlichen Regionen und drang bis zum Eingang der Hudsonsbucht vor. Aber auch diesmal wurde er, und zwar durch die Feigheit seines Unterbefehls- habers, zu baldiger Rückkehr genöthigt, und die Ergebnisse dieser Expedition in Bezug auf greifbaren Gewinn scheinen nicht der Art gewesen zu sein, um Andere zur Nachfolge aufzumuntern. Der für seine Zeit außerordentlich gebildete Seemann war schon halb in Vergessenheit gerathen, als er im Jahre 1557 starb.

Zwar hatten die Engländer durch alle damals gebräuchlichen Akte und Ceremonien von den entdeckten Küstengebieten förmlich Besitz genommen: Kreuze und Wappen errichtet, Königsnamen in die Bäume eingeschnitten, Seewasser getrunken, Flaggen wehen lassen u. dgl., um sie aber auch zu kolonisiren, thaten sie nicht das Mindeste.

Die ersten Europäer, welche sich an der rauhen Küste 1524 nieder- ließen, waren nicht einmal Engländer, sondern Franzosen, denen sich Lands- leute anschlossen, die ihrer Religion wegen die Heimat verließen. Es waren meist friedliche Leute, die nicht auszogen, um Eroberungen zu machen, die nicht Gold und Reichthümer zusammenscharren wollten, sondern nur für sich ein Stück Erde suchten, um ruhig und friedlich ihrem Glauben getreu leben zu können.

Indeß gelang den Franzosen, welche sich im Norden sowie an der Mündung des Mississippi festsetzten, eine Kolonisirung im größeren Maßstabe damals eben so wenig, als sie heute besonderes Glück damit haben würden. Wie- wol unsere Nachbarn jenseit der Vogesen entschieden beweglicher und bildungs- eifriger sind als die Spanier, so offenbarten doch auch die aus Frankreich ausge- wanderten Europamüden die Eigenthümlichkeit der romanischen Völker, welche in einer ihnen fremden Natur meist ewig Fremde bleiben. Der Franzose hat immer den Drang empfunden, wohin er auch ausgewandert ist, aus seiner Umgebung, so auch aus den Kolonien in Nordamerika, ein zweites Frankreich zu machen. In hohem Grade empfänglich für die Annehmlichkeit des geselligen Lebens, dabei anstellig und regsam, scheut er doch harte Arbeit, zumal wenn sie erst nach langer Frist vollen Lohn für zähe Ausdauer in Aussicht stellt. Das langsame Herausarbeiten aus dem Rohen, die Geduld für ein stufen- weises Emporarbeiten, für eine langsame, aber stetig vor sich gehende Ent- wicklung ist seiner innersten Natur zuwider.

Im Jahre 1562 versuchte es Admiral Coligny, seinen verfolgten Glaubensgenossen eine Zufluchtsstätte in Nordamerika zu bereiten. Die von ihm gegründete Niederlassung nannte er Carolina. Da die Hugenotten meist tüchtige Leute waren, so erwartete man große Erfolge von dem Unternehmen. Doch schon drei Jahre nach dem Erscheinen der Hugenotten in Carolina brach in dem also genannten Küstenstrich eine Rotte Spanier ein, metzelte die französischen Ketzer nieder und nahm das Land für sich in Besitz. Bald nachher übten die Franzosen zwar strenges Wiedervergeltungsrecht aus; als sich jedoch in Carolina später englische Pelzhändler und andere Ansiedler einfanden, und weiterhin im Laufe eines Jahrhunderts sich zahlreiche katholische und puritanische Einwanderer dazu gesellten, Leute aus Virginia, Massachusetts und den benachbarten westindischen Inseln, so befanden sich auch die Franzosen zuletzt in der Minderzahl. Schließlich gerieth Carolina, von den Franzosen und Spaniern verlassen, durch Schenkung unter Karl II. von England an den Grafen von Clarendon und andere englische Vornehme, welche durch den berühmten Locke eine Verfassung für die Kolonie entwerfen ließen.

Je weniger glücklich Frankreich in Carolina war, um so sorgsamer behielt es seine Pflanzstaaten Louisiana und Kanada im Auge. Louisiana war 1541 von dem Spanier Fernando de Soto-Mayor entdeckt und später auf Befehl Ludwig's XIV. durch den Franzosen Lasalle (1682) zuerst kolonisirt worden. Kanada hatte schon um 1500 der Italiener Giovanni Verazini für seinen Gebieter, Franz I. von Frankreich, unter dem Namen Neu-Frankreich in Besitz genommen und dann der Franzose Jacques Cartier durchforscht. Indeß fing nach mancherlei Wechselfällen erst seit 1600 ein Handelsverkehr zwischen Kanada und Frankreich sich zu entwickeln an. Besonders ward demselben die Anlegung von mehreren Handelsposten und die Gründung der Stadt Quebek (am 3. Jan. 1608) durch den Kapitän Samuel de Champlain günstig.

Zuversichtlich erwartete man, daß beide Kolonien das vom Mutterlande aufgewandte Kapital an Geld und Menschen dereinst mit Zins und Zinseszinsen zurückerstattten würden. Man scheute daher keine Opfer, um jene Niederlassungen zum Gedeihen zu bringen, sobald die Staatseinnahmen einen solchen Aufwand irgendwie erlaubten. Nur den Schweiß der Arbeit, welchen die Bodenbearbeitung erheischt, wollten oder konnten die Franzmänner nicht auf ihre Staaten verwenden. Desto unsinnigere Vorstellungen knüpften sie beim kleinsten Erfolg an die erträumten Bodenschätze des französischen Nordamerika. Man erging sich in den fabelhaftesten Spekulationen, aber die wirklich vorhandenen, wenn auch allerdings noch verborgenen Reichthümern des Landes zu heben, das unterließen die Franzosen, weil sie solches eben nicht verstanden.

Dagegen waren es wiederum die Franzosen, vorzüglich in Illinois, welche die Sklaverei ins Herz von Nordamerika verpflanzten. Die Be=deutung dieser Thatsache wird dadurch nicht vermindert, daß das Loos der französischen Negersklaven durchgehends ein sehr mildes war. Gleich einer giftigen Seuche drang bald nachher die Sklaverei von Centralamerika aus bis zum oberen Mississippi vor und nahm später immer großartigere Ver=hältnisse an, als die Engländer festen Fuß in Nordamerika faßten und mit dem Scharfblick von geborenen Handelsleuten den ungeheuren Vortheil, welcher aus der lebendigen schwarzen Waare zu ziehen war, erkannten.

Außer den genannten Kolonien besaßen die Franzosen auch eine Zeit lang die südöstlich gelegene Halbinsel Florida, welche bereits sechzehn Jahre nach dem Erscheinen der Cabots an der Küste derselben von Ponce de Leon, dem Gouverneur von Portorico, von Neuem aufgefunden ward.

Ponce de Leon war durch Handelsgeschäfte und Betrieb von Goldgruben zu Vermögen gelangt und hatte dasselbe zur Ausrüstung von drei Schiffen angewendet, mit denen er Anfangs März 1513 seine Statthalterschaft verließ, um jenes angebliche Wunderland aufzusuchen, wo schwache Greise ihre verlorene Manneskraft sollten wieder gewinnen können. In der That bekam er am 27. März, einem Ostersonntage (spanisch „Pascu florida"), Land zu Sicht, das er sowol wegen des Festtages als auch wegen seiner blühenden Vegetation „La Florida", d. h. so viel als Blumeninsel, benannte. Damit bezeichneten die damaligen Entdecker viel mehr, als den verhältnißmäßig kleinen Landstrich, der heute noch so genannt wird. Die fabelhafte Insel Bimini ließ sich nicht auffinden, wol aber die Schildkröteninseln, sowie die größte der Bahama=Inseln. Nichtsdestoweniger ward Ponce de Leon zum Gouverneur von „Bimini" ernannt, worunter wir uns aber kein Fabel=land, sondern eben Florida zu denken haben. Doch weder die Entdeckung der Halbinsel, noch die ertheilte Statthalterschaft gereichte dem Seefahrer zum Segen. Denn bei einem zweiten Besuche des Landes wurde er von einem Pfeile der streitbaren Indianer getroffen; tödlich verletzt, starb er bald nachher an der empfangenen Wunde (1520). Im Jahre 1538 eroberten zwar die Spanier die ganze Halbinsel, sie konnten aber dieselbe gegen die Uebermacht der Eingeborenen nicht behaupten. Endlich gelang es 1562 einigen Franzosen, eine Niederlassung zu gründen; diese wiederum wurden aber schon 1565 von den Spaniern vertrieben, welche nun das Land kolonisirten und nach ihrer Weise verwalteten.

Niederlassung im Urwald.

3. Die Niederlassungen der Engländer und Holländer.

Die wirkliche andauernde Kolonisation der weit ausgedehnten Gebiete der Staaten-Union Nordamerika's ist, wie gesagt, das Werk und Verdienst der germanischen Völker. Der Hauptkern der Einwanderung bestand aus Engländern, denen sich in zweiter Linie Holländer, dann auch Schweden und Norweger, und seit dem letzten Jahrzehnt des vorigen Jahrhunderts vornehmlich Massen von Deutschen angeschlossen haben. Durch ihre energische, auf Sicherung des langsam Errungenen gerichtete Thätigkeit, durch ihre alle Schwierigkeiten überwindende Ausdauer unterwirft sich die germanische Rasse in verhältnißmäßig kurzer Zeit ein Gebiet, das vom 50. bis 25. Grad nördlicher Breite reicht und heute von etwa eben so viel Menschen wie das am 1. Dezember 1871 mehr als 41 Millionen zählende Deutsche Reich bewohnt ist. — Die 39 Staaten, welche die große Nordamerikanische Republik bilden, sind im Laufe von Jahrhunderten gegründet und zu verschiedenen Zeiten besiedelt worden.

Nachdem der ausgezeichnete Seefahrer Frobisher durch die Entdeckung

2 *

Westfrieslands oder, wie er es nannte, Westenglands im Jahre 1578 die Aufmerksamkeit seiner Landsleute wieder auf den Norden Amerika's gerichtet hatte, erhielt der berühmte Sir Walter Raleigh, gleich seinem Halbbruder, Sir Humphrey Gilbert, von der Königin Elisabeth einen Gnadenbrief, welcher ihn ermächtigte, im Namen der Krone von England in allen Ländern Entdeckungen zu machen, die noch nicht im Besitze anderer christlichen Fürsten oder Völker waren, sie zu erobern, zu Gunsten anderer englischer Unterthanen darüber zu verfügen und sie zu besitzen als Lehen von der Königin von England. Sie fanden 1587 das Küstenland zwischen Akadien und Florida, das sie, der jungfräulichen Königin zu Ehren, Virginien nannten. Niemand konnte damals vorhersehen, von welcher Bedeutung Nordamerika's östliches Küstengebiet dereinst für Europa werden würde, wie auch Niemand zu ahnen vermochte, daß jene unscheinbare Frucht, die Kartoffel, welche Franz Drake nach Irland an Walter Raleigh sandte, eines der wichtigsten Nahrungsmittel für Europa, ja vielleicht für die ganze Erde werden würde. Der letztgenannte Seeheld hatte übrigens schon 1578 auf seiner Reise um die Welt zuerst einen Küstenstrich des heutigen Kalifornien betreten.

Nach den Engländern erschienen noch andere Nationen in den nördlich gelegenen Regionen und verkehrten mit den dort ansässigen Rothhäuten. Der Engländer Henry Hudson untersuchte 1610 im Dienste der Holländischen Regierung das noch heute seinen Namen tragende Gebiet jenes großen Binnenmeeres. Sein Auftraggeber kaufte die weiten, an diese Wasserstraße grenzenden Länderstriche den Eingeborenen ab, und bald entstanden dort Niederlassungen zum Betriebe des Pelzhandels.

Die von Raleigh gegründeten Niederlassungen hatten noch keinen Bestand, weil die Kolonisten Leute waren, denen Talent und Mittel dazu abgingen. Erst unter Jakob I. wurden die Kolonisations-Unternehmungen der Engländer mit mehr Planmäßigkeit und daher auch mit mehr Erfolg betrieben.

König Jakob I. theilte im April 1606 den Küstenstrich vom 34. bis 46. Grad nördlicher Breite in zwei Theile und verlieh dieselben an zwei Handelsgesellschaften: den südlichen vom 34. bis 40. Grad erhielt die in London zusammengetretene Gesellschaft „wagender Kaufleute", den nördlichen Theil vom 40. bis 46. Grad empfing die in Plymouth gebildete Compagnie.

Am 2. November 1606 — und auf dieses Datum ist die eigentliche Kolonisirung Nordamerika's zurückzuführen — erhielt die „London Compagnie" den königlichen Freibrief, in welchem den Auswanderern nach Virginien die Rechte freier Engländer und das Recht zum Selbstschutz gegen die Indianer, sowie die zollfreie Ausfuhr der Bedürfnisse der Kolonie aus England auf 7 Jahre ertheilt ward.

Jamestown, gegründet im April 1607 und zu Ehren des Königs Jakob I. so genannt, war der erste ansehnliche feste Platz in Virginien.

Doch ging es nicht eher mit der Kolonisirung vorwärts, als bis durch einen zweiten königlichen Freibrief im Jahre 1609 die Kolonisten günstiger gestellt und Veränderungen in der Kolonialverfassung veranlaßt wurden. Seitdem vereinigte ein königlicher Gouverneur, dem ein aus Mitgliedern der Compagnie gebildeter „Großer Rath" zur Seite stand, neben der vollziehenden die oberste gesetzgebende und richterliche Gewalt in sich. Der erste Gouverneur war Thomas Dale, und unter diesem hob sich die Kolonie ersichtlich zur Blüte.

Landung der Pilgerväter

Nicht nur daß er die Indianer im Zaume hielt und die den britischen Interessen hinderlichen Niederlassungen der Franzosen und Niederländer in Kanada und am Hudson zerstörte, sondern er brachte es auch dahin, daß die Kolonisten Striche Landes als freies Eigenthum erhielten, wodurch der Landbau ungemein gehoben wurde; so war bald Ueberfluß an Lebensmitteln, und lieferte besonders der Tabaksbau ein einträgliches Ausfuhrprodukt. Da es an Umtauschmitteln fehlte, so ersetzte der Tabak auch das gemünzte Geld, und um 150 Pfund des edlen Krautes erwarben sich sogar die Heirathslustigen je eines der hinüberkommenden ersten 150 Frauenzimmer als Hausgenossin.

Dies war unter George Yardely, dem zweiten, im Jahre 1619 auf

Dale gefolgten Gouverneur der Fall. Darf daher dieser als Begründer der Ko=
lonie gelten, so jener als Ordner derselben. Er schuf ein Familienleben und
diesem folgte alsbald ein geordnetes Staatsleben, welches an die Stelle der von
der Compagnie ausgeübten Despotie und der vom Gouverneur gehandhabten
Kriegsgesetze trat. Seitdem entwickelte sich die Blüte der Kolonie immer mehr.
Freilich kamen dadurch die Kolonisten in neue Kämpfe mit den Indianern, was
bei diesen den Plan zur Ausrottung der fremden Eindringlinge hervorrief,
und wirklich fand am 22. Mai 1622 jener plötzliche, wohleingeleitete Ueberfall
statt, welcher 1300 Europäern jeden Alters und Geschlechts das Leben
kostete. Diese Metzelei schreckte jedoch keineswegs Europamüde ab, die
verschont gebliebenen Landsleute zu verstärken. Auch fehlte es während
jener heftig erregten Zeit der religiösen Kämpfe in der ersten Hälfte des
17. Jahrhunderts niemals am nöthigen Nachschub, um der Kolonie weiter=
hin unternehmende Menschen zuzuführen.

Mittlerweile war in Neu=England, dem Distrikte der „Plymouth
Compagnie", die Einführung europäischer Kultur Anfangs an Geldmangel
und an den Feindseligkeiten der Eingeborenen gescheitert. An ihrer Stelle
gründete Jakob I. am 9. November 1620 eine neue Compagnie und fügte
zu dem alten Besitzthum noch das Land vom 46. bis 48. Breitengrad. Um
dieselbe Zeit hatten sich etwa hundert Puritaner eingeschifft, um sich den
Verfolgungen in der Heimat zu entziehen. Diese betraten südlich vom
heutigen Boston am 11. November die amerikanische Küste. Feindliche
Angriffe der Eingeborenen nöthigten sie indessen schon einige Tage nach ihrer
Landung auf das Schiff zurückzugehen, worauf sie an der Bai von
Plymouth am 16. Dezember Anker warfen und sechs Tage später, den
22. Dezember 1620, das jetzige Massachusetts, die erste Kolonie in
„Neu=England" gründeten. Noch heute wird jener Tag von den „Neu=Eng=
land=Staaten" als Gründungstag gefeiert. Die „Pilgerväter" erhielten von
der Compagnie ihre Besitzungen bestätigt, und wenn auch ein ungewöhnlich
strenger Winter, sowie eine ansteckende Krankheit zu Anfang des Jahres 1621,
fast die Hälfte der Angekommenen hinwegrafften, so begannen doch die
Ueberlebenden mit Anbruch des Frühjahres den Boden zu bebauen, und
bald mehrte sich auch wieder ihre Zahl durch neue Ankömmlinge.

Es ist übrigens durchaus irrig, in den verfolgten und ausgewanderten
Puritanern Freunde der religiösen Freiheit zu vermuthen. Im Gegentheil
brachte ihre Unduldsamkeit, ihr Hochmuth und ihre Verfolgungssucht manche
Drangsal über die Kolonie. Dennoch nahm sie infolge der unbefriedigenden
Zustände im Mutterlande stetigen Aufschwung; kirchlich und politisch Unzu=
friedene strömten in Menge herbei, und das Aussterben der benachbarten
Indianer, infolge der Pocken, begünstigte die Ausbreitung der Kolonisten.
Boston mit seinem trefflichen Hafen kam als Hauptstadt der Niederlassung

rasch zur Blüte, viele schnell strebende Ortschaften entstanden, und Massachu=
setts gelangte zu solchem Ansehen, daß sich dorthin der Hauptstrom derjenigen
ergoß, welche in der Neuen Welt glaubten ihr Glück zu finden.

Als im März 1638 die Schwärmerin Hutchinson mit ihrem Anhange
aus Massachusetts vertrieben wurde, erwarb sie für einige Brillen von den
rothen Bodeneigenthümern ein Eiland und gründete an dieser verlockenden
Stelle das Staatswesen, welches heute Rhode=Island genannt wird, und
das im Jahre 1644 mit Providence vereinigt ward.

Infolge der kirchlichen Wirren in der Heimat, welche heute die
Protestanten, und unter diesen wieder die eine oder andere Sekte, morgen
die Katholiken die Bedrückten sein ließen, wandte sich im Jahre 1629 auch
der zum Katholizismus übergetretene Lord George Calvert Baltimore
nach Westen, um seinen bedrängten Glaubensgenossen in der Neuen Welt
eine Zufluchtsstätte zu eröffnen. Dort fand er die Umgebungen der Chesa=
peakbai zur Gründung einer Niederlassung günstig. Doch erst des Lords
Sohn Cecil Baltimore erhielt 1632 den erbetenen königlichen Freibrief.
Die Besiedlung des nach der Königin Marie Maryland genannten Landes
durch etwa 200 Katholiken unternahm im folgenden Jahre Leonard Calvert,
des Grundherrn Bruder, und dank seiner milden und einsichtsvollen Leitung
kam die Niederlassung zur Blüte und hielt ihr Wohlstand gleichen Schritt
mit dem der Kolonie Virginia, deren Bewohnerzahl sich um die Mitte des
17. Jahrhunderts bereits auf 20,000 Seelen belief. Die Stadt Baltimore
ward jedoch erst hundert Jahre später von einem Nachkommen des Lord
George angelegt und bestand 1760 erst aus etwa nur 50 Häusern.

Selbst der tyrannische Wille eines Karl's I. vermochte den Zug seines
Volkes nicht zu bannen, welcher alle thatkräftigen, europamüden Naturen
nach Westen übers Meer hinüberdrängte, wo ein freieres und glücklicheres
Gemeinwesen im Entstehen begriffen war.

So wandten 1638 wieder mehr als 3000 Puritaner ihrem Vaterlande
den Rücken und gründeten am Connecticutflusse eine Niederlassung, welche
sie Newhaven nannten. Damals bildeten sich auch durch Länderverkäufe die
Distrikte Maine und Newhampshire.

Als im Mutterlande durch den Sieg der Revolution die Puritaner
wieder obenauf kamen, stockte allerdings die Einwanderung in den nördlichen
Provinzen, dagegen wandten sich jetzt wiederum die aus ihrem Vaterlande
vertriebenen Freunde des gestürzten Königthums den südlichen Kolonien
Virginia, Maryland und Carolina zu.- In dieser Periode der Entwicklung
des englischen Nordamerika traten die Gegensätze zwischen dem puritanischen
Norden und dem aristokratischen Süden immer entschiedener hervor. Dort
eine rasch sich mehrende, auf ihre Freiheiten erpichte Bevölkerung, glaubens=
eifrig, ja unduldsam, aber arbeitsam, von einem ernsten sittlichen Geiste

getragen und an ihrem obersten Rechte, dem der Selbstregierung, unverbrüch=
lich festhaltend, — im Süden eine in kirchlicher Beziehung sehr gemischte
Gesellschaft, aber meist aus Verehrern des Königthums bestehend, die, auf
verliehene oder ererbte Vorrechte fußend, weniger selbst arbeiten, als Andere
für sich arbeiten lassen wollen. Die letztgedachten Kolonisten ließen sich mit
ihrem Grund und Boden von der Krone Englands förmlich belehnen und
brachten als Kronvasallen die Satzungen des englischen Herkommens mit.
Die Güter dieser arbeitsungewohnten Landedelleute bevölkerten sich zwar
auch, jedoch in der Hauptsache mit Sklaven. Erst dann, als auch hier die
großen Landstriche, an denen jene adeligen Lehensträger das Eigenthum erwor=
ben hatten, allmählig an kleinere Bodenbesitzer übergingen, gelangte die Frei=
heit, deren sich die nördlichen Kolonien erfreuten, dort ebenfalls zur Geltung.

Während ferner die südlichen Kolonien wegen innerer Parteikämpfe
lange Zeit die zu ihrer Entwicklung nöthige Ruhe entbehrten, litten sie auch
durch die nach der Wiedereinsetzung der Stuarts aufrecht erhaltene, ja sogar
erweiterte Schifffahrtsakte Cromwell's, nach welcher die Kolonisten ihre
Bedürfnisse nur aus den Häfen des Mutterlandes beziehen durften und
alle für fremden Bedarf bestimmte Kolonialprodukte den Weg über die Häfen
von England einschlagen mußten. Zugleich wurde das Rechtlichkeitsgefühl
des Volkes infolge eines schwungvoll betriebenen Schleichhandels längs der
ganzen Küste von Amerika stark erschüttert. Schließlich griffen die Virginier
zu den Waffen (1675), und wenn auch der Aufstand bezwungen ward, so
blieb doch der Widerwille gegen das Mutterland.

Weniger als die südlichen, wurden die meist Getreide bauenden nörd=
lichen Kolonien durch die Navigationsakte berührt. Um während der bürger=
lichen Unruhen im Mutterlande getreulich zusammenzuhalten gegen aus=
wärtige Feinde und sich namentlich gegen die Holländer am Hudson, gegen
die Franzosen in Kanada und gegen die Indianer gegenseitig Schutz zu
gewähren, schlossen die Staaten Massachusetts, Neuplymouth, Newhaven und
Connecticut unter dem Namen der „Vereinigten Kolonien von Neu=England"
am 19. März 1643 ein Schutz= und Trutzbündniß mit einem Generalkongreß
und einem Präsidenten an der Spitze. Der Bund hielt sich eine stattliche
Miliz und prägte seit 1652 sogar eigene Münzen.

Das kräftige Selbstbewußtsein dieser Pflanzstaaten, das sich nicht blos
auf eine starke Bevölkerung — dieselbe zählte nach Unterordnung der Graf=
schaft Maine (1677) bereits 60,000 Seelen —, sondern auch auf die Er=
folge eines sittenstrengen, thätigen, nüchternen Lebens gründete, mißfiel den
Stuarts gewaltig, und es hörten daher die Versuche der heimischen Regie=
rung, den „Trotz" der Kolonien zu brechen, nicht auf. Besonders Massa=
chusetts, die mächtigste der Kolonien, ward durch den Gouverneur so zur Un=
zufriedenheit gereizt, daß es im Streite mit demselben 1684 seinen Freibrief

verlor und in einen höchst mißlichen Zustand gerieth. Unordnung und Rechtsunsicherheit herrschte aller Orten.

Mitte des 17. Jahrhunderts war das Uebergewicht der britischen Kolonisten in den weiten Gebieten Nordamerika's besiegelt. Am längsten widerstrebten die Holländer einer Unterordnung gegenüber den viel zahlreicheren Engländern. Sie hatten einige Zeit vorher erst die schwedischen Abkömmlinge, welche unter Gustav Adolf's und dessen Tochter Christina's Regierung die ersten Niederlassungen im Staate Delaware zu Neugothenburg und Christina (Wilmington) gegründet, gezwungen, sich unter niederländischen Schutz zu begeben.

Neu-Amsterdam. Erste Niederlassung der Holländer in Amerika. (Das spätere New-York.)

Nun schlug auch ihre Stunde. Während des Krieges zwischen Großbritannien und den Generalstaaten wurde ihre Niederlassung Neuniederland von den Engländern in Beschlag genommen und die Kolonisten gaben klein bei, als ihnen die Rechte britischer Unterthanen und freies Religionsbekenntniß verliehen wurden. Das gewonnene Territorium vom Delaware bis zur Insel Long=Island, schenkte König Karl II. im Jahre 1667 seinem Bruder, dem Herzoge von York (als König von England später Jakob II.). Dieser nannte sein amerikanisches Besitzthum New=York und verkaufte bald nachher weite, vorzugsweise von Holländern und Schweden bewohnte Strecken desselben wieder an zwei englische Edelleute, welche ihr Territorium New=Jersey nannten. Die prächtige, von der Natur und sonstigen Verhältnissen gleich sehr begünstigte Lage des Landes zog bald eine Menge Ansiedler herbei, und so entstanden dort in rascher Folge die Städte New=York, Elisabethtown, Middletown u. s. w. Bald änderte sich jedoch die Gunst der Umstände, denn der Herzog von York, welcher nur den Boden verkauft, nicht aber seinen oberherrlichen Rechten entsagt hatte, ließ seinen eigenwilligen Gelüsten vollen Lauf, und so schritt die Kolonisirung nur lang= sam weiter vorwärts. Auch nahmen im Kriege mit England die Nieder= länder wieder Besitz von dem werthvollen Grund und Boden, ohne ihn freilich lange behaupten zu können. Der Herzog von York sandte zum Un= glück noch einen schlechten Statthalter, der viel Unheil anrichtete, so daß dessen besserer Nachfolger wieder Vieles gut zu machen hatte. Unter diesem erlangte die Kolonie das Recht der Selbstverwaltung und eine Anzahl wich= tiger politischer Freiheiten. Gouverneur Dongan war es ferner, der 1684 zum Schutz gegen die französischen Bewohner von Kanada den sogenannten „Irokesenbund" mit den vereinigten fünf Indianerstämmen zu Stande brachte, welche das Land zwischen den Quellen des Ohio und dem Erie= und Champlainsee als Eigenthum behaupteten. Unter demselben ausgezeichneten Manne wanderten eine große Anzahl Europamüder ein und gedieh die Ko= lonie ganz außerordentlich.

Ein anderes wichtiges Ereigniß bildete die Gründung der Kolonie Pennsylvanien durch den Quäker William Penn auf jenem Gebiete zwischen den Grenzen von Maryland und New-York, das sich Penn als Ausgleichung für eine Schuldforderung an die königliche Schatzkammer durch Karl II. von England abtreten ließ.

William Penn, 1644 zu London geboren, hatte sich frühzeitig dem Hauptapostel der Quäker, Georg Fox, angeschlossen. Er begleitete diesen nach Holland, reiste selbst mehrmals nach Deutschland und warb dort wie hier, sowie nach seiner Rückkehr nach England, der Lehre seines Lehrers zahl= reiche Anhänger. Aber auch die friedlichen Quäker hatten ihre Anfechtungen zu bestehen. Um denselben ein sicheres Asyl zu eröffnen, brachte Penn im Jahre 1675 einen Theil von New-Jersey in seinen Besitz, auf welchem bald darauf die Stadt Burlington und andere Ansiedelungen am östlichen Ufer des Delaware sich erhoben. Dadurch ermuthigt, entwarf Penn einen voll= ständigen Plan zur Kolonisirung der benachbarten, von Europäern noch nicht besetzten Länder. Sein Vater hatte als Admiral Großbritannien außer= ordentliche Dienste geleistet, 1655 Jamaika erobert und zehn Jahre darauf die holländische Flotte unter Van Opdam geschlagen; deshalb verlieh Karl II. von England durch einen Gnadenbrief am 4. März 1681 William Penn das Besitzrecht an eben jenes Gebiet, das seitdem Pennsylvanien heißt.

Im folgenden Jahre begab sich Penn selbst nach den neuen Ansied= lungen, besuchte die beiden Ufer der Delawarebai und wurde von der ganzen Bevölkerung, von Holländern, Engländern und Schweden, mit Freude und Vertrauen empfangen. Er sicherte allen Bewohnern Gewissens= und bürger= liche Freiheit zu und empfahl ihnen Einigkeit und Mäßigkeit. Alle Graf= schaften erhielten die gleiche Gesetzgebung und verfassungsmäßigen Rechte.

Hierauf fuhr er den Delaware aufwärts, um einen Platz für seine erste größere Faktorei in Pennsylvanien zu ersehen. Am Einflusse des Schuyl= kill machte er Halt, leitete seine Unterhandlungen mit den Indianern, denen er schon vorher durch Abgesandte einen friedlichen Verkehr angetragen hatte, ein, kaufte den Boden, auf welchem er sich anzusiedeln gedachte, von ihnen ab und zeigte sich ihnen gegenüber stets wohlwollend und gerecht. So ward fester Frieden geschlossen, und die Indianer versprachen: „Diese Freundschaft soll wolkenlos sein, so rein und strahlend wie die Sonne in ihrem schönsten Glanz; das Band, das sie umschlinge, soll niemals zerreißen, so lange die Sterne am Himmel stehen." Die alte Eiche, unter der sie die erste Zusam= menkunft mit Penn hatten, blieb für die ganze Gegend geraume Zeit ein Gegenstand hoher Verehrung. Deutsche, Holländer und Engländer wan= derten zahlreich als „Freunde und Brüder" Penn's nach dem neuen Lande aus, wo man auf der vom Zusammenfluß des Schuylkill und Delaware ge= bildeten Halbinsel eine Stadt gründete und ihr den Namen der Bruderliebe, Philadelphia, beilegte. Schon im ersten Jahre entstanden 80 Häuser. Seitdem hat sich die Stadt so vergrößert, daß sie, die zweite der ganzen Union, 1870 circa 675,000 Bewohner zählte. Philadelphia galt lange Zeit als Zufluchtsort für alle friedlichen Menschen, die Penn und seine Lehre liebten. Indessen selbst ein Mann wie Penn, dessen ganzes Sinnen und Trachten auf das Glück und Wachsthum seiner Kolonie gerichtet war, blieb nicht frei von Anfeindungen schmuzigen Neides und niedriger Gesinnung. Er hatte sich gegen mancherlei falsche Anklagen zu verantworten, die jedoch nur stets seinen Edelsinn in helleres Licht setzten. Ehe man seine Absichten völlig würdigen lernte, wurde ihm die Statthalterschaft entzogen, bald freilich wieder zurückgegeben. Als der Menschenfreund 1685 nach England zurück= kehrte, zählte seine Kolonie bereits 20 Ortschaften, darunter die von Deut= schen unter Pastorius gegründete Stadt Germanstown. Der treffliche Penn, dessen Schöpfungen das Muster für die nachfolgenden Pflanzstaaten bildeten, starb, nachdem er 1712 sein Eigenthumsrecht an Pennsylvanien der Krone von England für 280,000 Pfund Sterling wieder verkauft hatte, im Jahre 1718 zu Rushamb in England.

Schnell vorübergehend, aber doch immer schwer genug waren die Prü= fungen, welche mit der Thronbesteigung des Herzogs von York als Jakob II. über die in vielverheißenster Weise ins Leben getretenen Kolonien kamen. Die Freiheiten der Staaten wurden verletzt, zum Theil selbst eingezogen und vernichtet, Steuern nach Belieben auferlegt, des Königs Generalstatt= halter, der verhaßte Androß, verkümmerte oder entzog den Ansiedlern das Recht der Selbstverwaltung und erklärte Massachusetts und New-York zu Provinzen des Königs. Daher jubelten die Kolonisten in freudiger Erregung auf, als die Kunde vom Sturze der verhaßten Stuarts und gleichzeitig vom Regierungsantritt Wilhelm's III. von Oranien in den Kolonien anlangte.

In der That begann mit Wilhelm III., der alle unter Karl II. und Jakob II. über die Kolonien verhängten Beschränkungen wieder aufhob, ein ununterbrochen schnelles Wachsthum der britischen Niederlassungen in Amerika. Schon zu Anfange des 18. Jahrhunderts finden wir das ganze Küstenland von der Mündung des Lorenzo bis zur Halbinsel Florida herab von fleißigen Ansiedlern bevölkert, deren Zahl mit jedem Jahre zunimmt. Eben so begannen und mehrten sich rasch die Ansiedlungen an den großen Strömen des Innern. Nur das Binnenland zwischen diesen und der Küste lag unbebaut und diente den umherschweifenden Indianern zum Jagdgebiete. Doch auch hier entstanden Niederlassungen, wie z. B. 1724 Vermont und andere.

Die Kriege zwischen Großbritannien und Ludwig XIV. von Frankreich brachten den aufstrebenden Neuenglandsstaaten Verlegenheiten und Drangsale in Menge; eben so der Spanische Erbfolgekrieg. Zwar endigte auch dieser mit einer Erweiterung des britischen Gebietes im Norden von Amerika, indem das bereits 1690 durch die Energie der Bewohner von Massachusetts gewonnene Akadien (Neuholland) im Frieden von Utrecht (1713) von Frankreich förmlich an Großbritannien überlassen wurde; aber andererseits hatte der lange Streit den Kolonien auch schwere Opfer auferlegt. Schon damals sahen sich mehrere Staaten genöthigt, zu dem bedenklichen Behelfe der Papiergeldausgabe zu greifen, und besonders war der Patriotismus von Massachusetts und New-York infolge der gefährlichen Nachbarschaft des französischen Kanada's auf schwere Proben gestellt; nicht minder ward Carolina vielfach heimgesucht und sowol durch Sklavenaufstände, wie von Indianereinfällen arg verwüstet.

Das Rad, einmal im Rollen, läuft weiter. Gegen die Sklaveneinfuhr im Süden hatten sich zu verschiedenen Zeiten warnende Stimmen erhoben. Von der Krone von England begünstigt, beschleunigte zwar die Einfuhr von Negern den Anbau von Carolina sowie den Virginia's, aber die unaufhörlichen Störungen, die das schwarze Element herbeiführte, ließen eine stetig gedeihliche Entwicklung der südlichen Provinzen nicht zu. Vergebens verboten die Volksvertretungen der Kolonien den abscheulichen Handel mit Menschenfleisch, sie besaßen zu geringe Macht, ihre den Anordnungen der Regierung zuwiderlaufenden Beschlüsse durchzusetzen. Carolina sank immer mehr, und schließlich sahen sich die Erbeigenthümer des Landes genöthigt, ihre Besitzrechte an die Krone von England abzutreten. Infolge dessen wurde Carolina zu einer königlichen Provinz erklärt und 1729 in Nord- und Südcarolina getheilt.

4. Zur Schwindelperiode der Missisippi-Gesellschaft.

Eine Katastrophe, wie sie kaum jemals in ähnlicher Weise vorgekommen, trug zum Gedeihen der von den Franzosen gegründeten Kolonie Louisiana bei. Zwei Reisende hatten, vom französischen Kanada aus nach dem Innern von Nordamerika vordringend, noch bei Lebzeiten Ludwig's XIV. den Missisippi entdeckt. Ihre Schilderungen von der Ueppigkeit und dem natürlichen Reichthum des Landes regten zu weiteren Untersuchungen an, und ein Herr de la Salle erhielt Vollmacht zur Erforschung und Besitznahme jener Gegenden. De la Salle gelangte bis zur Mündung des Missisippi und gab dem Lande den Namen Louisiana. Niederlassungen wurden nun gegründet, doch ohne rechten Erfolg, und auch die Unternehmungen des reichen Kaufmanns Crozat, welcher 1712 das Privilegium des ausschließlichen Handels dahin, sowie das Eigenthumsrecht aller neuentdeckten Minen erhalten hatte, scheiterten. Er bot nun sein Privilegium dem zwar genialen, aber durch seine tolle, verwegene Ueberstürzung bei der Spekulationswuth seiner Zeit eine so verhängnißvolle Rolle spielenden Schotten John Law an, der schon 17 Jahre früher dem schottischen Parlament die Gründung einer großen Handelsgesellschaft mit ausgedehnten Befugnissen vorgeschlagen hatte. Der Antrag von Crozat kam ihm deßhalb sehr willkommen, und er entwarf behufs Ausbeutung des Privilegiums den Plan zur Gründung einer Aktiengesellschaft, welche mit dem für damals sehr bedeutenden Kapital von 100 Millionen Livres arbeiten sollte.

Anfänglich fand das Unternehmen, trotz aller Vortheile, welche das Privilegium bot, eine sehr laue Aufnahme. Es dauerte fast ein Jahr, ehe die 200,000 Aktien gezeichnet waren. Mit dieser Unternehmung brachte Law jedoch nach und nach eine Menge anderer Handelsspekulationen und große Geldgeschäfte in Verbindung. Es gelang ihm, den gesammten indischen Handel Frankreichs in den Händen einer einzigen Gesellschaft zu vereinigen, welche 1719 den Namen der alten „Indischen Compagnie" annahm. Auf Kosten dieser Gesellschaft wurden nun Ansiedlungen am Missisippi im großen Maßstab eingeleitet, eine Menge Leute durch Anpreisung der Reichthümer des erlangten großen Gebietes zur Auswanderung verlockt und der französische Adel durch Verleihung von Herzogthümern und Baronien bewogen, der überseeischen Kolonie seine Unterstützung zuzuwenden. Durch verschiedene glückliche Manipulationen begünstigt, ward Law der einflußreichste Mann in Frankreich; er leitete bald alle Finanzgeschäfte des Staates. Nun richteten sich die Blicke aller Derjenigen, welche rasch ohne zu arbeiten reich werden mochten, den Unternehmungen des eben so kühnen wie vom Glück begünstigten Schotten zu.

Alle Welt wollte Law'sche Aktien haben. Das rasche Steigen derselben, die großen Gewinne glücklicher Spekulanten erzeugten eine förmliche Spiel= wuth. Arm und Reich, Vornehm und Gering drängte sich zu der Kasse des gefeierten Finanzgenies. Der hohe Adel beugte sich vor dem schottischen Emporkömmling, und selbst ausländische Fürsten sandten Agenten nach Paris, um für sich spielen zu lassen. In kaum drei Wochen waren 300,000 Aktien zum Nennwerthe von 150 Millionen Livres untergebracht, welche der Ge= sellschaft 1500 Millionen Livres zuführten. Rasch stiegen die Aktien auf 6=, 7=, 8=, 9= und 10,000 Livres. Die Gewinne, welche hierbei gemacht wurden, waren unglaublich. Die Commis der Law'schen Bank waren nicht im Stande, die Namen der Kauflustigen so rasch zu verzeichnen, als diese sich herzu= drängten. Ein kleiner Krüppel verdiente nicht weniger als 50,000 Livres, indem er den eifrigen Spekulanten seinen — Buckel vermiethete, damit sie auf demselben ihre Aufträge verzeichnen konnten. Eben so machte das Ver= miethen von Schemeln einen Schuster reich. Ein ruinirter Gerberssohn ge= wann in wenigen Monaten 60 Millionen, der Diener eines Bankiers 50 Millionen, ein Savoyarde 40 Millionen. Ein Kellner ging mit 30 Mil= lionen nach England und kam später als Mylord zurück. Eine Krämerin kaufte Hotels und Landgüter für Millionen, denn sie besaß über 100 Millio= nen. Die Größten des Reichs, namentlich die Günstlinge des Regenten, trugen noch mehr davon. Die neuen Millionäre oder „Missisippier", wie man sie nannte, entfalteten fürstlichen Luxus und ihr Beispiel stachelte wie= der die weniger Glücklichen oder Neuhinzukommenden an, ihr Heil zu wagen und die Zahl der Aktienkäufer und Verkäufer zu vermehren. Die Spiel= wuth erhielt sich von Mitte 1718 bis gegen Ende des Jahres 1720, denn da hatte das Fieber, welches die französische Gesellschaft ergriffen, bereits gründlich ausgerast. Der schwindelhafte neue Finanzbau Law's war zusam= mengestürzt, Tausende von Spekulanten lagen unter seinen Trümmern be= graben ... Am 14. Dezember 1720 verließ der Urheber all dieses entsetz= lichen Unglücks Paris, den Schauplatz seiner Thaten.

Für die Neue Welt hatte die merkwürdige Aktienspielfieberkrankheit immerhin das Gute gehabt, daß eine Menge Menschen nach den Be= sitzungen der Missisippi=Gesellschaft verlockt worden waren. Während die Glücksonne des Schotten am höchsten stand, befürchteten sogar die benach= barten britischen Ansiedler, daß es den Franzosen gelingen könne, eine Ver= bindung der Kolonien am großen Strome, „dem Vater der Gewässer", mit den aufstrebenden kanadischen Niederlassungen zu Stande zu bringen. Dahere ward von Seiten der Regierung die Gründung der Kolonie Georgia zwi= schen den Carolinen und dem spanischen Florida mit armen Irländern und Engländern durch den menschenfreundlichen Oglethorpe begünstigt. Doch erst als vertriebene Protestanten aus Salzburg, als Schweizer und Schotten in größeren Zügen einwanderten, gewann die neue Niederlassung höheren Aufschwung. Auch dann freilich hatte sie um ihr Dasein zu kämpfen, vornehmlich während der Zeit des Oesterreichischen Erbfolgekrieges. Oglethorpe mußte alle waffentüchtigen Leute aufbieten, als im Jahre 1742 das Land von 2000 Spaniern und einer Schar entlaufener Sklaven zu säubern war, welche die neuen Wohnsitze ihrer Nachbarn mit Feuer und Schwert heimsuchten. Während dieser Zeit verheerten blutige Kriege auch Theile unseres Vaterlandes, und deren Folgen machten sich auch auf der anderen Seite unserer Erdkugel fühlbar. Wie sehnten sich unter solchen Umständen die schwach bevölkerten Pflanzstaaten, deren Kräfte sich rasch erschöpfen mußten, im Süden vornehmlich, nach Wiederkehr des Friedens! Und doch sollte bald auch in den nördlichen Kolonien die Kriegsfurie ihre Brandfackel schwingen: es galt den Kampf mit ihrem alten Erbfeinde, den Franzosen, um die gegenseitigen Ansprüche auf streitige, weit ausgedehnte Grenzgebiete zum endlichen Austrag zu bringen.

Da, wo die Besitzungen der alten Widersacher, Engländer und Franzosen, zusammenstießen, hatte es zu keiner Zeit an Mißhelligkeiten gefehlt. Während sich nach Kanada und den französischen Niederlassungen am Golf von Mexiko meist nur Franzosen wandten, erfolgte die Einwanderung nach dem Britischen Nordamerika, dessen Gedeihen alljährlich ersichtlich wuchs, in größerem Maßstabe auch von anderen Ländern her. Es erschienen mit jedem Frühjahr Scharen von Holländern, Schotten, Schweizern, auch Deutsche und Irländer in Massen, angelockt durch die günstige Stellung der Kolonie zum Mutterlande, das jetzt ihre Entwicklung frei und unbehindert vor sich gehen ließ, und so hatten gegen Mitte des vorigen Jahrhunderts die britischen Kolonien, trotz vielfacher Unterbrechungen, schon genügende Kraft erlangt, daß ihre Bewohner die Geschicke des amerikanischen Nordens mit enscheiden konnten.

5. Vereinigung sämmtlicher Kolonien unter der Krone von England.

Zwischen den Kolonien der Franzosen am Mississippi und jenen an den Oberen Seen bestand, wie wir wissen, keine direkte Verknüpfung. Diese vorzubereiten, suchten sich die Franzosen gegen Mitte des vorigen Jahrhunderts eine Verbindung zu schaffen, die sie hinter den englischen Provinzen zwischen dem Lorenzo, Ohio und Mississippi zu sichern sich bemüheten. Zu diesem Behufe wurden im Stromgebiete des Mississippi verschiedene Forts und Faktoreien angelegt. Doch die englischen Kolonisten waren keineswegs gewillt, sich dergestalt von ihren alten Feinden umzingeln zu lassen; vielmehr nahmen sie jene Territorien auch für sich in Anspruch. Infolge dessen kam es zu Feindseligkeiten. Connecticut, Massachusetts und New=Hampshire rüsteten eine stattliche Expedition aus, welche Louisbourg, die bedeutendste und wichtigste Feste der Franzosen in Amerika, wegnahm und die Forts an der kanadischen Grenze bedrohte.

Freilich sahen sich die Kolonisten bitter getäuscht, als England im Frie= den von Aachen (1748) jenen durch so große Anstrengungen gewonnenen wichtigen Platz an Frankreich wieder zurückgab. Seitdem drängte sich den Bewohnern der Neuenglandsstaaten immer mehr die Ueberzeugung auf, daß ihr Interesse himmelweit verschieden von demjenigen des Mutterlandes sei, und da auch die Grenze nach Kanada hin nicht fest bestimmt worden war, so drangen die Kolonisten auf eigene Faust über den St. Johnfluß vor und gründeten dort 1749 Halifax. Damit begnügten sie sich indessen nicht; vielmehr hielt es der Gouverneur von Virginien für rathsam, einen Ge= sandten nach Kanada zu schicken, der zwar mit den Franzosen friedlich ver= handeln, aber zugleich als Kundschafter dienen sollte.

Es war ein einundzwanzigjähriger stattlicher Jüngling, im Jagdkleide der damaligen Pionniere, der sich auf den gefahrvollen, 400 Meilen langen Weg machte, um sich dieser Aufgabe zu unterziehen: George Washington, dessen Name uns hier zum ersten Male bedeutungsvoll entgegentritt.

Unter ungeheuren Schwierigkeiten gelangte der junge Virginier zu den französischen Vorposten, konnte jedoch mit dem widerwilligen Nachbar nichts anfangen. Washington erhielt deshalb den weiteren Auftrag, im Winter mit 200 Mann an den Ohio zu marschiren, um dort wo möglich noch vor Ankunft der Franzosen ein Fort zu errichten. Doch die Franzosen vereitelten auch dieses und erbauten ihrerseits das in jener Zeit oftmals genannte Boll= werk Duquesne (das nachmalige Pittsburg).

Daher entbrannte der alte Hader von Neuem, und als die Franzosen fortfuhren, im Stromgebiete sowie an den Oberen Seen Forts zu erbauen, standen sich die britischen und französischen Kolonisten schon feindlich gegen= über, bevor noch der Krieg zwischen England und Frankreich wieder erklärt war. Bereits 1755 unternahmen die Kolonien, denen das Mutterland Hülfs= truppen geschickt hatte, einen Zug gegen die kanadischen Grenzfestungen. Bei der Unentschlossenheit der englischen Führer mißlang aber derselbe. Auch die Anstrengungen, welche dann Massachussetts und New=York machten, hatten keinen Erfolg. Erst unter der Regierung des großen Pitt (Lord Chatham) nahm der Krieg, den inzwischen auch das mit Preußen verbündete England an Frankreich erklärt hatte, eine günstige Wendung für die Kolonien.

Pitt schickte Hülfe zu Land und zur See, und nun begann sofort wieder die Belagerung von Louisbourg, das sich am 26. Juli 1758 ergeben mußte.

Tod des Generals Schalck auf dem Adamsfelde bei Quedek.

Noch erfolgreicher aber war das folgende Jahr. In diesem wurden die französischen Forts Ticonderoga, Crownpoint und Niagara genommen, die französische Flotille auf dem Champlain auf den Sand gejagt, endlich General Montcalm durch Wolfe am 13. September in der blutigen Schlacht bei Quebek aufs Haupt geschlagen. Diese Schlacht kostete übrigens den beiden Heerführern das Leben. Wolfe, der trotz seiner tödlichen Verwundung mit fieberhafter Anstrengung den Gang der Schlacht beobachtet hatte, that, wie Epaminondas bei Mantinea, bei der Nachricht von der Flucht der Franzosen, mit den Worten: „Nun sterb' ich zufrieden!" den letzten Athemzug, und fast in demselben Augenblicke hauchte auch Montcalm, als er die Seinigen fliehen sah, mit dem Ausrufe: „Wohl mir, daß meine Wunde tödlich ist, ich werde Quebeks Fall nicht erleben!" seine Heldenseele aus. In der That mußte sich vier Tage nach der Schlacht Quebek ergeben. Im nächsten Jahre ward Montreal erobert und die Franzosen aus ganz Canada ver= vertrieben, auch das besetzte Newfoundland (Terre neuve) denselben wieder abgenommen, so daß sich England am Schlusse des Jahres 1760 im Besitze des ganzen Gebietes vom Lorenzo bis zum Mississippi befand.

Diese außerordentlichen Erfolge hatte Großbritannien nur der Aus= dauer und den nie ermüdenden Anstrengungen der Bewohner der Neueng= landstaaten zu verdanken. Unter ihrer energischen Betheiligung am Kampfe waren die Franzosen so entschieden niedergeworfen, daß sich ihre Macht, Ansehen und Bedeutung nie wieder zu erheben vermochte. Im Frieden zu Paris (10. Februar 1763) mußten Neuschottland (Akadien) mit Kap Breton sammt Kanada von den Franzosen auf ewige Zeiten an England abgetreten und der Mississippi als Grenze zwischen den englischen und französischen Besitzungen erklärt werden. Zugleich waren die Spanier aus Florida und ihren übrigen Gebieten östlich des Mississippi verdrängt worden. Die auf solche Weise vergrößerten englischen Kolonien zählten etliche Jahre später nach Hinzutritt von Tenessee (im Jahre 1768) und Kentucky (im Jahre 1773), also vor etwa hundert Jahren, zwischen 2 bis 3 Millionen Seelen, darunter 500,000 Neuengländer, und besaßen eine Zahl von Sklaven, welche in den südlichen Provinzen der Zahl der weißen Einwohner ziemlich gleich kam. Mit Befriedigung durften die Kolonien auf das Ergebniß eines langen Kampfes hinschauen. Hinfüro waren nicht allein die Grenzen ihrer Nieder= lassungen gegen alle nebenbuhlerischen und feindlichen Absichten gesichert und ihnen ein großes Handelsgebiet zu Wasser und zu Lande geöffnet, es stand auch der Möglichkeit, ihr Gebiet nach Westen zu vergrößern, kein Hinderniß mehr entgegen. Zu welcher außerordentlichen Blüte hätten sie daher nun gelangen können, wenn ihnen nicht vom Mutterlande die ander= weitigen Bedingungen des Gedeihens entzogen worden wären!

Milizen, zum Kampfe ausziehend.

6. Bruch zwischen dem Mutterlande und seinen Tochterstaaten.

Kolonien auf Landbau gegründet, tragen immer den Keim der Unab=
hängigkeit oder Selbständigkeit in sich. Es war augenscheinlich, daß in den
Beziehungen der Tochterstaaten zum Mutterlande ein Wendepunkt einge=
treten sei. Wie groß auch die Opfer gewesen waren, welche jene gebracht,
England litt doch noch weit mehr an den Wunden, die langjährige Kriege
dem Wohlstande geschlagen. Das Parlament sah keine andere Möglichkeit,
als die Kolonien heranzuziehen, um denselben einen Theil der Schuldenlast
aufzubürden, unter welcher Altengland seufzte. Längst hatte man zu London
das Emporblühen der Kolonien mit scharfem Auge überwacht und allmählig
die ungeheure Bedeutung der transatlantischen Tochterlande begriffen. Die
verhängnißvolle Idee einer Ausnutzung der aufstrebenden Neuenglands=

staaten, um sich schadlos für die großen Opfer zu halten, welche ihre Be-
schirmung verursacht hatten, ward zum Wahlspruch der herrschenden Partei
und auch vom Könige selbst mit eiserner Zähigkeit festgehalten. In diesem
Sinne legte zunächst eine Parlamentsakte vom März 1764, die sogenannte
Grenville-Akte, den Kolonien die Verpflichtung auf, zur Abtragung der
englischen Nationalschuld mitzuwirken.

Wie verschieden auch die Grundelemente der Bevölkerung der gedachten
Staaten waren, die britischen Kolonien hatten doch ihre Gouverneure, ihre
berathenden und gesetzgebenden Körper, und streng hielten sie an dem alt-
englischen Grundsatz fest, daß das freie Eigenthum des Bürgers nicht ohne
Einwilligung des Eigenthümers besteuert werden könne, es sei denn, daß die
gesetzlichen Vertreter des Volkes dazu ihre Zustimmung gegeben. Insbesondere bestritten die Neuenglandsstaaten dem Parlamente die Berechtigung
oder die Pflicht, sie der Krone von England gegenüber zu vertreten, weil sie
sonst jener Körperschaft auch das Recht zugestanden haben würden, sie zu besteuern und zu den Lasten des Reiches beliebig heranzuziehen.

Den Kolonialkongressen dagegen das Recht der Steuerverwilligung
in die Hand zu geben, dazu mochte sich weder der König, noch seine Minister,
noch das Parlament herbeilassen. Als nun, trotz des Protestes der britischen
Tochterstaaten, deren Besteuerung in London beschlossen ward, ohne daß den
Kolonialversammlungen auch nur ein Berathungs-, geschweige denn ein Be-
willigungsrecht eingeräumt worden wäre, da verursachte dieses unkluge
Vorgehen in allen Niederlassungen viel böses Blut, und in Boston fiel selbst
das verhängnißvolle Wort: „Besteuerung ohne Bewilligung der Volksver-
tretung ist Tyrannei!"

Das Mutterland konnte, wenn es die Heranziehung seiner Pflanzstaaten
zu den Reichslasten wirksam machen wollte, nur dadurch Vortheil von denselben
ziehen, daß die Industrie der Kolonien energisch niedergehalten wurde und die
amerikanischen Rohprodukte den englischen Fabrikanten ausschließlich zur
höheren Verwerthung anheim fielen. In diesem Sinne waren auch eine
ganze Reihe Verordnungen erlassen worden, durch welche den Kolonisten der
Handel verwehrt und dieser dafür den englischen Kaufleuten zugewendet
werden sollte. Nichtengländern war der Handelsbetrieb in den Kolonien
geradezu verboten, und die Kolonisten selbst fanden sich für den Verkehr von
Grenze zu Grenze auf englische Zwischenhändler angewiesen. Rohprodukte,
wie Tabak, Reis, Getreide, Pelzwaren u. s. w., durften nur in englischen
Häfen zum Verkaufe gebracht werden. Die holländischen Kaufleute hätten
gern den Virginiern für ihren Tabak mehr bezahlt, als die englischen Händler gewährten, aber die Kolonisten mußten das geschätzte Kraut nach britischen Häfen verkaufen! Keine Säge, keine Scheere, kein Messer durfte im
eigenen Lande gemacht werden, denn Industriewerkstätten für Eisen- und

Stahlwaaren, eben so wenig für Wollenstoffe u. s. w., wurden geduldet; nur der unentbehrliche handwerksmäßige Kleingeschäftsbetrieb ward, eben weil dies nicht anders sein konnte, gestattet. Gleich nach Veröffentlichung der sogenannten „Grenville=Akte", welche die Einfuhr verschiedener Waaren, wie Zucker, Kaffee, Wein, Indigo, ostindische Seidenzeuge u. s. w., mit Ein= gangszöllen belegte, und aufgerüttelt durch die Verordnung über Einfüh= rung des Stempelpapiers bei Kontrakten, Schuldverschreibungen u. s. w. in den Kolonien (1765), traten die Provinzialvertretungen oder Kongresse von Massachusetts, Connecticut, Rhode=Island, New=Jersey, Pennsylvania, Maryland und Südcarolina zusammen und erklärten die ebenerwähnten Gesetze für rechtswidrig.

Die Kolonien hatten sich im Grunde niemals geweigert, zu den Reichs= lasten ihr Theil beizutragen, aber sie beharrten dabei, daß die nöthigen Be= willigungen durch ihre verfassungsmäßigen Vertretungen gewährt werden sollten, ohne dieses jedoch ausdrücklich auszusprechen. Die Regierung faßte jedoch die Vorstellungen der Provinzen anders auf. Sie erblickte darin nur einen Widerstand gegen die Art der Besteuerung und versuchte es mit zwei anderen Erlassen. Auf Grund der einen Bill legte sie den Kolonien die oben schon erwähnte Stempelsteuer auf, durch die andere verlangte sie von denselben, daß die Bewohner der Neuenglandsstaaten den königlichen Trup= pen, welche in ihrem Lande Verwendung fanden, Unterkommen und Ver= pflegung zu Theil werden ließen. Die Amerikaner waren jedoch einmüthig entschlossen, diesen Vorläufern von noch schlimmeren Regierungsübergriffen, welche im Heimatslande selbst Pitt heftig bekämpfte, entschieden Wider= stand zu leisten. Durch hohen Stempel bedroht, schürte die damals schon mächtige Zeitungspresse die allgemeine Entrüstung, welcher die versammelten Kolonialkongresse bald beredte Worte verliehen. Dieselben traten im Oktober 1765 zu New=York zu einem Kongreß von Bevollmächtigten zusammen und richteten ernstliche Vorstellungen an das Parlament von England.

Weniger die dekretirten Auflagen, als die Absichten, welche hinter den= selben sich verbargen, steigerten die Aufregung in den Kolonien. Sie leuch= tete vor Allem aus einer Erläuterung der englischen Regierung hervor, wo= durch die Beschlüsse der Kolonialkongresse für nichtig erklärt und dem Par= lamente die Berechtigung zugesprochen wurde, Gesetze und Verordnungen jeder Art für die Kolonien zu erlassen. Jetzt ward die Sache ernsthaft. Es bildeten sich im Volke Vereine gegen den Ankauf und Verkauf von englischen Waaren, durch eine andere Verbindung sollten alle Streitigkeiten hinfüro einem Schiedsgerichte von Landeseingeborenen vorgelegt und dadurch die Stempelakte umgangen werden. Diese Akte, ohnehin von den Gerichten des Landes kaum beachtet, trat eigentlich nie in Kraft und ward auf Andringen der englischen Kaufleute im März 1766 wieder aufgehoben. Dafür aber

erschien der berüchtigte Erlaß vom Mai 1767, nach welchem der in den Ko=
lonien eingeführte Thee, eben so Glas, Papier und Malerfarben mit einem,
wenn auch noch so mäßigen Zoll belegt wurden.

Die Geringfügigkeit der Steuer ließ den britischen Schatzkanzler glau=
ben, daß die Amerikaner sich nun wol beruhigen möchten. Man irrte sich
indessen gewaltig. Zu Boston, wo das Zollamt seinen Sitz hatte, fanden
arge Tumulte statt und die Bürger weigerten sich außerdem, die angelangten
Truppen bei sich aufzunehmen.

So hatte der Zwist zwischen Mutterland und Tochterstaaten bereits ein
höchst bedrohliches Ansehen angenommen; die Verluste des englischen
Handelsstandes wurden immer fühlbarer, der Schleichhandel erhob sich zu
nie geahnter Ausdehnung, und während die Entschlossenheit der Amerikaner
gleichen Schritt mit den Verlegenheiten der britischen Regierung hielt, ver=
ringerte sich gleichzeitig die Aussicht, daß das scheinbare Aufgeben der Maß=
nahmen der englischen Minister die Sachlage irgendwie werde bessern können.
Lord North hob nämlich das Zollgesetz von 1767 auf und ordnete dagegen
den überaus geringen Eingangszoll von 3 Pence aufs Pfund Thee an.
(Um den holländischen Schmugglern ihr Geschäft unmöglich zu machen, setzte
man gleichzeitig auch in England den Zoll auf den Thee ungemein herab.)
Die im Parlament unter heftigem Widerstand zu Stande gebrachte Maß=
regel versetzte die Kolonien in neue, noch heftigere Gährung, trotz des
Vortheils, welchen der gewährte Rückzoll erwarten ließ. War über=
haupt noch von einer Regierung Gerechtigkeit zu erwarten, welche durchaus
nicht mit der Sprache heraus wollte und die den Rechtspunkt lieber unent=
schieden ließ, statt dessen jedoch immer von Neuem zu Winkelzügen Zuflucht
nahm? — An allen Hafenplätzen sahen sich die Theeschiffe der Ostindischen
Compagnie übel aufgenommen und zurückgewiesen, und nur in Boston
konnten sie unter dem Schutze der Kanonen der britischen Kriegsschiffe Anker
werfen. Entschlossen, der Hartnäckigkeit des Mutterlandes im Nothfalle
selbst mit Gewalt zu begegnen, erstieg am 18. Dezember 1773 eine Schar
von achtzehn als Indianer verkleideter Bürger, die zum Theil zu der Ver=
bindung der „Söhne der Freiheit" gehörten, das Theeschiff Dartmouth, be=
mächtigte sich 342 Kisten Thees und schüttete denselben, 18,000 Pfund
Sterling an Werth, feierlich ins Meer. In Lexington verbrannte man ihn.

Dies gab das Signal zu bald blutigeren Reibereien. Hutchinson, der
Gouverneur von Massachusetts, hatte diesen Vorgang in den schwärzesten
Farben der Regierung zu London gemeldet. Das Parlament wetteiferte an
Leidenschaftlichkeit mit den Heißspornen zu Boston: es verfügte die Sper=
rung des Hafens der ebengenannten Stadt, die Aufhebung des Freiheits=
briefes von Massachusetts, sprach dem Könige das Recht der Ernennung
aller Beamten und Räthe zu und dekretirte die Ausdehnung des Gebietes

von Kanada von den Oberen Seen bis herunter zum Mississippi. Verbrecher sollten fortan in England gerichtet werden dürfen.

Solche Beschlüsse, in Verbindung mit Absendung von vier Regimentern königlicher Truppen, mußten in den Kolonien gleich eine Kriegserklärung aufgenommen werden, und dies geschah auch in der That. Die Lage des Vaterlands brachte alle großen und kleinen Zwiste zum Schweigen; jetzt galt es zusammenzuhalten, Waffen herbeizuschaffen und sich zum Kampfe gegen das unbillige Mutterland vorzubereiten, während die Zeitungen die Bevölkerung für den Gedanken einer Unabhängigkeitserklärung vom Mutterlande vorbereiteten.

Am 1. September 1774 traten zu Philadelphia die Abgeordneten von zwölf Provinzen zu einem Generalkongreß zusammen. Diese Provinzen waren: Massachusetts, New-York, Rhode-Island, New-Jersey, Neu-Hampshire, Connecticut, Pennsylvanien, Delaware (der kleinste Staat, der sich zu Anfang des Jahrhunderts von Pennsylvanien losgelöst hatte), Maryland, Virginien, Nordcarolina und Georgien, zu denen sich im nächsten Jahre noch Südcarolina gesellte, so daß nunmehr sämmtliche dreizehn Kolonialstaaten sich zum Widerstande gegen das Mutterland geeinigt hatten. Sie hatten in den Rath der Nation die geachtetsten und bewährtesten Männer abgeordnet. Und in der That hat selten eine Versammlung getagt, welche mehr Talent, größere Vaterlandsliebe und ehrenwerthere Gesinnung in sich vereinigt gesehen hätte.

Der Kongreß nahm die Rechte des freien Engländers in und außerhalb von Großbritannien in Anspruch und erließ vor Allem eine Bittschrift an den König; worin zahlreiche Mißstände zur Sprache gebracht wurden. Grund zu Beschwerden lagen in Menge vor.

Das Ausbeutungssystem, welches England seinen amerikanischen Kolonien gegenüber beobachtete, erscheint uns heutzutage ganz unbegreiflich. War doch sogar der Handel zwischen den einzelnen Provinzen durch Verbote und Verordnungen und lästige Zwischenzölle so gut wie untersagt.

Infolge der äußersten Beschränkung, welche auf den Gewerben lastete, erschien eine industrielle Entwicklung der Kolonie geradezu unmöglich. So verrann die erste Blütezeit der Gewerbemanufaktur während des vorigen Jahrhunderts, ohne daß sie den Neuenglandsstaaten zu Gute gekommen wäre. Es durfte ja nirgends ein Webstuhl klappern; selbst Wollenstoffe und Wollenhüte aus einer Kolonie nach der anderen zu schaffen, war verboten. Den Kolonialstaaten mit ihrem ausgedehnten Küstengebiete war sogar das Recht entzogen worden, bei Newfoundland den Fischfang zu betreiben. Nicht minder blieb die Schiffahrt mit Hemmnissen aller Art umgeben, so daß sie nicht aufkommen konnte. Der Umlauf von Gold und Silber ward vom Parlamente zu London geregelt und überwacht, und weil das Metallgeld

meist nach England lief, so sah sich das Land entweder von einer Flut Pa=
piergeld überschwemmt, oder das natürliche Ausgleichmittel, die Münze,
fehlte gänzlich und Rohprodukte, gleich Tabak, bildeten, wie das nach Aus=
gang des siebenjährigen Krieges in Virginien geraume Zeit der Fall war,
das Hauptaustauschmittel.

All diese Beschwerden wurden vom Kongreß zusammengefaßt und an
König und Parlament übermittelt mit dem gleichzeitigen Erbieten, die ver=
fassungsmäßige Beihülfe zu den Reichslasten zu leisten, wenn das Mutter=
land seinen Pflanzstaaten Gerechtigkeit, Sicherheit und Friede zu Theil
werden lassen wolle.

Neben diesen friedlichen Maßnahmen verordnete jedoch die Versamm=
lung gleichzeitig das Aufhören der Einfuhr von Waaren aus britischen
Häfen vom 1. Dezember 1774, sowie der Ausfuhr von Kolonialprodukten
nach England vom 10. September 1775 an. Nachdem der Kongreß ein
abermaliges Zusammentreten für den Mai 1775 anberaumt, trennte er sich
am 26. Oktober.

Der Befehlshaber der englischen Truppen zu Bosto, General Gage,
rüstete sich, der durch Volksversammlungen unterhaltenen Aufregung im
schlimmsten Falle mit den Waffen entgegen zu treten. Denn der Kampf er=
schien unvermeidlich. Die Provinzen versorgten sich mit dem nöthigen
Kriegsmaterial, Massachusetts brachte 12,000 Milizen auf die Beine, und
als das Parlament, diese kriegerischen Maßregeln verurtheilend, den König
zur Anwendung von Waffengewalt ermächtigte, da stand auch sofort der
Ausbruch der Feindseligkeiten vor der Thür.

An der Brücke von Lexington, zwischen Boston und Concord, bestanden
am 19. April 1775 die Kolonisten gegen eine englische Brigade, die nach
dem erstgenannten Orte marschirt war, um die zusammengezogenen Milizen
zu sprengen und die von den Aufständigen angehäufte Munition, sowie an=
deres Kriegsmaterial zu vernichten, das erste siegreiche Gefecht, womit der
Freiheitskampf der Nordamerikaner eröffnet wurde.

So unbedeutend an sich dieses Gefecht auch war, so fielen doch verhält=
nißmäßig sehr viel Engländer, weil die Milizen, hinter Hecken, Bäumen,
Mauern und sonstigen Verstecken aufgestellt, die regelmäßigen Truppen
niederschossen. Zugleich ist die „Schlacht bei Lexington" der charakteristische
Typus des ganzen Krieges, denn dieser ward, wie jene, durch das Mißver=
hältniß des Operationsraumes zu der numerischen Schwäche der englischen
Streitkräfte entschieden. Zehntausend und mehr Quadratmeilen unbot=
mäßigen Landes können nicht von einzelnen schwachen Divisionen besetzt,
überwacht und gezügelt werden. Wenn die Engländer von Anfang an ihre
Lage richtig gewürdigt hätten, so würden sie sich auf Besetzung fester Punkte,
einzelner Posten und befestigter Häfen beschränkt haben. Ueberall, wo sie

weite Züge durchs Land machten oder größere Strecken in ihre Gewalt bringen wollten, mußten sie auf die Dauer scheitern. Es war der Kampf des Kyros gegen die Skythen, der Römer gegen die Germanen.

Um jedoch auf den Gang der Ereignisse wieder zurückzukommen, so hob jener erste Erfolg das Selbstgefühl und Selbstvertrauen der Amerikaner und rief im Laufe weniger Wochen die ganze Provinz unter die Waffen. Diese Energie und dieser Patriotismus Neuenglands hatte die weitere Folge, daß auch die übrigen Kolonien fast einmüthig die Waffen gegen Eng= land ergriffen. Von allen Seiten strömten Milizen, welche bald auf fast 10,000 Mann anwuchsen, Boston zu Hülfe, und sich ein von Connecticut aus= gesandtes Expeditionscorps unter Allen und Arnold durch einen kühnen Handstreich der beiden Forts Ticonderoga und Crownpoint und damit des Schlüssels zu Kanada versicherte, umlagerten jene freiwilligen Regimenter die genannte Stadt. Sie wollten in ihrer Erbitterung die Engländer ent= weder aushungern oder auf ihre Schiffe treiben und mit diesem einen Schlage gleich dem Krieg ein Ende machen. Vorläufig schnitten sie der englischen Garnison jede Verbindung mit dem Lande ab. Doch schon gegen Ende Mai kamen englische Verstärkungstruppen unter Howe, Clinton und Bour= goyne in Boston, und Gage war jetzt im Stande, energischer vorzugehen. Er beabsichtigte bei dem nördlich von Boston auf einer Halbinsel gelegenen Charlestown sich einen Durchgang zu brechen. Zu diesem Behuf mußte die Anhöhe im Mittelpunkte dieser Halbinsel, der sogenannte Bunkershill, be= festigt werden. Die Amerikaner aber, die von Begierde brannten, sich mit den Engländern zu messen, kamen dem General Gage zuvor und errichteten in der Nacht vom 16. zum 17. Juni eine Batterie auf dem Bunkershill, den sie zugleich befestigten. Um dies zu verhindern, schickte Gage zuerst Howe, dann Clinton mit dem Befehle ab, die Amerikaner zu vertreiben. Zweimal indeß wurden die Engländer von ungeübten Milizen zurückgeschlagen, zwei= mal mußten sich ihre eigenen Generale an die Spitze der angreifenden Truppen stellen, um sie zum Vorrücken anzufeuern, und wenn zuletzt auch die Amerikaner genöthigt wurden, sich über die Landenge nach Cambridge zurückzuziehen, so äußerte doch die Demüthigung der stolzen, auf die Milizen verächtlich herabblickenden Engländer auf die Kriegslust und die Begeisterung der Amerikaner eine größere moralische Wirkung, als eine gewonnene Schlacht.

Trotzdem sollte der Kampf um die Unabhängigkeit der Vereinigten Provinzen ganze acht Jahre dauern. Die Ursachen, welche den Streit so außerordentlich in die Länge zogen, werden wir sogleich ins Auge fassen.

Tabakplantage in Virginien.

7. Der schwarze und nochmals der rothe Mensch in Nordamerika.

Die Unterwerfung der amerikanischen Kolonien durfte für das Mutter=
land durchaus nicht als eine leichte Sache angesehen werden.

Großbritannien war durch seine fortgesetzte Theilnahme an den euro=
päischen Händeln, zuletzt an dem Siebenjährigen Kriege, in Schulden gerathen
und hatte beim Ausbruche des Kampfes keineswegs genügende Streitkräfte
zur Bändigung seiner aufständigen Provinzen bei der Hand. Indessen
fehlte es dem Inselreiche nicht an Bundesgenossen bei dem entbrennenden
Kampfe. Die Arglist der britischen Politik hatte es wohl verstanden, sich an
Stelle einer zahlreichen bewaffneten Macht in Nordamerika selbst starke
Stützen zu verschaffen, auf welche es sich während des Fortgangs des heißen
Streites immer wieder steifen konnte. Dazu hatte man sich die Verlegen=
heiten auserkoren, welche aus der Negersklaverei erwuchsen, sowie die
mißlichen Beziehungen der Kolonisten zu den eigentlichen Eigenthümern des
Landes, den Rothhäuten.

Im Frieden von Utrecht (1713) hatte sich Großbritannien ausdrücklich
das Recht zusprechen lassen, auf den spanischen Besitzungen in Amerika, den
Antillen u. s. w. afrikanische Sklaven einzuführen, und nicht minder waren
die Leiter des britischen Inselreichs darauf bedacht gewesen, der Neger=
sklaverei in ihren eigenen Kolonien immer festeren Boden zu verschaffen.

Von Barbadoes aus, dem Hauptmarkte für die schwarze Waare, wurden
mit Absicht und erstaunlicher Beharrlichkeit Massen von Schwarzen in die
nordamerikanischen Pflanzstaaten geschleudert.

Vergebens machten die nördlichen Provinzen ernstliche Vorstellungen gegen das von der Regierung begünstigte System der Kolonisirung der süd= lichen Provinzen mittels des schwarzen Elementes, vergebens wiesen sie darauf hin, daß auf solche Weise mit der Zeit die mißlichsten Verhältnisse zwischen den nördlichen und südlichen Provinzen sich entwickeln müßten, weil der eine Anzahl der gesuchtesten Rohprodukte erzeugende Süden zu einem bedrohlichen Uebergewicht gegenüber dem Norden gelange, wo die Arbeit theurer sei und sich mühsam nur die Anfänge gewerblichen und in= dustriellen Gedeihens pflegen ließen. Ja, selbst die südlichen Provinzen suchten sich des steigenden Negerzuflusses zu erwehren, da sie ahnten, die schwarze Bevölkerung werde über kurz oder lang ihre innere Entwicklung auf eine ganz andere Grundlage, als diejenige der nördlichen Provinzen, stellen.

Durch die Sklavenbevölkerung ward begreiflich der ganze gesellschaft= liche Aufbau der Provinzen schon in der ersten Zeit ihres Aufblühens und zwar in wesentlich englischem Sinne beeinflußt. Die königliche Partei zählte daher in den mittleren und südlichen Provinzen die meisten Anhänger; die Sklaven wurden als eine höchst wichtige Stütze des Königthums, sowie aller „Wohlgesinnten" betrachtet.

Die Kolonisten begriffen die drohende Gefahr, welche über ihren Häup= tern schwebte, und verbaten sich beim Ausbruch der Streitigkeiten zunächst sehr ernstlich die Einfuhr der schwarzen Alliirten des Mutterlandes. Der treffliche Jefferson übertrieb nicht, als er gelegentlich der Begründung der Unabhängigkeits=Erklärung der Kolonien die treulose britische Politik hinsichtlich des Sklavenwesens folgendermaßen schilderte: „Der König von Großbritannien hat einen grausamen Krieg gegen die menschliche Natur selbst geführt, als er Angehörige eines fernwohnenden Volkes, die ihm nie ein Leid zufügten, einfangen ließ, um dieselben nach einer anderen Erdhälfte in die Sklaverei, oder zu einem jämmerlichen Tode während der Ueberfahrt, fortzuschleppen. Es ist ein Seeräuberkrieg, selbst ungläubigen Mächten zur Schande gereichend, welchen der christliche König von Großbritannien führt. ... Und um dieser Menge von Greueln, wodurch schreiende Thatsachen erst ins volle Licht gestellt werden, die Krone aufzusetzen, stachelt jener Monarch die Neger unter uns auf, die Waffen zu ergreifen und ihre Freiheit, deren eben Er sie berauben ließ, durch Ermordung desselben Volkes zu erkaufen, dem er die Neger aufdrang."

Nicht minder tief berechnet wie in Bezug auf die Sklavenangelegen= heit erscheint die britische Politik in Rücksicht auf die Indianer, welche längst vor dem Ausbruche des Konfliktes mit den Kolonien von dem Mutter= lande viel rücksichtsvoller behandelt wurden, als es sonsthin die englische Gewohnheit gegenüber den Urbewohnern von eroberten Gebieten in den ver= schiedenen Theilen der Welt mit sich brachte. Mit Ausnahme der Quäker,

welche, wie wir wissen, unter Penn mit den Indianern sehr menschlich ver=
kehrten, haben sich fast sämmtliche Einwanderer in Nord= und Mittelamerika,
darunter aber auch die englischen Kolonisten, der empörendsten Grausam=
keiten gegen den rothen Mann schuldig gemacht. Schritt vor Schritt wur=
den die Indianer von den Letzteren nach Westen gedrängt, und wenn sie
nicht freiwillig wichen, so zeigten ihnen die langen Büchsen der weißen
Männer den Weg. Keiner der Feldzüge, welche später gegen die Urbe=
wohner unternommen wurden, hat den Indianern so schwere Verluste zuge=
fügt, als der Einzelkampf mit den Kolonisten, die ihre Blockhäuser und kaum
bebauten Ländereien gegen rothe Nachbarn zu vertheidigen hatten.

Viele Hunderte von arbeitsscheuen, aber im Gebrauche der Waffen ge=
wandten Abenteurern, nunmehr mit Jägerei und Fallenstellen sich beschäf=
tigend, führten gegen die Indianer den gleichen Vernichtungskampf, wie
gegen Bären und Wölfe. Wurden die Rothhäute ihrer weißen Feinde
mächtig, so schonten sie natürlich den Gegner auch nicht, von dem sie keine
Schonung erwarten durften. Es ist eine unendlich lange Reihe von Ver=
trägen mit den Indianern von den Kolonisten geschlossen worden; der weiße
Mann war meist derjenige, welcher wort= und eidbrüchig wurde. „Mehr
Land!" dies blieb stets der Wahlspruch der westwärts Wandernden bis zum
heutigen Tage. Kaum hatten die Rothhäute einen Jagdgrund der Besied=
lung überlassen, so drangen Compagnien von 8 bis etwa 20 Mann weißer
Jäger, die Trapper, Fallensteller, Pionniere oder Bahnbrecher, sammt den
Squatters über die Siedlergrenzen hinaus und verlegten den sofort von
Neuem entbrennenden Kampf mit den Rothhäuten auf deren Jagdgrund.
Wie das unaufhaltsame Schwellen der Meeresflut rückten die Vorläufer
der Civilisation nach Westen vor und bahnten die Wege in die Wildniß des
jungfräulichen Bodens, der bis dahin nur das Wigwam, die schlichte In=
dianerbehausung, und die schmalen Jagdpfade der Indianer kannte.

So machten die Pionniere gleichsam Quartier für die ersten Ansiedler.
Dann rückte eine zweite Kolonne „des Heeres" nach und fing an, den Boden
zu „squatten"; die Squatters gründeten dann ihre fliegenden Ansiedlungen,
um dieselben gegen billigen Preis ihren Nachfolgern, den wirklichen Kolo=
nisten zu überliefern, welche sich festsetzten, d. h. bleibende Wohnsitze nahmen.

Die sechs großen indianischen Nationen, die Jroquois oder Jrokees
im Norden des damaligen britischen Amerika, der Kultur nicht ganz unzu=
gänglich, schwanden vor dem Grabscheite der Kolonisten, wie Schnee vor der
Sonne dahin. Schon die Pilgerväter hatten stark unter den im Norden seß=
haften Stämmen, auf welche die Bezeichnung der Ohnelots angewandt
wurde (nach einem Flusse, Sammlung vieler Gewässer), aufgeräumt. Der
Schauplatz der wildesten Kämpfe zwischen Kolonisten und Indianern waren
die Gestade des schönfarbigen Sees, die Ufer des Merrimack und die Ge=

gend von Samboratos, Gilford, Meredith und Centre Harbour. In jenen Geländen des Gebirgs sind Helden- und Greuelthaten ausgeführt worden, von denen heute nur noch die Sage berichtet. Hier machte sich der britische Kapitän Lovewell unsterblich, als er mit etlichen Compagnien englischer Infanterie und etwa 500 Scharfschützen der Kolonisten die Macht der Rothhäute für immer brach.

Während des Krieges mit den Franzosen stellten sich die Indianer immer auf die Seite des jedesmaligen letzten Siegers; sie kämpften mit den Engländern gegen die Franzosen, so lange die Ersteren siegten, verbanden sich aber sofort mit den Franzosen, sobald diesen das Kriegsglück sich günstig zeigte. Infolge dessen mußten freilich die Indianer sehr bald die Bemerkung machen, daß sie sowol von den Siegern wie von den Besiegten immer mehr aus ihren Jagdgründen verdrängt würden und daß „die weißen Männer" sowol im rothen Rocke der Engländer, sowie im blauen der Franzosen gemeinsam ihre Feinde seien. Der langverhaltene Groll gegen die verhaßten „Bleichgesichter" brach endlich unaufhaltsam hervor, als sie nach der Besiegung der Franzosen durch die Engländer den Zeitpunkt für gekommen hielten, sich auf die Letzteren zu werfen und die verhaßten Eindringlinge zu vernichten oder wenigstens von „rothem" Grund und Boden für immer zu vertreiben.

Wie es früher schon „König Philipp", jenem eben so kühnen als schlauen Häuptling vor fast hundert Jahren gelungen war, die einzelnen Stämme zu gemeinsamem Angriffe auf die weißen Eindringlinge, die ihnen den Hirsch, den Bär und die übrigen für ihre Existenz unentbehrlichen Thiere aus ihren Jagdgründen vertrieben und sich allmählig zu Herren des Landes zu machen wußten, zu vereinigen, so gelang es auch dem kühnen und weisen Häuptling der Ottowa, Pontiai, durch seine begeisterten Reden alle nordwestlichen Stämme zu einem blutigen Vertilgungskriege gegen die Weißen aufzureizen. Da sie natürlich ihren Gegnern in offener Feldschlacht sich nicht gewachsen fühlten, so versuchten sie durch indianische List und Grausamkeit ihr Ziel zu erreichen. Ganz im Geheimen beriethen und beschlossen sie für den 7. Juni 1763 einen gleichzeitigen Ueberfall der englischen Forts, und wirklich fielen neun derselben durch List und Ueberrumpelung in ihre Hände. Niemand von der Besatzung derselben entrann dem traurigen Schicksale; der blutige Tomahawk der wüthenden Rothhäute zerschmetterte in unbarmherziger Mordlust die Schädel der Ueberfallenen, deren Skalpe sofort den Gürtel ihrer erbarmungslosen Feinde schmückte. Auch selbst den heldenmüthig an der Seite der Männer kämpfenden Frauen und Mädchen ward ein gleiches Schicksal zu Theil, während die Unmenschen die Köpfe der zarten Kinder an den Wänden des Forts zerschmetterten. Am furchtbarsten war der Kampf im Fort Mackinaw, in welches die Indianer durch folgende List eindrangen.

Ueberfall des Forts Mackinaw durch die Rothhäute.

Sie sammelten sich nämlich in der Nähe desselben ganz unbefangen zu einem ihrer beliebten Ballspiele und trieben dieses unter Scherzen, Lachen und mit so harmloser Fröhlichkeit, daß bei der Besatzung auch nicht der geringste Verdacht rege wurde. Männer, Frauen und Kinder sammelten sich neugierig auf den Verschanzungen, um dem fröhlichen Spiele der Rothhäute zuzuschauen, die ihre Bälle jedoch immer mehr in die unmittelbare Nähe des Forts trieben, dann plötzlich in die Verschanzungen warfen und in so stürmischer Hast ihnen nachkletterten, daß die überraschte Besatzung nur mit genauer Noth zu ihren Waffen gelangen konnte. Der junge tapfere Kapitän Elliot, der Verdacht schöpfte und, um die Soldaten zu warnen, in diesem Augenblicke aus dem Blockhause trat, stürzte sich auf den ersten dieser blutgierigen Wüthriche, der eben den Wall überkletterte, und stieß ihm den Degen in die Brust; aber schon waren fünf Andere nach= gesprungen, die sich auf den muthigen Offizier stürzten und ihre Tomahawke über seinem Haupte schwangen. Mit Kraft und Gewandtheit suchte Elliot sich mit seinem Degen gegen die wüthenden Streiche zu schützen; die herbei= eilenden Soldaten hatten mit ihren Kugeln bereits drei der Angreifer zu Boden gestreckt, während er die Hand des vierten mit einem kraftvollen Streiche von dem Arme trennte, der eben den töblichen Hieb auf sein Haupt vollführen sollte, und sofort dem fünften, einem riesigen Häuptlinge, sein Schwert in den Hals stieß. Leider behielt derselbe noch so viel Lebenskraft, den gedrohten Streich zu vollführen, und der Tomahawk des Häuptlings fiel mit solcher Gewalt auf Elliot's Haupt, daß dieser lautlos niedersank. Eine wohlgezielte Kugel fuhr in diesem Augenblick in die Stirn des Blutmenschen. Es war die junge Gattin Elliot's, welche, wie alle in dem Fort weilenden Frauen, ihr Feuerrohr zu führen verstand, und, ihrem Gatten zu Hülfe eilend, mit zarter aber sicherer Hand die rettende Kugel, — leider um einen Moment zu spät, in die Stirn des Häuptlings sandte. Mit jedem Augen= blick vermehrte sich die Zahl der in das Fort eindringenden Rothhäute; sie schienen gleichsam aus der Erde zu wachsen, und bald mußten sich die Ver= theidiger überzeugen, daß ihnen nichts weiter übrig bleiben würde, als ihr Leben so theuer als möglich zu verkaufen. Heldenmüthig und mit unglaub= licher Todesverachtung kämpften auch die Frauen. Mit neun Todenopfern hatte mit sicherem Feuerrohr Mistreß Elliot bereits den Tod ihres Gatten gerächt, als ein listig heranschleichender Indianer sie an ihrem flatternden Haar ergriff, sie rückwärts zu Boden riß und ihr den Schädel zerschmetterte.

Keiner der Vertheidiger entrann der mörderischen Ueberzahl der Roth= häute, die das Fort in Brand steckten und die Leichen der Ihrigen, wie auch ihrer gemordeten Opfer, den Flammen übergaben.

Furchtbar und mit den blutigsten, grausamsten Repressalien rächten die Engländer den verrätherischen Friedensbruch an den Indianern. In seine geheimsten Schlupfwinkel verfolgt, sah sich Pontiai bald von den meisten Stämmen verlassen, die sich der Gnade der Engländer unterwarfen, und mußte zuletzt unter den härtesten Bedingungen Frieden schließen. Die Eng= länder, statt ihn hinzurichten, zogen es vor, diesen einflußreichen Mann durch das Geschenk seines Lebens zu ihrem Freunde zu machen.

Nach blutigem Ringen war der nach Gewinnung des Ozeans zustre= bende Bund der sechs Nationen zersprengt, und die getheilten Stämme sahen sich ihrem Verhängniß überliefert. Die Oneida= und Seneca=Indianer wurden auf einander gehetzt und dann ebenfalls dezimirt. Die furchtbaren Mohawks, von den östlichen Indianern als Menschenvernichter bezeichnet, schlachtete man im Einzelkampf zu Tausenden im Coxsachraga, einem Thale des Mohawkflusses, ab. Die Tuskarura, Cayuga, Moheganno (Mohikaner) und Stockbridges konnten sich im jetzigen Staat New=York nicht behaupten, als der große Bund zerrissen war. Alles, was diese Rothhäute erlangen konnten, bestand in der Ueberlassung von großen Jagdgründen, welche sich auf ungefähr eine Million Acker Landes beliefen. Diese Indianergebiete wurden jedoch zu Ende des 18. Jahrhunderts eben so wenig respektirt, wie etwa fünfzig Jahre später, als der Kongreß zu Washington alle den Urbewohnern vorbehaltenen Gebiete östlich vom Erisee einzog und die verrathenen Indianer — welche bereits einen immerhin beachtungswerthen Anfang mit der Bestellung ihrer Aecker gemacht hatten — meist gefesselt und unter Begleitung von Dragonern und Infanterie hinter die Westgrenze von Missouri transportiren ließ. Die Indianer hegten daher stets einen töblichen Grimm gegen die Kolonisten.

Der englischen Regierung entging diese Stimmung nicht. Sie hatte es längst, bevor noch die Kolonien sich mit den Waffen in der Hand erhoben, für ersprießlich gehalten, gegen die Indianer einen menschlichen Ton anzuschlagen. Aus Gründen der höheren Staatsklugheit machte man seitdem für die erbitterte Feindschaft zwischen Kolonisten und Rothhäuten die Ersteren verantwortlich, deren Vorgehen, wenn auch aus bloßer Nothwehr erfolgend, in der Regel von der britischen Krone verdammt wurde. Die Schlacht von Point=Pleasant in Virginia, 1774, wo Obrist Lewis mit etwa 1200 Mann zehn Stunden lang einem fünf Mal stärkeren Heerhaufen, bestehend aus Indianern, Delawares, Wyandotties, Cayugas, Shawnies u. s. w. Widerstand geleistet, ward von England geradezu mißbilligt. Ein übermäßig rasch zu Stand gebrachter Frieden (7. Januar 1775) sollte Alles in Vergessenheit begraben. Und doch stand bei Point=Pleasant nichts Geringeres, als das Leben und Eigenthum sämmtlicher weißen Bewohner von Virginia auf dem Spiele! Indeß mußten die Indianer den Schutz, welchen ihnen England durch Kronbeamten, wie z. B. durch Statthalter Lord Dunmore, angedeihen ließ, theuer genug bezahlen. Die Kolonisten schossen das „rothe Raubthier", wie und wo es ihnen in die Hände lief, nunmehr erst recht nieder und drangen mit unwiderstehlicher Gewalt westlich über den Ohio hinaus, wo nach den Friedenstraktaten kein weißer Mann jagen oder gar sich niederlassen sollte. Es verstand sich von selbst, daß die Indianer zu den Waffen griffen. Auf der ungeheuren Strecke von den Quellen des Alleghanyflusses bis zum Kumberland= und Tennessee=Strome entbrannte nun der Kampf der Kolonisten gegen die sechs Nationen, Shawnies, Tscherokesen, Creeks und Tschickasa's u. s. w. Es galt für ausgemacht, daß die Indianer von England Karabiner, Pulver und Blei empfingen.

Die vereinigten Provinzen von Nordamerika hatten es also nicht nur mit einem Feinde zu thun, als sie den Kampf mit England aufnahmen.

Vom Meere her drängte die Macht des Mutterlandes, an den Grenzen nach
Westen wüthete der unerbittlichste Streit gegen die alten Inhaber des Landes. Die schwarze Bevölkerung blieb zu jeder Zeit unzuverlässig, im Innern
waren die Gegensätze lebendig genug. Denn nicht alle Bewohner hatten
ihrer Anhänglichkeit an die alte Heimat entsagt, und besonders in den südlichen Staaten gebot das Königthum unter den großen Landeigenthümern
über zahlreiche Anhänger.

Wie verabredet, versammelte sich am 10. Mai 1775 der Nationalkongreß von Neuem zu Philadelphia und traf seine Maßregeln zur Vertheidigung des Landes, indem er zugleich die Mittel hierzu bewilligte. Demgemäß ward beschlossen, drei Millionen spanische Thaler (Dollars) Papiergeld
hinauszugeben, sodann die Ausrüstung einer Flotte angeordnet, welche sich
jedoch gegen das zur See übermächtige Inselreich nicht lange zu halten vermochte, endlich einer der angesehensten Männer des Südens, der Patriot
George Washington, als Oberfeldherr an die Spitze der Armee berufen. Unter ihm sollten Putnam, Waad und Shuyln befehligen.

Und nun wollen wir unsere Aufmerksamkeit dem großen Manne zu-
wenden, der von jetzt an in den Vordergrund des gewaltigen Dramas trat,
auf welches eine Zeit lang die Blicke zweier Welttheile gerichtet blieben.
Der Freiheitskampf der Kolonien fand seine bedeutendste Stütze, seinen
Mittelpunkt in der Person und dem Genie eines einzigen Mannes — in
George Washington. Wenn alle Anordnungen für die kraftvolle Führung
des Krieges einander durchkreuzten, wenn die nördlichen und südlichen
Staaten jeden Augenblick mit einander darüber in Zerwürfnisse geriethen,
welche Provinzen vor der Besetzung durch die Engländer zunächst zu schützen
seien, welches Kontingent für den unmittelbaren Schutz eines bedrohten
Distrikts verwandt werden müsse; — als weder Geld noch Kriegsbedürfnisse vorhanden waren und dennoch gekämpft werden mußte; — als Muthlosigkeit, Trägheit und der Wunsch, sich den unausbleiblichen Lasten und
Anstrengungen des Krieges zu entziehen, in erschreckender Weise im Volke
um sich griffen: da war es George Washington, der gegenüber so vielen
widerstrebenden Forderungen doch noch eine Lösung erdachte, — da war er
es, der, ohne nur einen Augenblick in dem Glauben an den Erfolg seiner
Sache zu wanken, seine eigene Zuversicht den Truppen mittheilte und das
Volk zur Ausdauer anspornte. Er war der „Fels in der Brandung" und,
wie Jefferson sagte, „eines Hauptes länger, wie alles Volk",
denn neben ihm konnte sich Niemand rühmen, einen solchen Kopf zu besitzen.

Das alte Kapitol zu Washington.

George Washington,

Patriot, Feldherr und Staatsmann.

Erster Präsident der Vereinigten Staaten.

Geb. 22. Febr. 1732, gest. 14. Dez. 1799.

Unter den großen Männern der Neuzeit, welche sich um ihr
Vaterland hohe Verdienste errungen haben, nehmen die drei Amerikaner:
George Washington, Benjamin Franklin und Abraham Lincoln eine
hervorragende Stellung ein. Franklin und Washington haben beide ihre
volle Manneskraft darauf verwendet, die einzelnen Staaten Nordamerika's
zu einem großen Ganzen zu vereinigen, die bis dahin schlummernden Kräfte
dieser weiten Ländergebiete zu wecken, die Zustände der jungen Republik zu
ordnen und ihr Vaterland dem drückenden Einflusse des selbstsüchtigen
Mutterstaates dauernd zu entreißen. So gelten die beiden Ersten für die
Begründer und Befestiger der amerikanischen Freiheit und
Selbständigkeit, während unser Zeitgenosse, der edle Lincoln, den
Ehrennamen „Wiederhersteller der amerikanischen Union" sich
verdient und für die große Idee seines Lebens schließlich den Tod er-
litten hat.

Vier große Bürger.   4

Alle Drei wollten die Union, die heute ihren Riesenleib vom Atlantischen bis Stillen Ozean streckt, einig, frei und stark sehen; sie ermatteten nicht im heiligen Kampfe zur Sicherung und Wahrung der Rechte und Freiheiten ihres Landes sowol gegenüber der Willkür der englischen Regierung, als auch der Eigenwilligkeit und Selbstsucht der von verschiedenen Interessen geleiteten heimischen Widersacher und deren mächtigem Anhange. Und was sie im Hochgefühle der Liebe zu ihrem Vaterlande unternahmen, gelang in einem Grade, daß jedes Herz mit hoher Genugthuung erfüllt werden muß, wenn es der Freude an einer gesunden, glücklichen, mächtigen Entfaltung eines Brudervolkes irgend fähig ist.

Benjamin Franklin, der bekannte Buchdrucker und Erfinder des Blitzableiters, wirkte durch Rede und Schrift und förderte die gute Sache seines Volkes in einfach schlichtem Quäkerkleide eben so gewandt in der Mitte seines Volkes, wie als kluger und besonnener Sendbote seines in schwerem Kriege ringenden Vaterlandes an den Höfen von London und Paris. Das Auftreten dieses denkwürdigen Mannes trug sowol in seinem Vaterlande als diesseit des Ozeans, insbesondere in Frankreich, mächtig dazu bei, hohe Begeisterung für die Freiheit und Rechte eines großen Zukunftsvolkes wachzurufen, eine Begeisterung, wie sie in und für Nordamerika bisher ganz unerhört war.

Der andere jener berühmten Amerikaner, der große George Washington, vereinigte in sich so viele herrliche Eigenschaften, daß der für Menschengröße Begeisterte geneigt ist, ihn als einen Heros zu feiern, und dabei nur insofern in Verlegenheit kommt, als er mit sich uneins ist, ob er ihn mehr wegen des liebenswürdigen, edlen Charakters als Mensch, oder wegen seiner Tugenden, seines unermüdlichen Eifers, seiner Redlichkeit und Offenheit als Bürger, wegen seiner Tapferkeit und Umsicht als Feldherr, oder endlich wegen seiner Besonnenheit, Gerechtigkeit und Weisheit als Oberhaupt des Staates bewundern soll! George Washington erwies sich in jeder Lage seines Lebens als treu und verläffig, eben so treu als Glied der Familie, wie als Bürger des Staates. Allen Pflichten gegen die Seinen mit liebevollster Sorgfalt nachkommend, widmete er sich mit derselben Gewissenhaftigkeit den kleinen Geschäften des täglichen Berufslebens, als er die ihm anvertrauten Armeen leitete und dem Wohle seines Landes viele Jahre lang seine besten Kräfte widmete. Dieselbe Seelengröße zeigte er am Tage der heißen Feldschlacht, während im Getümmel die Kugeln seinen Mantel durchbohrten und das Roß unter ihm tödlich getroffen zusammensank, wie in der traurig-öden Zeit, als es galt auszuharren, im Winterlager dem Hunger und den Unbilden des Wetters zu widerstehen oder die noch schmerzlicheren Wunden zu ertragen, welche durch hämische Verleumdungen dem guten Namen und der Ehre des Führers geschlagen wurden.

Er verlor weder die Geduld noch weniger die Zuverſicht, als es immer ſchwerer hielt, den gleichgiltigen Ackersmann für die Erhaltung der Selbſtſtändigkeit des Vaterlandes zu entflammen, das Heer mit dem Geiſte der Opferfreudigkeit zu beleben, wie er andererſeits den überſprudelnden Regungen eines mißverſtandenen Freiheitsdranges kräftig die Schranken des Geſetzes und der völkerbeglückenden Ordnung entgegenzuſtellen wußte.

Solch eine wohlthuende, eben ſo leuchtende als erwärmende und belebende Erſcheinung iſt George Waſhington, — eine Sonne nicht nur am Himmel ſeines Vaterlandes, ſondern auch eine bedeutungsvolle Erſcheinung in der ganzen Weltgeſchichte, ſowie für die Entwicklung der Menſchheit überhaupt. Uns Deutſchen iſt er dadurch doppelt näher gerückt, daß der edle Amerikaner in lichter Klarheit uns zeigt, welch ein Heldenthum ſich aus dem germaniſchen Stamme zu entwickeln vermag, wenn die Verhältniſſe dem rechten Manne die Möglichkeit darbieten, einen geeigneten Platz für ſein Wirken und Streben zu finden. Wir dürfen dieſes uneingeſchränkte Lob einem ſo hohen Vorbilde um ſo freigebiger ſpenden, als dieſer ſeltene Mann ſelbſt in ſeiner Beſcheidenheit vor Niemand den Vorrang begehrte und durch nichts mehr in Verlegenheit geſetzt werden konnte, als durch öffentliche Lobpreiſung!

1. Jugendzeit.

George Waſhington war der Urenkel des 1657 nach der Neuen Welt ausgewanderten Johann Waſhington. Sein Vater Auguſtin, ein ehrenwerther, ordnungsliebender Pflanzer, lebte als wohlhabender Mann in angenehmen Verhältniſſen in der Grafſchaft Weſtmoreland in Virginien zu Oſt-Popes-(Bridges)Creek am Potomac. George, deſſen dritter Sohn und Erſtgeborner zweiter Ehe, erblickte das Licht der Welt am 22. Februar 1732. Bald nach ſeiner Geburt zog ſein Vater in die Provinz Stafford und blieb daſelbſt bis zu ſeinem frühen Tode im Jahre 1743. Er konnte indeſſen ſeine geliebten fünf Kinder um ſo ruhiger verlaſſen, da er wußte, daß die Mutter derſelben als eine höchſt verſtändige und charakterfeſte Frau die Erziehung der Hinterlaſſenen treu und ſicher leiten werde. Daher überließ er ihr die ſelbſtändige Verwaltung aller ſeiner Güter bis zur Zeit der Mündigkeit der Kinder. Und in der That, die wackere Frau erfüllte ihre Pflichten mit wirklichem Eifer und beſtem Erfolge. Ihr ward die für Eltern größte Freude zu Theil, indem ſie ſah, wie ſich ſämmtliche fünf Kinder befriedigend entwickelten und zu den ſchönſten Hoffnungen berechtigten. Auch gewährte ihr der Himmel noch die beſondere Gnade, daß ſie die ruhmvollen Thaten ihres George erleben und ihn verehrt und hochgeprieſen an der Spitze eines großen Volkes ſehen durfte.

Unter der treuen Pflege der Mutter entfalteten sich alle körperlichen und geistigen Kräfte George's ungemein vortheilhaft. Die treffliche Frau glich in der That der Römerin Cornelia, die ihre ganze Sorgfalt darauf verwendete, ihre Söhne zu edlen und braven Männern heranzubilden, und die mit gleich gerechtem mütterlichem Stolze sprechen konnte: „Dies hier sind meine einzigen und größten Schätze!"

Zur Zeit Washington's lag das amerikanische Schulwesen allerdings noch im Argen. Aus diesem Grunde sendeten die meisten Eltern ihre Kinder, namentlich ihre Söhne, einige Zeit nach England, wo sich bessere Gelegenheit darbot, eine höhere Bildung zu erlangen. George's Mutter hätte wol auch die Mittel aufwenden können, die nicht unbedeutenden Kosten zu einer solchen Erziehung zu bestreiten; wenn sie es dennoch nicht that, so lag der Grund eben so wenig im Geize wie in einer Gleichgiltigkeit in Bezug auf gründliche Bildung ihrer Kinder; sie hegte vielmehr die Ueberzeugung, daß die beste Schulanstalt allein nicht Alles auszurichten vermag, wenn der Hausfleiß fehlt, und daß im Gegentheil eine weniger gepriesene Anstalt nicht selten glücklichere Erfolge erzielt, sobald ihre Lehrweise vernünftig und anregend ist und der Lehrer es versteht, die Selbstthätigkeit seiner Zöglinge zu wecken und zu steigern. Frau Washington behielt daher ihren Sohn bei sich und schickte ihn in die benachbarte Schule zu Williamsburg, mit sorgsamem Auge seine stufenweisen Fortschritte überwachend.

George machte die erfreulichsten Fortschritte und hatte sich in kurzer Zeit einen nicht unbedeutenden Schatz von Kenntnissen erworben. Vorzüglichen Geisteskräften kamen Eifer und Fleiß zu Hülfe, was sich nicht immer von fähigen und von der Natur reich begabten Schülern sagen läßt. So zeichnete er sich vor allen seinen Mitschülern aus und erwarb sich die Liebe seiner Lehrer und die Achtung seiner Kameraden, die ihn oftmals dadurch ehrten, daß sie ihn bei vorkommenden Mißhelligkeiten zu ihrem Schiedsrichter wählten und sich willig seinem Ausspruche fügten. Waren die Schularbeiten beendigt, so übte er seine Kraft in lebendiger Theilnahme an mancherlei Spiel und Kurzweil. Entschieden neigte sich sein muthiger Sinn dem Kriegsspiele zu. Wie einst Peter der Große seine Jugendgenossen um sich zu scharen wußte, sie in verschiedene Abtheilungen brachte und mit ihnen mancherlei Kriegsübungen vornahm, so versammelten sich auch um George seine Freunde und Genossen, die er in einzelne Trupps abtheilte, und mit denen er marschirte, kämpfte, Anhöhen stürmte, Festungen einnahm, auf die Wache zog, ja selbst kleine Schlachten lieferte. Stets war er einer der Anführer und Befehlshaber. Dann übte er sich wieder stundenlang im Laufen, Springen, Ringen, im Werfen und Fechten mit schweren Stangen, im Tragen schwerer Lasten; nicht minder suchte er auch Hunger und Durst, Sturm und Regen, Hitze und Kälte ertragen zu lernen.

So erstarkte er leiblich und geistig und ward immer mehr der Stolz und die Freude seiner Mutter wie seiner Lehrer.

Mit welchem Ernste er in seinen jungen Jahren schon über die hohe Bedeutung äußerer und innerer Bildung nachdachte, welch aufmerksames Auge und Ohr er für jeden lehrreichen Wink und für jede heilsame Wahrnehmung hatte, davon zeugen seine Schul- und Tagebücher, die, von ihm seit seinem dreizehnten Jahre aufbewahrt, die bedeutsamsten Aufschlüsse über die Richtung seines jugendlichen Gemüthes geben. Unter Anderm enthält das eine dieser sauber niedergeschriebenen Bücher sorgfältig abgefaßte Schriftstücke aus dem bürgerlichen Leben, als Wechsel, Verschreibungen, Empfangscheine, Kontrakte, Testamente und Abtretungsurkunden; dann folgen Verse und lehrreiche Gedichte, während ein Theil des Heftes mit Grundsätzen und Lebensregeln ausgefüllt ist, die der Schreiber verschiedenen Werken entlehnt hatte. Er hatte dieselben mit einem eigenen Titel versehen, den wir etwa so wiedergeben können: „Regeln für das Verhalten in Gesellschaft und bei Unterhaltungen."

Um einen Blick in das eigenthümliche Geistesleben des nordamerikanischen Volkshelden zu thun, führen wir einige dieser kurzen Sätze hier an:

„1. Wenn du unter Menschen kommst, thue nie Etwas, das die Achtung gegen irgend Einen in der Gesellschaft verletzen könnte. 2. Schlafe nicht, wenn Andere sprechen; sitze nicht, wenn sie stehen; sprich nicht, wenn du schweigen solltest, und gehe nicht weiter, wenn die Anderen stehen bleiben. 3. Sei kein Schmeichler, und scherze mit Keinem, der nicht gern mit sich scherzen läßt. 4. Lies in Gesellschaft weder Bücher, Briefe noch andere Papiere. Tritt aber ein dringender Fall ein, wo du es thun mußt, so bitte vorher um Entschuldigung. Wenn ein Anderer schreibt oder liest, so tritt ihm nicht so nahe, daß du mitlesen kannst, wenn er dich nicht darum bittet, und sage deine Meinung über das Gelesene nur, wenn man dich nach derselben fragt. 5. Dein Gesicht sei in der Regel freundlich, bei ernsten Veranlassungen jedoch entsprechend ernst. 6. Zeige dich nie erfreut über das Unglück eines Anderen, und wäre er auch dein Feind. 7. Dein Gespräch mit Geschäftsmännern sei kurz und bündig."

George ließ es aber nicht bei dem Niederschreiben solcher Lebensregeln bewenden, sondern war auch eifrig bemüht, sein persönliches Verhalten danach einzurichten. Sein ganzes Wesen zeigte deshalb schon früh eine gewisse Festigkeit und Sicherheit. Der sittliche Ernst seines Charakters, sowie die zarte Beobachtung aller Gesetze der Höflichkeit und des Anstandes gewannen ihm viele Herzen. Bald stand sein von Natur so feuriges, fast leidenschaftliches Temperament vollständig unter der Herrschaft seines festen Willens, und so tritt er schon früh als Sieger auf: als S i e g e r über s i c h selbst! Und sich selbst besiegen ist fürwahr der schwerste, aber auch der schönste Sieg!

Auf Sprachen hatte er während seines Schulbesuches weniger Zeit verwenden können; jedenfalls würde ihm auch zu ihrer gründlichen Erlernung die Gelegenheit gefehlt haben. Selbst in seiner Muttersprache hatte er keinen regelrechten grammatischen Unterricht genossen. Um so mühsamer mußte er daher später so Mancherlei nachholen; aber durch aufmerksames Lesen guter Schriften brachte er sich über die Lücken hinweg und eignete sich nicht nur gute Aussprache, sondern auch einen klaren, gewandten und kräftigen Stil an. Infolge früher Gewöhnung trug Alles, was er schrieb, mochten es seine Handbücher oder später seine Hauptbücher, seine Briefe oder seine geschäftlichen Papiere sein, das Gepräge großer Ordnungsliebe und Pünktlichkeit. Fast ausschließlich hatte er sich während der letzten drei Jahre seiner Schulzeit der Geometrie und Trigonometrie zugewendet, und frühzeitig schon zeigte er eine ganz besondere Befähigung für die Feldmeßkunst. Oft versuchte er nach beendigter Schule die benachbarten Fluren aufzunehmen, und nie unterließ er, die betreffenden Risse und Berechnungen mit großer Genauigkeit in seine Bücher einzuzeichnen. Da er große Lust verspürte, zur Marine zu gehen, so wäre diese Neigung zur Mathematik ihm dabei sehr von Nutzen gewesen.

2. Erste Leistungen.

So gern die Mutter ihren George zu ihrer Stütze bei sich behalten hätte, ließ sie es doch geschehen, daß er zu seinem älteren Stiefbruder Lorenz ging, der sich als Seemann ausgezeichnet hatte und durch seine Verheirathung mit der Tochter eines angesehenen Gutsbesitzers auch mit Lord Fairfax verwandt geworden war. Auch hier trieb George sein Lieblingsstudium, die Mathematik, und beschäftigte sich mit Feldmessen. Bald eröffnete sich ihm ein weites Feld willkommener Thätigkeit, da er vom Lord den Auftrag erhielt, dessen weite Besitzungen am Potomac, einen Theil jener ausgedehnten wilden Thäler Virginiens, zu vermessen. Es war nämlich immer öfter vorgekommen, daß Ansiedler, stromaufwärts ziehend, ohne Weiteres jene fruchtbaren Ländereien in Besitz genommen, ohne daß der Lord sie kontroliren konnte, weil das Land noch nicht vermessen war.

Die Aufgabe war für George keine leichte. Nur von einem jüngeren Vetter begleitet, begab sich der sechzehnjährige Jüngling in das weite Gebiet. Kaum hatte er die erste Bergkette der Alleghanies überstiegen, so befand er sich schon mitten im Urwald. Da bildeten Baumzweige seine Hütte, die Moordecke des Waldes sein Bett, der freie Himmel sein Dach; neben ihm und seinem Begleiter lagerten die Pferde der jungen Leute. Gar oft stürmten Herden von Büffeln und Hirschen an ihnen vorüber; nicht selten erschreckte sie das Geheul der Bären und Wölfe.

Washington's erster Ausflug nach dem Urwald

Auf den Spitzen des Gebirges flimmerte noch der Schnee, während in den Thälern hochangeschwollene Bäche dahinbrausten. Oft kamen sie während ihrer Weiterreise an so tiefe Flußstellen, daß sie — unter Lebensgefahr — nur mit oder neben ihren Pferden schwimmend das jenseitige Ufer erreichen konnten. Einmal wurden sie fast vier Tage durch einen hochangeschwollenen Fluß aufgehalten. Am zweiten Tage überraschte sie das Erscheinen eines Trupps von dreißig Indianern, die einen Skalp als Trophäe mit sich führten. Ein wenig Branntwein verschaffte ihnen, wie Washington später selbst erzählte, das Schauspiel eines Kriegstanzes. Es ward ein großer Platz abgeräumt und in der Mitte Feuer angemacht, um welches die Krieger sich lagerten. Der Hauptsprecher hielt dann eine Rede, durch welche er die neuesten Thaten seiner Horde schilderte. Ein anderer Krieger fuhr, wie aus dem Schlafe gerüttelt, auf und belustigte die Zuschauer durch eine Reihe halb komischer, halb ernsthafter Bewegungen. Die Uebrigen folgten seinem Beispiele. Als Musikbegleitung diente eine Art Trommel: eine Hirschhaut, über einen halb mit Wasser gefüllten Topf gespannt. Ein anderer Indianer rasselte mit einer Flasche, worin sich einige Kugeln befanden und die mit einem Roßschweife verziert war. Ihr sonderbares Geheul, ihre Gestalt und Kleidung beim Scheine des Feuers und ihre wilden Schlachtenrufe ließen sie eher als Teufel, denn als menschliche Wesen erscheinen.

Zwar scheinen die Rothhäute dem jungen Washington wenig Hindernisse in den Weg gelegt zu haben, es ist indeß bemerkenswerth, daß man in seinem Tagebuche nie eine Klage hinsichtlich der tausendfachen Beschwerden und Mühseligkeiten findet, welche die Erfüllung der gestellten Aufgabe überhaupt mit sich brachte.

Der erhaltene Auftrag wurde zur Zufriedenheit des Lords vollzogen, der auf der vermessenen Strecke eine ausgedehnte Niederlassung, 10,000 Morgen urbaren Landes umfassend, mit Weiden, trefflichen Wiesen und prächtigen Wäldern gründete. Das wohldurchgeführte Unternehmen übte einen großen Einfluß auf Washington's späteres Leben aus. Nicht nur, daß er das Amt eines öffentlichen Feldmessers und Taxators erhielt, er hatte auch die Gegend gründlich kennen gelernt, auf deren Ebenen und Höhen er dereinst als Feldherr auftreten sollte; er war ferner mit dem Leben und den Eigenthümlichkeiten der indianischen Bevölkerung näher bekannt geworden, so daß er deren Lage beurtheilen und später auf die rothe Bevölkerung bedeutenden Einfluß auszuüben vermochte. Als öffentlicher Vermesser, wozu er sich so sehr eignete, bekleidete er ein einträgliches Amt, und die Bekanntschaft, die er mit den hervorragendsten Männern Virginiens anknüpfte, gab Veranlassung zu einer Menge ehrender und lohnender Aufträge.

Aber wie? Hat der brave Sohn etwa inmitten seines geschäftigen

Lebens seine Mutter gänzlich vergessen? Ueberläßt er ihr etwa allein die Sorge um die zwei jüngeren Geschwister und die Verwaltung der Güter? Nein! Trotz vieler Arbeiten besuchte er sie fleißig und führte die Mitaufsicht über alle Geschäfte, sowie über die Erziehung der Geschwister.

In seinem neunzehnten Jahre eröffnete sich seiner Wirksamkeit ein anderes Feld. Es war zu jener Zeit, als Virginien sich gleich sehr von den Franzosen wie von den benachbarten Indianern beunruhigt sah. Insolge dessen ward das Land in Vertheidigungszustand gesetzt, die Provinz in verschiedene Distrikte getheilt und jeder derselben unter einen Generaladjutanten gestellt, dem die Befehligung der betreffenden Milizen zustand. Auch der junge Washington erhielt eine derartige Bestallung. Mit regem Eifer studirte er jetzt das Kriegswesen, entwarf Karten und Pläne und übte sich im Waffendienste.

Doch eine bedenkliche Krankheit seines Bruders Lorenz, dem die Aerzte eine Reise nach Westindien anriethen, bewog ihn, seine Stellung eine Zeitlang aufzugeben und den Leidenden zu begleiten. Schon im folgenden Jahre starb Lorenz, nachdem er George zum Verwalter seiner Güter und zu seinem Testamentsvollstrecker ernannt hatte. Die Wittwe sollte auf Lebenszeit Nutznießerin der großen Besitzungen und die einzige Tochter dereinstige Erbin der Letzteren sein. Für den Fall, daß jene kinderlos stürbe, sollten alle Güter an George fallen. So gelangte dieser schon nach wenigen Jahren zu den bedeutenden Ländereien auf Mount-Vernon.

—

3. Im Feldlager.

Bei aller Sorge für seine Familien-Angelegenheiten ließ George doch auch die Verhältnisse des Vaterlandes nicht unbeachtet, er suchte vielmehr den Anforderungen nach beiden Seiten hin gerecht zu werden. Er vernachlässigte über den ersteren die letzteren nicht einen Augenblick und erfüllte als Generaladjutant des nördlichsten und größten Bezirks seine Aufgabe in befriedigendster Weise. Fast täglich fanden Uebungen und Musterungen statt, die Offiziere wurden ausgebildet, und Versuche zur Einführung einer besseren Kriegszucht wurden angestellt. Ueberall war er der Erste und der Thätigste und durch sein Beispiel ward die Mannschaft seines Distrikts zu immer angestrengterer Thätigkeit fortgerissen.

Bei jeder Gelegenheit brach der alte Streit und Hader aus zwischen den englischen und französischen Landbesitzern Virginiens und der benachbarten Kolonien. Die Franzosen beanspruchten, wie wir wissen, werthvolle Landstriche im Stromgebiete des Mississippi, auf welche auch die Engländer

Besitzrechte geltend machten. Als im Jahre 1753 die Nachricht eintraf, französische Truppen seien in großer Anzahl über die Seen von Kanada ge= schifft, in der Absicht, sich an den Ufern des Ohio festzusetzen, erging in= folge dessen an den Gouverneur Virginiens von England aus der Befehl, die Eindringlinge zurückzutreiben, die Erbauung von Forts seitens der alten Widersacher zu verhindern, dagegen selbst am Ohio Befestigungen aufwerfen zu lassen und das Bündniß mit den Indianern aufs Neue zu befestigen. Gleichzeitig sollte ein Bevollmächtigter an den Befehlshaber der französischen Streitkräfte gesendet werden, um mit ihm friedliche Unterhandlungen anzu= knüpfen, bei dieser Gelegenheit die Stärke des Feindes, seine Stellung zu beobachten und mit den Indianern freundlich zu verkehren. Diese Aufgabe war keine leichte. Der Weg führte durch ungeheure Wälder, es galt Ge= fahren und Schwierigkeiten aller Art kühn die Stirne zu bieten; auch den Indianern gegenüber war nicht jede Persönlichkeit zu gebrauchen. Wie gleichfalls schon an anderer Stelle erwähnt, wurde Washington für den ge= eigneten Mann zur Ausführung des schwierigen Auftrages gehalten. Obwol erst einundzwanzig Jahre alt, machte er sich ans Werk, die ihm gewordenen Aufträge mit Umsicht und Entschlossenheit auszuführen. Meist zu Fuß, im Jagdkleide des Pionniers, umringt von Gefahren, mit Hülfe der Eingeborenen oder gegen deren Willen, legte er von Williamsburg aus den beschwerlichen, 400 Meilen langen Weg über das Alleghany=Gebirge nach Kanada zurück.

Freilich konnte er weder die Errichtung des beabsichtigten Forts Ne= cessität selbst bewerkstelligen, noch weniger die Franzosen an der Erbauung der Befestigungen von Duquesne verhindern. Man war zu der Ueber= zeugung gelangt, daß gegen die Franzosen nur nach Aufstellung größerer Streitkräfte Etwas auszurichten sei. Nun kam es darauf an, die Kolonisten Virginiens für die gemeinsame Sache zu gewinnen. Das war indessen nicht so leicht, denn die friedfertigen Ansiedler des Südens zogen es vor, ihren Acker zu bauen, und verspürten geringe Neigung, wegen der streitigen Grenzen ihres Landes Haus und Herd zu verlassen und sich in Gefahren zu begeben. Sie meinten, das Mutterland England möge Truppen schicken und durch diese den Kampf an den Grenzen führen lassen.

Nicht ohne Mühe wurde endlich doch eine Streitmacht zusammenge= bracht, der englische Oberst Fry zu deren erstem, Washington zum zweiten Befehlshaber ernannt. Bald fand Letzterer Gelegenheit zu zeigen, daß ein kriegerischer Geist ihn belebe, indem es ihm gelang, mit 40 seiner Leute eine bei weitem stärkere französische Streifwache zurückzuschlagen und 22 Mann derselben gefangen zu nehmen. Doch kostete es Mühe, den Franzosen gegen= über Stand zu halten. Denn die feindlichen Truppen waren weit besser ge= schult, sie handelten nach einmüthigem Plane, während die englischen Streit= kräfte nur schwer zusammenzuhalten und durch Zerwürfnisse geschwächt waren.

George Washington auf seiner Mission nach Kanada.

Washington empfand darüber gerechten Unwillen und trat, als man ihn einem englischen Linienoffizier nachsetzte, aus seiner öffentlichen Thätigkeit zurück. Als jedoch im Frühlinge 1755 zwei wohlgerüstete englische Regimenter landeten, ließ sich Washington dennoch wiederum bewegen, dem General Braddock als Adjutant zur Seite zu stehen. Leider achtete derselbe zu wenig auf Washington's Vorschläge, und so geschah es, daß er trotz der erhaltenen Warnung am 9. Juli 1755 in einen Hinterhalt fiel, von wo aus die Franzosen in Verbindung mit ihren Bundesgenossen, den Indianern, durch ein wirksames Feuer den größten Theil seiner Vorhut sowie ihn selbst tödteten. Nicht weniger als 26 Offiziere fielen und 37 wurden verwundet.

Nach dem Tode des Generals übernahm Washington den Befehl über die Truppen und verweilte mit Todesverachtung an den gefährlichsten Punkten, um den Rückzug anzuordnen. Zwei Pferde wurden unter ihm erschossen, vier Kugeln durchlöcherten seine Kleider; er selbst aber kam wohlbehalten davon, nachdem mancher seiner Gefährten den Tod an seiner Seite gefunden.

Sein erstes Treffen bestand der junge Oberstleutnant bei Great Meadows am 28. Mai 1754, als aber die Feinde mit Verstärkungen auf dem Kampfplatze erschienen, vermochte sich Washington nicht zu halten und mußte unverrichteter Sache zurückkehren.

In diesem Kampfe hatte Washington seinen Ruf begründet. Seiner Geistesgegenwart und seiner Unerschrockenheit war es gelungen, wenigstens den Rest des Truppencorps zu erhalten. Zwar ging er vorerst wiederum auf sein Landgut Mount-Vernon zurück, verblieb aber in seiner Stellung als Generaladjutant, zu gewissen Zeiten die Milizen sammelnd, um sie zu üben und zu mustern.

Mittlerweile nahmen die Unternehmungen der Franzosen guten Fort= gang. Die unerwarteten Fortschritte derselben schreckten endlich die be= drohten englischen Kolonisten aus ihrer behaglichen Ruhe auf; der Gemein= sinn ward wach und die Kampflust rege. Es bildeten sich allenthalben freiwillige Compagnien, und die angesehenen Leute der Provinz sowie die Geistlichen des Landes schlugen alle Saiten an, den Patriotismus zu be= leben. Auch Washington trug das Seinige hierzu bei. Er war der rechte Mann, wenn es galt, fürs Wohl des Ganzen in die Schranken zu treten und sich den Feinden des Vaterlandes muthig entgegen zu stellen. Man kannte und schätzte allgemein den schon bewährten Mann, und ein begeisterter Prediger sprach die Worte aus: „Als Einen, der sich bereits hervorgethan hat, muß ich den heldenmüthigen jungen Oberst Washington nennen; ich bin überzeugt, daß ihn die Vorsehung auf eine so auffallende Weise beschirmt und erhalten hat, damit er seinem Vaterlande noch bedeutendere Dienste leisten kann!" Solche Worte waren nur das Echo der allgemeinen Volks= stimme. Immer entschiedener verlangte man, daß Washington den Ober= befehl über die neuorganisirten Truppen übernehme. Der Erwählte war dazu bereit, forderte aber als Bedingung eine bessere militärische Zucht, regelmäßige Besoldung der Truppen und für sich selbst eine entscheidende Stimme bei der Wahl der nöthigen Offiziere. Man bewilligte Alles. Doch die Bewaffnung der Milizen ließ lange Zeit Vieles zu wünschen übrig. Dabei galt es noch immer bedeutende Schwierigkeiten zu überwinden. Zuerst trat Washington die Eifersüchtelei des Kapitäns der königlichen Truppen entgegen, und als diese verscheucht war, machte ihm bald der Wider= spruchsgeist seiner Soldaten das Leben noch saurer. Indessen gelang es ihm doch, als unter dem großen Pitt England den Krieg in seinen Kolonien

energischer zu führen begann, während der Zeit von 1755—60 den Feinden
Trotz zu bieten und Virginien zu schützen. Als Washington diesmal mit
stärkerer Macht am Ohio und vor den Befestigungen von Duquesne erschien,
fand er dieselben bereits geräumt und zerstört und baute an derselben Stelle
Pittsburg auf, welches mit virginischer Besatzung versehen wurde.

Durch den Dank seiner Mitbürger geehrt, legte er, sein Amt nieder
und zog sich wieder auf seine freundliche Besitzung zurück. Denn er wollte
über den Soldaten den Bürger doch nicht gänzlich vergessen. Freilich ent=
behrte er den Ruhm, gerade an der glänzendsten Partie des Krieges Antheil
genommen zu haben. In diese Zeit fällt seine Vermählung mit der schönen,
liebenswürdigen und sehr vermögenden Wittwe Martha Custis. Sie brachte
ihm zwei Stiefkinder und ein Vermögen von 100,000 Thalern zu. Fünf=
zehn Jahre verlebte er nun in ungestörtem Frieden, in stiller, aber rastloser
Thätigkeit.

---

4. Als Gutsherr während der Friedensjahre.

Ein großes virginisches Gut war damals ein kleines Königreich. Dem
stattlichen Wohnhaus schloß sich ein zahlreiches Zubehör an Küchen, Vor=
rathshäusern, Arbeitsräumen und Ställen an. In dieser Behausung war
der Pflanzer unumschränkter Herrscher, sein Oberaufseher war sein erster
Minister und ausführender Beamter. Ihm stand eine Legion von Haus=
negern zum häuslichen Dienste zur Seite, eben so ein Schwarm von Feld=
negern zum Anbau des vielbegehrten Tabaks, des indianischen Kornes und
anderer Feldfrüchte, sowie zu anderweitiger Arbeit. Die Wohnungen dieser
Schwarzen bildeten eine Ansiedlung für sich, bestehend aus vielen Hütten
mit kleinen Gärten und Hühnerhöfen, alle wohlbesetzt. Die Umgebung dieser
Negerdörfer war belebt durch Schwärme von Negerkindern, die sich in der
Sonne herumtummelten.

Unter den Sklaven befanden sich Handwerker aller Art, Schneider,
Schuhmacher, Zimmerleute, Schmiede, Stellmacher u. s. w., so daß eine
Pflanzung alles zum täglichen Gebrauch Benöthigte selbst hervorbrachte.
Nur Modeartikel und feinere, kostbare Kleidungsstücke wurden aus London
eingeführt, denn die Pflanzer an den Hauptflüssen standen in unmittelbarer
Handelsverbindung mit England. Ihr Haupterzeugniß, der Tabak, wurde
von ihren eigenen Negern gebaut, trug ihre eigenen Zeichen, wurde auf
Schiffe verladen und an die kaufmännische Kundschaft zu Liverpool
oder Bristol, mit denen die Pflanzer in Rechnung standen, zum Ver=
kaufe gesandt.

Um den Herrensitz lagen große hölzerne Gebäude zur Bereitung des Tabaks, des einträglichsten Bodenerzeugnisses, und Mühlen zum Mahlen des Weizens sowie des indianischen Kornes, womit große Felder zum Bedarf der Familie und zur Ernährung der Neger bebaut waren.

Die meisten virginischen Grundherren waren geneigt, die Sorge für ihre Güter fast gänzlich ihren Aufsehern zu überlassen, und hielten persönliche Theilnahme an der Verwaltung ihres Besitzthums für eine Schande. Washington dagegen beobachtete in seinen ländlichen Geschäften dieselbe Regelmäßigkeit, Thätigkeit und Umsicht, durch welche er sich während seiner militärischen Laufbahn ausgezeichnet hatte. Ebenso bewahrte er sich so sehr den Ruf strenger Redlichkeit, daß z. B. jede Kiste mit dem Brandzeichen „George Washington, Mount-Vernon" auch in den westindischen Häfen der üblichen Untersuchung überhoben war.

Washington pflegte in der Regel früh aufzustehen, im Winter stets vor Tagesanbruch. Dann zündete er sich selbst Feuer an und schrieb oder las bei Licht. Er frühstückte im Sommer um sieben, im Winter um acht Uhr. Zwei kleine Tassen Thee und drei Kuchenbrote von indianischem Mehl, Hackkuchen genannt, bildeten sein mäßiges Mahl. Unmittelbar nach dem Frühstück bestieg er das Pferd und begab sich nach den Theilen seines Gutes, sah nach Allem mit eigenen Augen und legte oft selbst mit Hand an.

Gestattete das Wetter nicht, aus dem Hause zu gehen, so benutzte er die Gelegenheit zum Ordnen seiner Papiere, zum Durchgehen seiner Rechnungen oder zum Briefschreiben. Dann wieder brachte er einen Theil der Zeit mit Lektüre zu oder las zuweilen seiner Familie vor.

Seine Neger behandelte er mit Güte, sorgte für ihr Wohlergehen und zeigte seine ganze Fürsorge bei Krankheitsfällen. Nie duldete er Müßiggang, vielmehr bestand er auf genauester Verrichtung ihrer Geschäfte. Bei Verwaltung seiner Güter begünstigte ihn ein schneller Blick für die Beurtheilung der Fähigkeiten eines Jeden, wovon sein Tagebuch Beispiele genug aufweist.

Vier seiner Neger, als Zimmerleute angestellt, hatten einst Holz zu behauen und zuzurichten. Es schien ihm, daß die Arbeit nicht vorwärts gehe. Er nahm sich deshalb die Mühe, ihnen zuzusehen, wie lange sie dazu brauchten, ihre Querschnittsäge zurecht zu legen; wie lange, um die Zweige vom Stamme eines gefällten Baumes zu entfernen; wie lange, ihn zu behauen und zu zersägen; wie viel Zeit sie mit Hin- und Herreden verbrachten und endlich, wie viel Arbeit sie, so lange er ihnen zugesehen, fertig gebracht. Hieraus schloß er, wie viel sie im Laufe eines Tages zu schaffen vermochten, wenn gearbeitet ward, wie es sich gehörte.

Ein anderes Mal finden wir den unermüdlichen Mann an dem Plane zur Austrocknung eines großen Sumpfes betheiligt, um Grund und Boden in kulturfähiges Land umzuwandeln. Dieser Morast war gegen 30 Meilen lang und 10 Meilen breit. Mit gewöhnlichem Eifer untersuchte ihn Washington zu Fuß und zu Pferde. An vielen Stellen war der Sumpf mit dichtem, dunklem Wald von Cedern, Cypressen, Hemlockstannen und abge= storbenen Bäumen bedeckt, deren Zweige mit langem, welkem Moose behan= gen waren. Andere Stellen zeigten sich wegen der Dichtigkeit der Sträucher und Gebüsche, die mit Schlinggewächsen, Brombeeren und kriechenden Pflanzen umschlungen und von tiefen Gräben und stehenden Pfützen durch= schnitten wurden, ganz unzugänglich. Dennoch überwand Washington's Ausdauer alle Schwierigkeiten; eine große Strecke Kulturland ward in kürzester Zeit gewonnen.

Washington liebte auch die Freuden des edlen Weidwerks. Bald be= nutzte er die Zeit zur Besichtigung der entfernteren Theile seines Gutes, um in Begleitung einiger seiner Hunde Füchse zu erlegen; bald waren es wilde Enten, die in Menge vorhanden waren und deren Erlegen eines von seinen Lieblingsvergnügungen bildete. Auch saß er vortrefflich zu Pferde und galt für einen kühnen Reiter. Nicht minder emsig lag er dem Fischfange ob. Letzterer wurde bisweilen in großartiger Weise in den Gewässern des Potomac betrieben, wenn die Heringe haufenweise den Fluß heraufkamen. Dann standen zahlreiche Neger von Mount=Vernon bereit, ihre Netze auszuwerfen.

Ein trefflicher Bewirthschafter seines Besitzthums, war Washington auch ein treuer Gatte, seinen Stiefkindern (eigene Kinder hatte er nicht) ein ge= wissenhafter, liebender Vater und ein redlicher Verwalter ihres bedeutenden Vermögens. Unter allen Verhältnissen aber blieb seine Theilnahme den Interessen seiner Heimat zugewendet; bereitwillig leistete er, wo es galt, rasch und meist ausreichende Hülfe. Gegen seinen Willen zum Landesver= treter gewählt, ward ihm, als er eines Tages in der Versammlung der Ab= geordneten erschien, in beredten Worten öffentlich für seine fortwährend dem Staate geleisteten Dienste gedankt. Der Redner gerieth dabei in solche Be= geisterung, daß der bescheidene Washington ganz verlegen wurde, nur zu stammeln und mit bewegter Stimme Lob und Dank abzuwehren vermochte. Da entgegnete der Wortführer: „Herr Washington, Ihre Bescheidenheit kommt Ihrem Werthe gleich, und dieser übersteigt die Macht des Wortes, die ich besitze!"

In den Versammlungen sprach Washington nur selten, und er suchte nur im rechten Augenblicke, dann aber mit klaren, bestimmten Worten, sein Urtheil abzugeben. Er vermied dabei jeden Schein rechthaberischen Wesens; denn er wußte recht wohl, daß ein gebieterischer Ton zwar zuweilen Zu= stimmung erzwingt, aber eben so oft auch Mißvergnügen erregt. Eifrig unterhielt er lebhaften Verkehr mit den besten Männern des Landes. Waren die öffentlichen Geschäfte erledigt, so wurde er wieder Pflanzer, wie zuvor.

In seinem Hause herrschte Gastfreundschaft; Alle, die er achtete, liebgewann und gern bei sich sah, verzeichnete er in seinen Tagebüchern.

Dieses Stillleben wurde zeitweilig nur von Befürchtungen ernster Art unterbrochen. Voll Trauer bemerkten eine Anzahl angesehener und verständiger Männer den steigenden Verfall der guten Beziehungen zwischen den Töchterstaaten Englands und dem Mutterlande. Zu den Vaterlandsfreunden, welche gern dem drohenden Unheil Einhalt geboten hätten, gehörte auch George Washington.

Sein Rechtsgefühl war ein solch ausgesprochenes, daß er nicht begreifen konnte, wie die Regierung und das Parlament von England so ungescheut die englischen Grundgesetze zu verletzen wagen durften. „Der König darf keine Auflage ohne die Zustimmung der Vertretung des Landes machen," sagte George Washington, „und wenn er's doch thut, werden wir ihm mit offenem Visire entgegen treten." Als aber die englische Regierung ungescheut die Erhebung bald dieser, bald jener neuen Abgabe anordnete, trat Washington unerschrocken für die Gerechtsame seines Landes in die Schranken.

Er sprach und schrieb: „Ich weiß es, daß die Auflagen an und für sich nicht bedeutend sind; aber die Aufrechthaltung der Rechte der Kolonien erheischt es, nicht das geringste Zugeständniß zu machen. Worüber hadern wir? Etwa weil die Bezahlung einer Auflage von drei Pence auf das Pfund Thee zu drückend sei? Nein, wir bestreiten vor Allem das Recht, sie ohne unsere Zustimmung anzuordnen!"

In ähnlicher Weise wie Franklin und Andere dachten er hierbei keineswegs an die Losreißung der amerikanischen Provinzen von Großbritannien. Er schrieb noch kurz vor der Unabhängigkeitserklärung an Hauptmann Mackenzie:

„Sie glauben, mein Volk erhebe sich für die Unabhängigkeit. Erlauben Sie mir, Ihnen zu sagen, daß Sie im Irrthume sind. Ich kann bezeugen, Unabhängigkeit ist weder der Wunsch noch das Interesse der Kolonien; rechnen Sie dagegen eben so fest darauf, daß keine derselben sich je die Vernichtung jener Privilegien, jener kostbaren Rechte, gefallen lassen wird, die für das Glück jedes freien Staatswesens durchaus erforderlich sind und ohne welche Freiheit, Eigenthum und Leben jeder Sicherheit entbehren würden."

---

5. Zur Zeit der Lossagung von England.

Als die Erbitterung zwischen England und seinen transatlantischen Provinzen immer heftiger ward, mahnten Washington und Gleichgesinnte, die Beziehungen der Kolonisten zu ihren nächsten Nachbarn ins Auge zu fassen. Denn schon bei Eintritt der ersten Zerwürfnisse mit England mußte sich die Frage nach dem muthmaßlichen Verhalten der Rothhäute an Wichtigkeit unmittelbar neben die Sklavenangelegenheit stellen. Die Indianer versprachen den Kolonisten allerdings, sich neutral zu halten, wenn Krieg zwischen den Provinzen und dem Mutterlande ausbrechen würde, den Engländern gegen= über zeigten sie jedoch ganz andere Gesinnungen. Sie ließen sich von dem großen Könige der weißen Männer überm Meere große Massen von Geld und Rum versprechen und gelobten sich stillschweigend aufs Feierlichste, jeden Kolonisten, der in ihre Hände fiel, zu skalpiren und die Weißen, die etwa übrig blieben, ins Atlantische Meer zu jagen.

Die Engländer wußten den rothen Mann, dessen Bundesgenossenschaft sie bedurften, seinem Werthe nach zu schätzen und zu behandeln. Sie gingen daher durchaus praktisch beim Abschlusse ihrer Schutz= und Trutzbündnisse mit den Indianern zu Werke. Jeder streitbare Indianer, welcher die Raths= versammlung in Oswego am Ontario besuchte, erhielt zwei karrirte wollene Decken, eine Füsilierflinte mit 15 Feuersteinen, ein Handbeil als Streitaxt, einen kleinen kupfernen Kessel, ein Sheffieldmesser zum Skalpiren, Pulver nebst Blei sowie eine Guinee als Draufgeld. Besonders günstigen Eindruck machte das Versprechen, daß für jeden Skalp eines Kolonisten eine Krone in Silber bezahlt werden sollte.

Wie richtig die Engländer auf die Eigenthümlichkeiten der Indianer zu spekuliren verstanden, ward bald nach Ausbruch der Feindseligkeiten klar. Scheußlichere Grausamkeiten, als die Indianer und Engländer gegen die Amerikaner verübten, sind kaum zu erdenken, und wenn die Letzteren bald ihren Feinden an blutiger Roheit gleich kamen, so bleibt den Engländern doch der traurige Vorzug, diese Unmenschlichkeiten hervorgerufen zu haben.

Die Indianer, welche während des Freiheitskampfes eine so wichtige Rolle spielten, existiren längst nicht mehr. Die Rothhäute, die Urkinder der Neuen Welt, bilden heute einen Gegenstand der Verachtung und des Spottes für die Republikaner des Westens. Während des Unabhängigkeitskampfes ist ihnen das unwiderrufliche Urtheil gesprochen worden, daß sie der großen Republik, der Kultur der Neuen Welt, zum Opfer fallen müssen. Was von ihnen übrig geblieben, wird über das Oregon hinaus, ins jenseitige Welt= meer gedrängt. Für die Väter der nordamerikanischen Freiheit aber waren die Rothhäute fürchterliche Gegner, denen die Kolonien sicher zum Opfer gefallen wären, wenn es in der Macht Englands gelegen hätte, auf nord= amerikanischem Boden die Rolle der Vorsehung zu spielen. Großbritanien fand daher an dem „rothen" Mann einen Bundesgenossen, welchen der Kolonist vom Jahre 1775 keineswegs verachtete.

Der entbrennende Kampf, der nicht mehr zu verhindern war, nahm genau die Richtung, welche der Minister Pitt im englischen Oberhause deut= lich voraus verkündigt hatte. „Die meisten Mitglieder dieses Hauses werden nicht darüber in Zweifel sein," sagte er, „daß alle unsere Anstrengungen solchen

Männern, wie den Abgeordneten im Kongreß zu Philadelphia, das Joch der
Sklaverei aufzulegen und einer so zukunftsreichen Nation, wie derjenigen
der amerikanischen Kolonien, einen blinden Despotismus aufzuzwingen, für
immer vergebens bleiben müssen."

Unterdessen hatte in den Kolonien die Begeisterung für Abwehr der
verhaßten Maßnahme und für Aufrechthaltung ihrer Privilegien selbst die
friedfertigsten Leute ergriffen. In Philadelphia strömte Alles zusammen,
was sich auf die Waffenschmiedekunst verstand, und in wenigen Monaten waren
über hunderttausend Landbewohner bewehrt. Auf dem Brustblech war zu
lesen: „Freiheit oder Tod!" Die Weiber brachten ihren Schmuck zum Opfer
dar, die Quäker sogar bewaffneten sich und ihre Geistlichen predigten den
Krieg. In allen Provinzen loderte die Flamme der Vaterlandsliebe mächtig
auf. Am 5. September 1774 war zu Philadelphia der zuerst nur von zwölf
Provinzen beschickte Nationalkongreß zusammengetreten.

Wahrhaft ergreifend ist die Innigkeit, mit welcher bei den Abgeordneten
sich tiefes religiöses Gefühl mit begeisterter Vaterlandsliebe verschmolzen
zeigte. Bei Eröffnung der Versammlung stellte einer der Abgeordneten den
Antrag, die Sitzung mit einem Gebet zu beginnen. Man entgegnete ihm,
daß dies nicht gut möglich sei, da die Mitglieder des Kongresses verschiedenen
kirchlichen Konfessionen angehörten. Eines der Mitglieder erklärte jedoch
alsobald: er für seine Person sei keineswegs so engherzig, daß er nicht gern
ein Gebet von jedem rechtschaffenen Frommen Manne, der ein Freund des
Vaterlandes sei, anhören möchte. Am folgenden Morgen las deshalb ein
begeisterter Patriot, Pastor Duché, Geistlicher der anglikanischen oder Episko=
palkirche, zunächst das gebräuchliche Kirchengebet und dann den 35. Psalm
vor. Tags zuvor war die beunruhigende Nachricht von der Beschießung
Bostons eingelaufen; der Geistliche folgte dem Drange seines Herzens und
schloß mit einem innigen Gebet für die vereinigten Provinzen, für den Kon=
greß und für das bedrohte Gebiet von Massachusetts, namentlich für Boston.

Viele der Abgeordneten wurden so tief von der Bedeutung des Augen=
blicks ergriffen, daß ihren Augen Thränen entströmten. Bald erschienen
öffentliche Erklärungen in kerniger, aber ruhiger Sprache abgefaßt, die der
Welt verkündeten, daß sich die Kolonisten für ihre Unabhängigkeit zu erheben
im Begriffe ständen, und womit fernerhin dargethan werden sollte, was der
Grund und Zweck dieses wichtigen Schrittes sei. Hierauf folgte eine Erklärung
der sogenannten „Menschenrechte", d. h. die Zusammenfassung der Rechte
der amerikanischen Unterthanen des englischen Königs, sowie der Menschen
überhaupt. Weiterhin bestimmte man, daß noch vor Ausgang des Jahres die
Einfuhr von gewerblichen Erzeugnissen aus englischen Häfen und vom
Herbst des nächsten Jahres (1775) an auch die Ausfuhr aus den Kolonien
nach England aufhören sollte. Endlich ergingen Vorstellungen, Bitt= und

Beschwerdeschriften an König Georg III. von England sowie an das Parla=
ment, gleichzeitig wurden Adressen an das englische Volk, sodann an alle
amerikaschen Bürger und die kanadischen Nachbarn erlassen.

Eröffnung des Kongresses der dreizehn Provinzen.

Diese Schriften in ihrer klaren meisterhaften Abfassung machten außer=
ordentlichen Eindruck. Die Bewohner der dreizehn Provinzen fühlten sich
in ihrem Rechtsbewußtsein gehoben, als sie sahen, daß alle denkenden und
freiheitsliebenden Europäer auf ihre Seite traten.

5 *

Auch Washington befand sich unter den Mitgliedern des Kongresses. Obwol er keine wortreichen, hinreißenden Reden hielt, so machte er sich doch durch Scharfsinn und Festigkeit geltend; auch zeigte er in seinem Auftreten eine solche Entschiedenheit und Würde, daß sein Einfluß ein mächtiger war. Er galt schon nach Ablauf der ersten Tage für den bedeutendsten Mann der Versammlung.

Der zweite im Mai und Juni 1775 abgehaltene Kongreß, an welchem auch Benjamin Franklin als Abgeordneter des Staates Pennsylvanien Theil nahm, erkannte die Nothwendigkeit, sämmtliche Kolonien sofort in Vertheidigungsstand zu setzen. Einstimmig ward Washington zum Obergeneral erwählt, wiewol er selbst ausdrücklich auf die Unzulänglichkeit seiner Fähigkeiten wiederholt hinwies. Er verhehlte sich keineswegs die große Verantwortlichkeit, der er sich unterzog, als er ein solch schwieriges Amt annahm. Auch kannte er die Gefahren und Schwierigkeiten der zu übernehmenden Stellung. Dennoch ging er voll Begeisterung und von Vertrauen zu der Sache seines Vaterlandes erfüllt an das große Werk; alle Abgeordneten gelobten Jeder einzeln, mit Gut und Blut ihm beizustehen und für die gemeinsame Sache zu leben und zu sterben.

Aus jenen Tagen allgemeinen Aufschwunges schreibt ein Zeitgenosse: „In dem Benehmen Washington's liegt ein unendlicher Zauber. Der Treffliche opfert seine köstliche Ruhe, verläßt Familie und Freunde und setzt Alles aufs Spiel zur Rettung seines Vaterlandes. Dabei sind seine Absichten durchaus rein und edel."

Man vergleiche damit, was der bescheidene Mann selbst an seine Gemahlin schreibt: „Du kannst mir glauben, wenn ich Dich feierlichst versichere, daß ich, weit entfernt, diese Berufung gewünscht zu haben, alles Mögliche angewendet habe, ihr zu entgehen; nicht nur, weil ich mich nicht von Dir und von der Familie trennen mochte, sondern weil ich mir bewußt bin, daß meine Fähigkeiten für solch eine bedeutungsvolle Stellung nicht ausreichen. Ich würde wahrhaft glücklicher mit Dir in einem Monat zu Hause sein, als entfernt von Dir siebenmal sieben Jahre. Aber da es jedoch eine Bestimmung zu sein scheint, die mich in diesen Dienst führt, so will ich hoffen, daß durch meine Willfährigkeit ein guter Zweck erreicht wird. Vertrauensvoller gebe ich mich in den Willen der Vorsehung, die mir bisher so gnädig gewesen ist. Vor den Mühen und Gefahren eines Feldzugs scheue ich nicht zurück, doch das Bewußtsein, Dich allein zu wissen, wird mich fortwährend beunruhigen. Ich bitte Dich daher, nimm Deine ganze Seelenstärke zusammen und mache Dir das Leben so angenehm als möglich."

6. Washington als Oberbefehlshaber der Kolonialmacht.

Washington trat den Oberbefehl an. Seine Bemühungen waren nicht ohne Erfolg, es gelang ihm, die allerdings sehr schwachen englischen Truppen immer enger einzuschließen und jeden ihrer Angriffe zurückzuschlagen. Ihre Reihen schmolzen zusammen und der Oberkommandirende General Howe sah sich genöthigt, dringlicher um Verstärkungen zu bitten. In England, wo es ohnehin nicht leicht ist, ein starkes Heer aus dem Erdboden zu stampfen, weil dort Niemand gezwungen werden kann, Soldat zu werden, merkte man nun, daß man zur Niederwerfung des Aufstandes ansehnlicherer Macht= entfaltung bedürfe. Dazu trat der mißliche Umstand, daß die versuchte Unter= drückung der Bewohner von Neu=England nirgends eine entschiedene Bil= ligung fand. In seiner Verlegenheit wandte sich König Georg III. an Deutschlands Fürsten. Leider fanden sich nicht wenige derselben bereit, ihre Hand zu dem schändlichen Gewerbe der Seelenverkäuferei zu bieten; ins= besondere lieferten Hannover, Hessen=Kassel, Braunschweig, Anhalt=Zerbst, Ansbach und Waldeck manches frische deutsche Blut in die englischen Häfen zum Kampfe für eine Sache, die Deutschland gar nichts anging.

Doch bevor noch diese Verstärkungen des Feindes auf nordamerikanischem Boden angelangt waren, stellte sich Washington die ganze Mißlichkeit seiner Lage vor Augen. Schon jetzt hielt es schwer, die zusammengewürfelten, meist schlecht bewaffneten Leute bei einander zu halten. Was sollte erst werden, wenn ihre Dienstzeit nach einem Jahre zu Ende ging, und er den ankommen= den wohleinexerzirten europäischen Regimentern Neulinge im Waffenhandwerk entgegen stellen mußte? Ohnehin ließen sich die Milizen nur sehr langsam an eine geregelte Diszyplin gewöhnen; die Offiziere feindeten sich nur zu oft gegenseitig durch Stolz und Eifersucht an; nicht selten mangelte es an dem nöthigen Gelde, um die auch nur unentbehrlichsten Bedürfnisse zum Krieg= führen herbeizuschaffen. Dann mußte Washington im Nothfall selbst zu den eigenen Mitteln greifen, um Rath zu schaffen. Dabei gab es um so mehr zu thun, als es an Leuten fehlte, welche dem Oberbefehlshaber förderlich an die Hand gehen konnten. Die Last des schriftlichen Verkehrs wuchs von Stunde zu Stunde. Es gab zu korrespondiren, bald mit dem Nationalkongreß oder mit einzelnen Abgeordneten, bald mit Konventen, Civilbehörden und Comités. Es mußte für ausreichende Munition gesorgt, es mußten bessere Gewehre be= schafft, Karten und Schlachtpläne entworfen und berathen werden, wobei Washington die Ortskenntniß, welche er sich während der Vermessungen in Virginien erworben hatte, allerdings gar trefflich zu Statten kam. Dem Feinde gegenüber hielt er es anfänglich für rathsam, einen Hauptschlag zu vermeiden; er suchte vielmehr, wie dereinst Fabius der Zauderer, durch kluges Hinhalten die Hülfsquellen des Feindes zu erschöpfen, seine Leute unterdessen an das Leben im Felde zu gewöhnen und sie durch Abhärtungen für den Dienst zu stählen und ihr Selbstgefühl zum Hochgefühl der Vater= landsliebe zu steigern.

Hauptsächlich galt es der Mißstimmung, dem Uebelwollen entgegen zu arbeiten und die verrätherischen Absichten Derer zu vereiteln, welche nur aus Furcht der Sache des Vaterlands nicht offen entgegen traten. Zog sich doch Nordcarolina, nachdem der allgemeine Druck etwas nachgelassen, wieder vom Bunde zurück. Unter solchen Umständen mußte ein kühnes Drauflos= gehen als arge Uebereilung erscheinen; hier konnte nur die größte Vorsicht, ein besonnenes Zuwarten, ein Verdecken der eigenen Schwächen retten. Weniger ungestüme Tapferkeit, als vielmehr Geduld und Zuversicht thaten noth. „Nicht glänzende Tage, sondern mühevolle Jahre, nicht schnelle Erfolge, sondern beharrliches Ausdauern gründeten Washington's Heldengröße," sagt Heeren in seiner „Geschichte des europäischen Staatensystems".

Den Zusammenstößen bei Lexington, Breedhill, Bunkershill, bei welch letzteren beiden die Milizen zwar den Rückzug antraten, aber nur nach blutigster Gegenwehr, der mißlungenen Unternehmung gegen Quebec, wobei der Verlust des trefflichen Montgommery zu beklagen war, folgte endlich nach Besetzung der Dorchesterhöhen die Räumung des aufs Engste einge= schlossenen Boston, welches General Howe, der Nachfolger von Gage, im März 1776 als unhaltbar aufgab. Washington nahm Besitz von der Stadt und spornte den Eifer seiner Landsleute zur Ausrüstung einer Flotte zum Schutze der Küsten an.

Der erste bedeutende Erfolg brachte wieder mehr Bewegung und Auf= schwung in die Herzen der Aufständigen. Der Kongreß ließ dem Oberfeld= herrn ein Danksagungsschreiben zustellen, demselben zu Ehren eine goldene Denkmünze schlagen. — Damals kam auch der Name Yankee auf, anfäng= lich als Spottname im Munde der königlich Gesinnten gegen die Amerikaner. Die Letzteren bedienten sich desselben jedoch gleichfalls und der Gassenhauer der Yankee, der Yankee=Doble, vertrat bei ihnen die Marseillaise der Franzosen.

Die Kriegsfurie tobte in verschiedenen Provinzen, als im Kongreß zu Philadelphia am 4. Juli 1776 zuerst sieben Staaten und bald darauf auch die übrigen sechs ihre Unabhängigkeit an England erklärten. Auch Washington hatte zu entschiedenen Schritten gerathen und richtig vorausgesehen, daß Eng= land sich daraufhin nachgiebiger zeigen würde. Das englische Ministerium zeigte sich in der That geneigter, milder aufzutreten, und beauftragte den Lord Howe, den Bruder des Generals, den Amerikanern Friedensvorschläge zu machen. Doch bereits war die günstige Zeit vorüber. Die Stiftung der heutigen Union erfolgte am 4. Oktober desselben Jahres; die Bezeichnung als „englische Kolonien" ward abgeschafft und der neue Staatenbund unter

dem Namen: „Vereinigte Staaten von Nordamerika" in die große
Völkerfamilie zweier Welten eingeführt. Von nun an nahm der Kampf
von beiden Seiten an Erbitterung zu.

Trotz des ungemeſſenen Stolzes, mit welchem die Amerikaner ſtets von
der Tapferkeit ihrer „Väter der Freiheit" reden, kann indeſſen der achtjährige
Freiheitskrieg doch keinen höheren Charakter beanſpruchen, als denjenigen
eines Parteigängerkampfes.

Waſhington ſetzt im Winter über den Delaware.

Faſt ſtets erſchienen nur Heerhaufen von untergeordneter Stärke im
Felde, und die ſogenannten Schlachten, welche die Feldherren beider Seiten
geſchlagen, gehen, wie ſchon angedeutet ward, nicht über die Bedeutung von
Treffen hinaus. An Tragweite der Folgen können freilich viele dieſer Ge-
fechte und Treffen es mit den großartigſten Kämpfen der Napoleoniſchen
Zeit aufnehmen.

Nach seiner Einschiffung zu Boston war General Howe in Nordcarolina gelandet. Er wählte hier eine so vorzügliche Stellung, daß Washington ihm nichts anhaben konnte, vielmehr es für gerathen hielt, mit den 2000 Mann, die ihm noch geblieben waren, um dies schwache Häuflein nicht in Gefahr zu bringen, sich mitten im Winter hinter den Delaware zurückzuziehen. Als die Verstärkungen, vorzüglich tapfere Leute aus Hessen, welche das Mutterland an General Howe abgesendet, anlangten und infolge dessen die königlich Gesinnten in den Provinzen das Haupt zu erheben wagten und dem Oberbefehlshaber der Engländer bald offenkundig ihre Unterstützung zuwandten, da umdüsterten sich die Aussichten der aufständigen Provinzen täglich mehr. — Howe faßte den kühnen Plan, nach Wegnahme von New-York den Hudson hinaufzuschiffen, der im Norden operirenden englischen Armee unter Bourgoyne die Hand zu reichen und auf solche Weise die Kolonien in zwei Theile, einen östlichen und westlichen, zu trennen. Washington suchte dieses, freilich vergeblich, zu verhindern. Die Amerikaner, bei Flatbush am 27. August 1776 geschlagen, warfen sich nach Brooklyn und es blieb in der That nichts übrig, als einem weiteren Zusammenstoß aus dem Wege zu gehen, den Feind durch Hin- und Hermärsche zu ermüden und ihm in kleineren Gefechten Verluste beizubringen. Freilich war eine solche Kriegsführung nicht im Sinne der amerikanischen Heißsporne und doch that der Obergeneral ganz Recht. Seine abgerissenen Truppen waren durch Hunger, Kälte und Seuchen muthlos geworden; er selbst befand sich fortwährend in Gefahr, vom Feinde aufgehoben zu werden, da man sich natürlich englischerseits alle erdenkliche Mühe gab, des Oberkommandirenden im Heere der Aufständigen sich zu bemächtigen.

Wie bereits erwähnt wurde, waren die Freiwilligen- oder Milizen-Regimenter, aus welchen die Streitkräfte der Aufständigen bestanden, nur verpflichtet, ein Jahr im Felde zu stehen. Daher erneuerte sich alljährlich das Heer Washington's, und die Verlegenheiten des Oberbefehlshabers nahmen kein Ende. Die Stadt New-York hatte dem Feinde überlassen werden müssen, weil, nach vollendeter Dienstzeit der oft widerwillig in den Kampf gezogenen Mannschaften, die bei weitem größere Mehrzahl derselben sich beeilte wieder nach Hause zu kommen, um nach den Geschäften zu sehen oder den Boden zu bestellen. Dazu kam, daß mehrere Regimenter, unzufrieden mit ihren Offizieren, den Dienst verweigerten. So lange solche Zustände währten, lief man Gefahr, Alles aufs Spiel zu setzen. Washington drang daher auf eine bessere Organisation der Armee. Er forderte die Errichtung eines stehenden Heeres, das während der ganzen Dauer des Krieges unter den Waffen gehalten und ihm zur Verfügung gestellt sei.

Der Kongreß ertheilte ihm nach dieser Richtung Vollmachten zur Bildung einer 80 Bataillone starken stehenden Truppe. Aber statt der erwarteten Tausende kamen kaum so viel Hunderte zusammen. Unter solchen Umständen

und infolge unzureichender Kräfte unterlag er im Treffen bei Chatter=
tonshill (28. Oktober). Er sah sich, über kaum noch 3000 Mann verfügend,
genöthigt, auch den Staat New=York zu räumen, sich nach New=Jersey zurück=
zuziehen und die Forts Washington und Lee dem Feinde zu überlassen,
wobei diesem die 2000 Mann starke Besatzung des Erstgenannten in die
Hände fiel. Der Kongreß flüchtete nach Baltimore.

7. Schwere Prüfungsjahre.

Das war eine schlimme, bitterböse Zeit. Die Abgeordneten des Volkes
griffen in dieser großen Bedrängniß, wenn auch unter Furcht und Zittern
nur, zu einem altrömischen Mittel. Man bekleidete den Oberfeldherrn mit
einer Art Diktatorialgewalt, überließ ihm die Erneuerung des Heeres, das
um 16 Bataillone, 3 Regimenter Artillerie und 3000 Mann Reiterei verstärkt
werden sollte. Washington blieb die Ernennung der Offiziere anheimgestellt.

Jetzt konnte er kräftiger einschreiten. Allerdings hatten manche Bewohner
von der königlichen Gnade Gebrauch gemacht, aber im großen Ganzen ent=
wöhnten sich doch die Bürger immer mehr des Gedankens an eine Erneuerung
der Verbindung mit Großbritanien. Man trat nunmehr gegen die königlich
Gesinnten entschieden auf und behandelte sie als Feinde, als infolge der
ergangenen Aufforderung eine größere Anzahl von Kleinmüthigen innerhalb
der bewilligten sechzig Tage den verlangten Huldigungseid ablegten.

Unterdessen war mit Uebermacht General Howe an den Delaware gezogen
und lagerte sich Philadelphia gegenüber. Er wartete nur darauf, daß der
Fluß zufrieren würde, um ihn zu überschreiten und den Mittelpunkt des Auf=
standes wieder in Besitz der Engländer zu bringen. Um von Neuem den
verzagten Gemüthern Muth und Erhebung einzuflößen und den schlimmen
Eindruck zu verwischen, welchen die Gefangennehmung eines seiner vorzüg=
lichsten Offiziere, des Generals Lee, hervorgebracht, der seinem Feldherrn
Hülfe zuführen wollte, entschloß sich Washington zu einem Handstreich auf
die ausgedehnten Linien seines Gegners.

Mit dem Auge des geborenen Heerführers erkannte Washington, daß
Howe den großen Fehler begangen hatte, seine Truppen in zu kleinen Ab=
theilungen längs des Flusses zu verzetteln, anstatt dieselben beisammenzu=
behalten und rasch mit ihnen auf die bedrohte Stadt loszurücken. Die daher
von Washington beabsichtigte Ueberrumpelung sollte am frühen Morgen des
26. Dezember 1776 vor sich gehen. Der Delaware ging damals stark mit
Eis und eine Ueberfahrt über die angeschwollenen Fluten war daher schwierig.
Zwei Generale, die auf Washington's Befehl gleich übersetzen sollten, erachteten

das für unausführbar. Washington selbst wagte dieses mit einer treuen, ihm ergebenen Schar. Ein heftiger Wind peitschte den Schnee über die Flächen; die Nacht war finster und unfreundlich, der Feind ahnte keine Gefahr. Indessen gerade diese Umstände hielt der General für sein Unternehmen wohlgeeignet, und entschlossen, das Wagniß zu bestehen, kämpfte sich der kühne Mann mit seinen Truppen trotz Wogenschwall und Schollendrang durch. Früh drei Uhr hatte er mit seinen Kanonen das jenseitige Ufer erreicht. Ohne Aufenthalt marschirte er sofort gegen eine starke Abtheilung, die in dem Städtchen Trenton lagerte. Er hatte, um den Feind festzupacken und wo möglich einzuschließen, seine Schar in zwei Abtheilungen getrennt und rückte nun von zwei Seiten her gleichmäßig vor. Ueber zwei deutsche Meilen brauchte man, um auf kaum gangbaren Pfaden bei dem abscheulichen Wetter an Ort und Stelle zu gelangen. Endlich stieß man auf die feindlichen Vorposten. Sie waren an Zahl viel zu gering, um einen ernstlichen Widerstand leisten zu können, und zogen sich deshalb, fortwährend hinter den Häusern hervorfeuernd, zurück. Mittlerweile hatte das feindliche Hauptcorps Zeit gewonnen, sich aufzustellen. Doch seine Kanonen waren unterdessen sämmtlich in Washington's Hände gefallen. Sie wurden jetzt auf die überraschten Hessen gerichtet. Der Rückzug war denselben abgeschnitten. Von allen Seiten gleichzeitig lebhaft angegriffen und bedrängt, blieb ihnen keine andere Wahl, als auf dem Platz ihr Leben zu lassen oder sich zu ergeben. Sie wählten das Letztere, und Washington setzte noch an demselben Tage mit 23 gefangenen Offizieren und 886 Soldaten, die zum Theil bei den Amerikanern Dienste nahmen, wieder über den Delaware. Der Verlust an Verwundeten auf Seiten Washington's war außerordentlich gering, desto ermuthigender und belebender wirkte der erfreuliche Ausgang des Wagnisses auf das amerikanische Heer ein, so daß Washington mit seinen begeisterten Truppen schon acht Tage darnach auch dem Marquis von Cornwallis bei Princetown eine empfindliche Schlappe beizubringen vermochte.

Diese einzelnen, doch im Ganzen nur geringfügigen Vortheile konnten eine große Veränderung zu Gunsten der amerikanischen Angelegenheiten nicht hervorrufen. Washington mußte auf größere Unternehmungen verzichten und die Beschaffenheit seiner Streitkräfte machten es geradezu nöthig, einem Haupttreffen auszuweichen. Dieses Zaudersystem lag freilich nicht im Sinne des Feindes; General Howe verlangte nach Gelegenheit, sich mit seinem Gegner zu messen. Washington jedoch, der nur über ein Heer verfügte, dessen Zusammenhaltung ohnehin schon ganz außerordentliche Schwierigkeiten darbot, ging jedem Wagniß aus dem Wege. Erst als der Feind Philadelphia, den Mittelpunkt des ganzen Aufstandes, ernstlich bedrohte, stellte er sich mit unzureichlichen Streitkräften am Brandwyneflusse den Engländern entgegen und zog hier am 19. September und kurze Zeit nachher, am 4. Oktober, auch bei Germantown den Kürzeren. Philadelphia gerieth in die Gewalt der königlichen Truppen und der Kongreß flüchtete weiter nach Yorktown.

Die Winterzeit von 1777 auf 1778 brachte wiederum recht trübe Tage für Washington, und die Zahl der verzagten Herzen nahm zu. Er vermochte es nicht, trotz aller preiswürdigen Aufopferungen, der Schwäche seines Heeres abzuhelfen und der meist vorherrschenden Noth zu steuern.

Washington im Lager zu Valley-Forge.

Bisweilen schien es, als wolle selbst sein starker Geist erliegen unter den Widerwärtigkeiten, welche ihm aus der Unzuverlässigkeit seiner Offiziere erwuchs, die selbst mehrfacher Meutereien sich schuldig machten. Und war die Unzufriedenheit und Scheelsucht niedergeschlagen, waren ehrenrührige

Anklagen verhallt, die Urheber untergeschobener Briefe entlarvt, darauf berechnet, den Ruhm des Oberfeldherrn zu schmälern und seinen Charakter in ein zweideutiges Licht zu stellen, so galt es immer von Neuem wieder, der hereinbrechenden und täglich zunehmenden Muthlosigkeit oder Gleichgiltigkeit zu begegnen.

Die Unfälle der letzten Zeit hatten das Vertrauen in das Talent des Feldherrn in einem solchen Grade erschüttert, daß unter Gater ein vom Ober= feldherrn unabhängiges Kriegskolleg eingesetzt werden konnte! Washington trotzte jedoch in seinem wohlgewählten, sechs Stunden von Philadelphia ent= fernten Winterlager bei Valley=Forge sowol den schmählichen Anfechtungen seiner Gegner, wie dem harten Winter, dessen Strenge die ganze Ausdauer des Oberfeldherrn noch ein Mal auf die härteste Probe stellte. Alle Beschwerden und Leiden der Jahreszeit, Hunger und Kälte, sowie Mangel jeder Art suchten Washington und seine Getreuen heim. Dies war die düsterste Periode in dem vielbewegten Leben des Befreiers und Gründers der großen nordameri= kanischen Republik. Seit Philadelphia in den Händen des Feindes, besaß man weder Geld noch Kredit, die Armee befand sich in der traurigsten Ver= fassung. Als am 18. Dezember das Hauptheer, welches jedoch mehr einer Schar bewaffneter Bettler glich, das Thal erreichte, war es bis auf wenige tausend Mann zusammengeschmolzen. Der Weg, den die Truppen genommen hatten, war an den Blutspuren zu erkennen, welche die nackten Füße der noth= leidenden Krieger auf dem gefrorenen Boden zurückgelassen. Die Lagerstätten waren noch nicht einmal völlig errichtet, es fehlte an Decken, und bereits am nächsten Tage schon stellte es sich heraus, daß die Vorräthe an Lebensmitteln kaum noch für einen Tag ausreichten! Kein Wunder, wenn unter solch traurigen Verhältnissen zahlreiche Opfer erlagen, wenn Verrath und Wider= spenstigkeit im Heere überhand nahm. Eine große Anzahl bis dahin bewährter Streiter kehrte der Fahne den Rücken und entfloh. Binnen wenig Tagen war die Zahl der Freiheitskämpfer zu einem kleinen, wenn auch um so treueren Häuflein zusammengeschmolzen.

In dieser entsetzlichen Noth bewährte Washington die ganze Größe und Gediegenheit seines Charakters. Ob Tausende gewichen waren, — er ver= zagte nicht und harrte aus auf seinem Posten; ließ die Mehrzahl auch den Muth sinken, er wußte in der äußersten Bedrängniß ihn sich zu bewahren und seine Getreuen wiederum aufzurichten.

M. Jean Paul Marquis de Lafayette.

8. Saratoga und Yorktown.

Die ewige Vorsehung ließ die schimpflichen Absichten, welche die Wider=
sacher des großen Mannes gegen ihn hegten, nicht zum Erfolge gelangen.
Der gesunde Sinn des amerikanischen Volkes gewann vielmehr die Oberhand
über alle schmählichen Intriguen, und am Horizonte verkündete die auf=
steigende Frühlingssonne den Eintritt besserer Tage. In Kanada hatte der
dort kommandirende General der amerikanischen Flottille unter Arnold auf dem
Champlainsee eine Niederlage beigebracht, Ticonderoga und mehrere andere
Forts waren gefallen und General Bourgoyne wollte infolge dessen eben gerade
nach Albany vordringen, um mit dem Armeecorps Howe's sich zu vereinigen, als
ihm Arnold den Weg vertrat und bei Stillwater und Bennington mit solcher
Anstrengung und so gutem Erfolge kämpfte, daß jener englische Heerführer
Anstand nahm, seinen Marsch weiter fortzusetzen. Es war eine verhängnißvolle
Umkehr, wozu er sich entschloß. Denn als Gates sich mit Arnold verband,
sah sich Bourgoyne bei Saratoga umzingelt und nach den verzweifeltsten
Versuchen, der Umschließung sich zu entziehen, gezwungen, am 16. Oktober 1777

sich mit seinem Heere von etwa 4000 Mann — und dies hieß zu jener Zeit in Amerika schon ein Heer — zu ergeben. Die Folgen dieses Schlages für die englischen Waffen sollten bald ersichtlich werden.

Das englische Ministerium fing an zu begreifen, daß man eine Nation in Waffen nicht so leicht bezwingen kann, auch wenn man Söldnerheere wirbt und Menschen kauft, um Menschenblut vergießen zu lassen, — auch wenn es gelingt, im Lande des Aufstandes selbst Bundesgenossen an der Urbevölkerung zu finden, sowie Stützen an der eingeschleppten schwarzen Rasse. Andererseits traten nunmehr für Amerika, zuerst nur einzeln, bald nachher aber in Masse, Freunde und Bewunderer in die Schranken. Die Theilnahme der gebildeten Welt wandte sich dem Ringen der „Vereinigten Staaten" zu und namhafte Männer eilten aus Europa herbei, um unter den Fahnen der Freiheit Ritterdienste zu verrichten und mit ihrer Kraft und Tüchtigkeit die Amerikaner zu unterstützen, welche für eine der ganzen Menschheit zu gute kommenden Sache zu den Waffen gegriffen hatten.

Ein jugendlicher Feuergeist aus einem der angesehensten Geschlechter Frankreichs, der Marquis von Lafayette, ein Mann kaum zwanzig Jahre alt, verließ Frau und Kind, rüstete aus eigenen Mitteln eine Fregatte aus und schiffte sich auf derselben mit Offizieren, Soldaten, Waffen und anderen Vorräthen von Bordeaux nach Amerika ein. Die Regierung, welche damals mit England noch nicht offen gebrochen, ließ den Freiheitsschwärmer allerdings in Bordeaux verhaften, jedoch bald nachher wieder entschlüpfen, und schickte ihm nur zum Schein auf Englands Drängen zwei Kriegsschiffe nach. Auch wußte das Volk recht gut, daß dies eitel Komödienspiel war. Doch das lieben ja die Franzosen, sie gefallen sich darin, mit sich und mit Anderen zu spielen.

Aber auch aus anderen Ländern kamen hochherzige Männer herbei, die den Kampf der dreizehn Provinzen mit bestehen wollten. Polen sandte seinen Kosciuszko, sowie den Grafen Pulawski, aus Deutschland eilten der Baron Kalb, sowie ein höherer Offizier aus der Schule des großen Friedrich's herbei: Friedrich Wilhelm v. Steuben. Letzterer war vornehmlich ein bewährter Mann und wohl geeignet, die Schmach sühnen zu helfen, daß die Fürsten von Braunschweig, Hessen-Kassel, Ansbach und Waldeck kurz vorher 20,000 ihrer Landeskinder an die Engländer verschachert hatten, um die Selbständigkeit der transatlantischen Staaten unmöglich zu machen oder wieder zu vernichten.

Nur mit Erröthen kann man an die fluchwürdige Tyrannei jener traurigen Tage denken. Mußte doch der Markgraf von Ansbach die verkauften Soldaten, die nicht abziehen wollten, entwaffnen, fesseln und durch seine Garden nach dem Meere treiben lassen; er selbst lieferte die Waare aufs Schiff, aber in jeder holländischen Stadt, durch welche er kam, wurde der Menschenverkäufer laut mit entehrenden Schimpfworten verfolgt.

Die eingetretene günstige Wandlung hob mächtig das Bewußtsein der Amerikaner; die Kleinmüthigen sahen sich beschämt und faßten wieder Muth; mancher tapfere Kämpe kehrte unter Washington's Fahne zurück, entschlossen, für die Sache des Vaterlandes treu auszuharren.

So viel freiwillige und opferfreudige Theilnahme fremder Menschen entflammte die Seele des großen Werkes der Befreiung zu weiterer Ausdauer. Dazu trat ein anderer Umstand von höchster Wichtigkeit und verkündete bessere Zeiten. Infolge der eben so unablässigen Bemühungen wie klug geführten Unterhandlungen des würdigen Benjamin Franklin trat ein neuer mächtiger Bundesgenosse für die Vereinigten Staaten offen in die Schranken: Frankreich schloß auf die Nachricht von dem Siege bei Saratoga am 6. Februar 1778 einen Handelsvertrag mit der transatlantischen Republik ab und erkannte hierdurch die Selbständigkeit derselben an. Gleichzeitig traten die beiden Kontrahenten in ein Schutz- und Trutzbündniß zu einander.

Als dies in England bekannt wurde, ließ sich der todkranke Graf Chattam ins Parlament bringen und hielt mit Aufwand seiner letzten Kräfte eine donnernde Ansprache, in welcher er der Versöhnung Englands mit seinen Kolonien das Wort redete und zur Vereinigung beider gegen Frankreich aufforderte: „Briten, ich zeuge bei der Nachwelt wider euch!" rief der gewaltige Mann. „Lasset uns die letzte Kraft aufbieten. Und wenn das Schicksal unsern Fall entschieden hat, wenigstens als Männer sterben!" Er selbst sank zusammen und sprach nicht mehr. Wenige Wochen nachher, am 11. Mai 1778, fand einer der größten Staatsmänner aller Zeiten den Frieden, welchen er auf Erden nicht zu finden vermochte.

Unterdessen war Frankreich auf dem Kampfplatze mit einer Flotte und 6000 Mann Landungstruppen erschienen. Clinton, der englische Oberbefehlshaber, sollte 5000 Mann nach Westindien absenden, um die französischen Inseln wegzunehmen. Darum räumten die Engländer Philadelphia, das die Amerikaner sofort besetzten, und Clinton wandte sich nach New-York. Washington zog ihm nach und lieferte das Treffen bei Monmouth, 28. Juni 1778, welches ohne die Mißgriffe seitens des Generals Lee mit der vollständigen Niederlage der Engländer geendigt haben würde. Der Oberbefehlshaber mochte auf eine direkte Unterstützung von Seiten der Franzosen gerechnet haben und war um so weniger für einen Feldzug der Franzosen in Kanada günstig gestimmt, als es sehr fraglich blieb, ob seine Verbündeten im Falle des Sieges jemals wieder ihre ehemaligen Besitzungen verlassen würden: — in ersterer Beziehung getäuscht, zog er es auch im Jahre 1779 vor, vertheidigungsweise zu verfahren und sich damit zu begnügen, daß die Einfälle der Indianer im Westen kräftiger zurückgewiesen wurden, als im Vorjahre.

Die Lage der Republik ließ auch jetzt noch nicht eine energischere Kriegsführung zu; die Geldnoth war eine allgemeine, bereits hatte man 200 Millionen Papiergeld hinausgegeben, ohne an eine Einlösung desselben denken zu können. Und während die Bedürfnisse des Heeres stetig an=wuchsen, lag der Ackerbau völlig darnieder. Die Noth steigerte sich von Tag zu Tag; für einen Silber=Dollar konnte man vierzig papierne haben. Das Kriegsjahr hätte entschieden zu Ungunsten der Vereinigten Staaten geschlossen, wäre dem abtrünnigen General Arnold die Verrätherei gelungen, Westpoint, einen der wichtigsten Punkte im Staate New=York, den Englän=dern zu überliefern.

So ward der Krieg mit abwechselndem Glück im Jahre 1780 auf 1781 weiter fortgeführt. Einen Aufstand der Regimenter von Pennsylvanien wegen schlechter Verpflegung und rückständigem Solde unterdrückte Wa=shington mit eben so viel Klugheit als Festigkeit; auch bewirkte er, daß die Verwendung einer baaren Beihülfe Frankreichs ihm allein überlassen blieb.

Der Verräther Arnold hatte im englischen Heere eine Anstellung als General gefunden und führte den englischen Truppen im Süden Verstär=kungen zu; daher befanden sich hier die Engländer in entschiedenem Vor=theil und statteten bei ihrem Einlaufen in die Chesapeakebai auch Wa=shington's Besitzung, Mont=Vernon am Potomak, einen Besuch ab. Washington's Verwalter that alles Mögliche, um sich mit den feindlichen Scharen abzufinden. Damit war jedoch sein Herr keineswegs einverstanden, er schrieb ihm vielmehr, „er hätte eher das ganze Besitzthum abbrennen lassen, als dem Nationalfeind Lebensmittel reichen sollen".

Um den Marquis Cornwallis aus dem Süden zu locken, ward endlich zwischen Washington und den Franzosen verabredet, vereinigt New=York anzugreifen. Als aber eine neue französische Flotte 3000 Mann weiterer Landungstruppen heranführte, änderte man den Plan. Während sich Lafayette mit Steuben nordwestlich von Richmond vereinigte, wodurch sich Cornwallis veranlaßt sah, diesen Platz zu räumen und sich nach dem Küsten=lande zurückzuziehen, täuschte Washington durch Scheinmanöver den eng=lischen Oberbefehlshaber, so daß sich dieser auf eine lange Belagerung New=Yorks vorbereitete. Inzwischen verließ Washington mit seiner Armee und den französischen Hülfstruppen heimlich den Hudson und war bereits, ehe Clinton den Abmarsch des amerikanisch=französischen Heeres ahnte, in der un=mittelbaren Nähe von Yorktown in Virginien, wo sich Cornwallis mit seiner aus 7000 Mann bestehenden Macht festgesetzt hatte. Auch traf die französische Flotte rechtzeitig in der Chesapeakebai ein, um die Belagerung Yorktowns, welche am 25. September begann, zu unterstützen. Cornwallis erkannte sofort, daß kein Rückzug möglich war; dies befestigte ihn daher in der Hoffnung, daß ihn Clinton nicht im Stiche lassen, sondern soviel er konnte gegen die vereinig=ten Operationen der amerikanisch=französischen Armee unterstützen werde.

George Washington

Letztere rückte am 28. September von Williamsburg gegen Yorktown vor und eröffneten am 1. Oktober die regelmäßige Einschließung dieses Platzes. Franzosen und Amerikaner wetteiferten mit einander in Tapferkeit und Ausdauer. „Kinder, kämpft für eure Mutter, die Freiheit! — Verlaßt das Vaterland nicht!" rief Washington den Seinen zu. Da sah man Lafayette, Hamilton, Alexander Berthier, Custine, Lameth, neben Kosciuszko, Steuben, den Herzog von Zweibrücken und viele andere Heldenkämpfer jener Zeit. Die Befestigungen von Yorktown wurden genommen. Nachdem jede Aussicht auf Ersatz geschwunden, verlangte am 10. Oktober der bisher so übermüthige Feind zu kapituliren. Die ganze Streitmacht des englischen Befehlshabers, sammt einer Menge Gepäck, Geschütz und einer Anzahl Magazine fielen in Washington's Gewalt. — Dieser große Sieg brachte fast die ganze damalige Union außer Fassung. Der Thürsteher des Kongresses fiel vor Freuden todt nieder. Dem würdigen Oberbefehlshaber dagegen ward kurz nach ſeinem Ehrentage ein großer Schmerz bereitet. Vom Schlacht=felde eilte er hinweg, um ſeinen Stiefſohn ſterben zu ſehen. So nahe liegen im Menſchenleben höchſte Freude und tiefſter Kummer!

Die Niederlage bei Yorktown hatte die Briten, welche den Krieg in drei Welttheilen zu führen hatten, ſo empfindlich getroffen, daß ſie, auf dem Feſtlande von Amerika wenigſtens, zu keiner ernſtlichen Operation ſich mehr emporzuraffen vermochten; während der ſeitens der Amerikaner errungene große Erfolg mit einem Male allen Mißmuth über Waſhington's Kriegs=führung zerſtreute und jeden Zweifel an ſeinem Talente als Heerführer ſchwinden machte. Als nun der treffliche Mann mit Entſchiedenheit, ja faſt mit Abſcheu, die Anträge einer Anzahl ſeiner Offiziere verwarf, welche ihm nicht undeutlich zu verſtehen gaben, daß man ihn gern an der Spitze eines monarchiſchen Staatsweſens ſehen möchte, da verſchwand der letzte Schatten, welchen die bisherigen Widerſacher auf die Abſichten des Obergenerals fallen ließen und Waſhington's Name war fortan der gefeiertſte in der Union.

Der Krieg hatte nun bald neun Jahre gewährt, und es konnte nicht Wunder nehmen, wenn Entmuthigung die Herzen der Bewohner des briti=ſchen Inſelreichs beſchlich, welche ſchwer unter der Laſt unermeßlicher Kriegs=ſchulden zu ſeufzen hatten. Das Volk fing laut zu murren an. Alle einſichtigen Staatsmänner Großbritanniens drangen auf Wiederherſtellung guter Be=ziehungen, und als die öffentliche Stimmung den Beſtrebungen der ehe=maligen Kolonien ſich immer günſtiger zeigte, ſah ſich die Regierung ge=nöthigt, zum Frieden die Hand zu bieten. Sie erkannte am 9. September 1783 die Einheit und Unabhängkeit der „Vereinigten Staaten" an. So ward ein Ziel erreicht, das vor dem Kriege von den Amerikanern ſelbſt kaum geahnt oder auch nur für möglich gehalten worden war, und deſſen Bedeu=tung im Mißverhältniſſe zu den unzulänglichen Mitteln ſtand, welche die ſiegreiche Partei ins Feld zu führen vermocht hatte.

Der eben ſo thatkräftige wie hochherzige Mann, deſſen unverdroſſene Ausdauer und ſelbſtloſe Vaterlandsliebe, deſſen unerſchütterlicher Glaube an den endlichen Erfolg einer guten Sache und deſſen vorſichtige Benutzung der Verhältniſſe hauptſächlich dieſes Ziel hatten erkämpfen helfen, legte hierauf, reich belohnt durch die Größe deſſen, was endlich erreicht worden war, in einer feierlichen Sitzung des Kongreſſes zu Annapolis ſeine Ober=befehlshaberſtelle nieder und zog ſich auf ſeine Beſitzungen zurück, die er in ſechs Jahren nur zweimal hatte beſuchen können. Ihn begleitete das Dank=gefühl ſowie die ungetheilte Verehrung ſeiner Mitbürger. Er ließ ihnen dafür ſein Herz zurück.

Reiterstandbild George Washington's.

9. Abschied von den Waffengefährten.

Doch bevor sich der ruhmgekrönte Feldherr gänzlich vom Schauplatz seines bewunderungswürdigen Wirkens bescheiden zurückzog, um alle äußeren Ehren von sich entfernt zu halten, hielt er es für seine Ehrenpflicht, darauf zu dringen, daß ein Akt der Treue und Dankbarkeit gegen Diejenigen vollzogen werde, welche unter ihm dem Vaterlande treu und aufopfernd gedient. Die Offiziere des amerikanischen Heeres, das nach wiederhergestelltem Frieden entlassen ward und zum heimischen Heerd zurückkehrte, sahen nunmehr einer höchst unsichern Zukunft entgegen. Der Kongreß konnte über die Art und Weise ihrer Befriedigung nicht mit sich ins Reine kommen, und infolge dessen forderte im März 1783 der Major Armstrong zur gewaltsamen Durch=führung ihrer berechtigten Ansprüche auf. Da legte sich Washington ins Mittel, indem er seine Kameraden beruhigte und ihnen seine herzliche Mit=wirkung für friedliche Abstellung ihrer gerechten Beschwerden versprach. In einer auf seine Veranlassung berufenen Zusammenkunft hatte er aber kaum angefangen, den in versöhnendem Sinne geschriebenen Brief eines Kongreß=mitgliedes vorzulesen, als er fand, daß er ohne Brille nicht gut sehen könne.

6 *

Er hielt daher inne, nahm seine Brille heraus und sagte, indem er sie auf=
setzte: „Ich habe bisher wohl gewußt, daß meine Haare im Dienste des
Vaterlandes grau geworden sind, jetzt merke ich, daß auch meine Augen an=
fangen schwach zu werden." In diesen einfachen Worten lag etwas so Un=
gezwungenes und Natürliches, daß sie, nach dem Berichte eines Augenzeugen,
zum Herzen drangen und mächtiger wirkten, als eine lange Rede. Auch ge=
lang es in der That seinem taktvollen Einschreiten, seiner imponirenden
Würde und Ruhe, daß der Kongreß seinen Waffengefährten eine angemessene
Abfindungssumme gewährte. Dadurch ward verhindert, daß es zum offenen
Aufstande und zu neuem Blutvergießen kam, denn die Lage der Offiziere
war wirklich eine verzweifelte und ihre Behandlung eine höchst ungerechte.

Aber ein anderer Sturm, ein Sturm der Gefühle der Liebe und An=
hänglichkeit erhob sich, als er selbst sich anschickte, an den häuslichen Herd
zurückzukehren und nun Abschied nahm von den höhern Offizieren und
vielen befreundeten Männern der Armee. Da blieb kaum ein Auge trocken.

Schon am 18. Oktober 1783 hatte er schriftlich sich vom Heere verab=
schiedet, einige Wochen später fand zu New=York jene ergreifende Scene
statt, auf die wir soeben hindeuteten. Washington war zur Abreise gerüstet
und, umringt von langjährigen Kampfgenossen, sprach er, das Glas zum
Abschiedstrunke leerend: „Ich kann nicht wohl einem Jeden von euch einzeln
Lebewohl sagen, aber es wird mich freuen, wenn ihr zu mir kommen und
mir noch einmal die Hand drücken wollt." Da nahete sich zuerst Knox,
einer seiner Unterfeldherren, dann der edle Kosciuszko, dem Washington
einen einfachen Goldreif zum Andenken gegeben, und viele Andere und um=
armten den hochverehrten Feldherrn. Seinen jugendlichen Freund Lafayette
schloß er im nächstfolgenden Jahr schmerzlich ergriffen in seine Arme.
Mit stummem Gruß und tief gerührt schritt er damals an den ver=
sammelten Genossen vieler bitterer Tage und ehrenvoller Augenblicke vor=
über, den Reihen des Heeres entlang nach dem Ufer zu, wo das Boot sei=
ner harrte, von welchem aus er noch einmal grüßend seinen Hut schwenkte.
Da ist manches starke Kriegerherz vor innerer Bewegung erzittert. Die
Trennungsstunde hatte einen solchen unauslöschlichen Eindruck auf die Ge=
müther der Anwesenden gemacht, daß man beschloß, zum ewigen Gedächtniß
einen, nach dem edlen Römer Cincinnatus genannten Orden, zu stiften,
dessen Großmeister Washington sein sollte und dessen Mitglieder sich von
Zeit zu Zeit wieder sehen und einen Fond zur Unterstützung verarmter
Brüder und deren Hinterlassenen errichten wollten.

Von New=York begab sich Washington nach Annapolis, dem Sitze des
Kongresses, wo er am 23. Dezember 1783 sein Kommando niederlegte, nach=
dem er kurz vorher eine genau spezifizirte Rechnung über seine persönlichen
Auslagen während des ganzen Krieges eingeliefert hatte.

Werfen wir noch einen Rückblick auf Washington's Leistungen innerhalb der acht Jahre, während deren er seinem Vaterlande oft Alles in Allem war, so erscheint uns der edle Virginier wahrhaft bewundernswerth als Feldherr und Kriegsmann. Tapfer wie Bayard und Frundsberg, durch kein Mißgeschick niederzubeugen, fand er gegenüber der trostlosesten Lage seines Vaterlandes und einer nie vollzähligen, meist zersplitterten Armee, auf welche sich kaum jemals mit Zuversicht rechnen ließ, stets in seinem reichen Geiste neue Hülfs= mittel, um sich dem Feinde gegenüber zu behaupten. Wenn er mit Fabius Cunctator verglichen wird, so ist nicht zu übersehen, daß sein Zaudern kein ängstliches und übertriebenes war. Er war nur kein unüberlegter Wage= hals. Wenn ihm der Zustand seiner Armee, wenn ihm die Zerwürfnisse im Kongresse Vorsicht und Geduld zur Pflicht machten und er sich darin auch nicht durch die giftigsten Angriffe seiner Neider und Feinde, sowie durch den här= testen Tadel der ungeduldigen und unvernünftigen Menge beirren ließ, so wußte er doch immer wieder eine günstige Gelegenheit zu erhaschen, um mit seinen meist schwachen Streitkräften dem Feinde harte Schläge beizubringen.

Washington muthete den Kolonien bei der Führung eines mehr als achtjährigen schonungslosen Kampfes seinetwegen keine Opfer zu: er hat während des Freiheitskampfes nur die unbedeutende Summe von 16,680 Pfd. Sterling = 116,700 Thlr. aus öffentlichen Mitteln bezogen. Für sich selbst hat er nie eine Besoldung beansprucht, und als der Kongreß ihm dankbar jede Forderung im Voraus gewährt hatte, begnügte er sich, einige arme Offiziere, die unter ihm mit Auszeichnung gedient hatten, der Nation zu empfehlen. Wenn er auch nicht immer äußerste Rücksichtsnahme gegen die ihm von den Einzelstaaten aufgedrungenen, nicht selten ganz unfähigen Offiziere obwalten ließ, so zeigte er doch wahrhaft rührende Zartheit des Gefühls verdienten Waffengefährten und deren bedrängten Angehörigen gegenüber. Die Diktatur, welche Washington vom Kongresse übertragen wurde, hat der Held nie ausgenutzt, obwol diese Berechtigung es in sich schloß, durch Kontributionen die Kriegsbedürfnisse aufbringen zu dürfen.

Auch zu Mont=Vernon nahm der Edle ununterbrochen den regsten An= theil an der Gestaltung des neuen Staatswesens eines nunmehr für selbst= ständig und mündig erklärten Volks. Alles Gute mit Rath und That för= dernd, entwarf er zu dieser Zeit den Plan zu einer Verbindung der Haupt= seen und des Potomak und James=River Nordamerika's; er half Schulen gründen und hielt fortwährend sein scharfes und klares Auge auf Hebung der Volksbildung und Volkswohlfahrt gerichtet; daneben versäumte er nicht, zweckmäßige Verbesserungen auf seinen Gütern vorzunehmen und weite Strecken urbar machen zu lassen.

Und Letzteres war wohl nöthig, denn da er nur die Vergütung seiner Auslagen während des langen Streites vom Staate annahm, so hatten sich ſeine eignen Angelegenheiten nicht gerade verbeſſert. Doch fand er den höchſten Genuß in Hingabe an ein thätiges, der Bodenbeſtellung gewidmetes Leben. In ſeiner Zurückgezogenheit dachte er nur daran, „friedlich den Strom des Lebens hinabzuſchiffen, bis er bei ſeinen Vätern ruhe." Dies war in der That ſein Lieblingswunſch. Aber noch einmal ſollte er dieſem friedlichen Daſein entriſſen und wieder in den Vordergrund des öffentlichen Lebens gedrängt werden, nachdem er in ſeiner Zurückgezogenheit vier glück= liche, ruhige und thätige Jahre verbracht. Denn als in Frankreich ſich Dinge vorbereiteten, welche die ganze Welt mit Angſt und Sorge erfüllten, mußte auch der junge Nordamerikaniſche Staatenbund daran denken, eine größere innere Einheit zu ſchaffen.

10. Waſhington, erſter Präſident der Vereinigten Staaten.

Die Herſtellung einer angemeſſenen Verbindung unter den einzelnen Staaten, eine kräftige, jedoch die Freiheit im Innern nicht beſchränkende Geſammtregierung: dies war auch Waſhington's ſehnlichſter Wunſch. In einer berathenden Verſammlung, der er ſelbſt beiwohnte, ward eine Ver= faſſung vereinbart, welche am 17. September 1787 von neun Staaten an= genommen ward. Als es ſich darum handelte, für ſämmtliche Staaten Einen Mann als Oberhaupt an die Spitze des Staatenbundes zu berufen, und daß dieſer Mann in ſich ausreichende Kraft und Beharrlichkeit mit der nöthigen Klarheit, Klugheit, Vorſicht, Unbeſtechlichkeit und Weisheit ver= einige: da war nur ein Name in Aller Munde. Nur einen Einzigen gab es, den alle die Eigenſchaften zierten und welchen man dieſer hohen Stellung für würdig hielt, und ſo wählte man denn im Februar 1789 einſtimmig — Waſhington.

Er nahm die Berufung an. Mit welchen Gefühlen er es aber that, hat er in ſeinem Tagebuche ausgeſprochen. Es heißt darin unter dem 16. April 1789:

„Heute um zehn Uhr habe ich Mount=Vernon, dem Privatleben, dem häuslichen Glücke Lebewohl geſagt. Das Herz überwältigt von ſchmerz= licheren Gefühlen, als ich es auszudrücken vermag, bin ich nach New=York gereiſt; entſchloſſen, meinem Lande zu dienen, indem ich ſeiner Aufforderung gehorche, aber mit geringen Hoffnungen, ſeinen Erwartungen zu entſprechen."

War Waſhington, als er den Kommandoſtab niedergelegt, wie ein Cincinnatus wieder zum Pfluge zurückgekehrt, ſo übernahm er, ein zweiter Timoleon, nun die Führung des neuen Staatenbundes aus einem Gebote der Pflicht.

Wafhington, bie Bunbeshauptftabt, unb bas Rapitol bafelbft.

Bewegten Herzens nahm er von seiner lieben Martha, seiner Ehe=
genossin, von den Geländen des Potomaks mit seinen Weinstöcken und
Feigenbäumen Abschied. Auf seinem ganzen Wege kam ihm das über seine
Wahl hocherfreute Volk jubelnd und glückwünschend entgegen, überall stiegen
für ihn Gebete zum Himmel empor, daß Gott sein Wirken segne. Eine fest=
lich geschmückte Barke führte ihn in New=York ein, eine ungeheure Menschen=
menge geleitete ihn an das Ufer. Am 30. April leistete er den feierlichen
Eid als Präsident. Unter ihm standen im Amte: als zweiter Präsident
John Adams, als Staatssekretär fürs Auswärtige Thomas Jefferson, als
Finanzminister Alexander Hamilton, als Leiter des Kriegswesens Knox.

Die erste Aufgabe der neuen Centralregierung bestand darin, einen
genauen Ueberblick über die Verwaltungsangelegenheiten zu erlangen.
Aus allen einzelnen Staaten ließ sich Washington daher die genauesten Be=
richte darüber einsenden, und alle studirte er mit der möglichsten Sorgfalt.

Sehr bald wurden die guten Früchte seines segensreichen Wirkens
sichtbar. Der Staatshaushalt ward geordnet, die Masse des umlaufenden
Papiergeldes beschränkt und fundirt, der Handel gehoben, der Kredit wieder
hergestellt, der Ackerbau gefördert, die Volksbildung berücksichtigt, und immer
mehr zog in die Gemüther der Staatsbürger das Gefühl erhöhter Sicher=
heit ein. Regierer und Regierte gingen in allen Hauptfragen einmüthig
Hand in Hand.

So wurden denn Washington's bange Befürchtungen und Zweifel ge=
hoben, und alles Volk pries ihn laut als den Befreier und Beglücker seines
Vaterlandes, ohne den sich der junge Bundesstaat nicht gehalten, geschweige
denn befestigt und zu Dem entwickelt hätte, was er durch Washington's Ver=
waltung wurde. Er erfuhr dies ganz besonders, als er in der Absicht, die
Bedürfnisse des Landes möglichst zu erforschen, drei Reisen durch die ein=
zelnen Staaten unternahm. Ueberall empfing man ihn mit den unzweideu=
tigsten Zeichen der Liebe, überall erkannte man seine Wirksamkeit für das
Heil des Gesammtstaates dankbaren Herzens an. Es erfüllte seine Brust mit
gerechter Freude und er schreibt darüber: „Ich bin glücklich, diese Reise ge=
macht zu haben. Das Land scheint in großem Fortschritt begriffen, die Ar=
beit und ihr Segen nehmen zu und die einfachen Sitten nicht ab. Im Volke
herrscht heilsame Befriedigung, in Verbindung mit einer der Gesammtregie=
rung wohlwollenden Stimmung. Der Landmann findet für seine Erzeug=
nisse einen leichten Absatz, der Kaufmann rechnet mit größerer Sicherheit
auf Bezahlung. Die Erfahrung jedes Tages scheint die Regierung der Ver=
einigten Staaten zu befestigen und sie immer populärer zu machen. Der
pünktliche Gehorsam gegen die von ihr gegebenen Gesetze beweist augen=
scheinlich das Vertrauen der Bürger zu ihren Vertretern und zu den red=
lichen Absichten der Männer, welche die Geschäfte verwalten."

Doch trübten sich schon während der ersten vier Jahre die guten Be=
ziehungen zu Frankreich, da Washington darauf drang, sich in den neu aus=
gebrochenen Streit zwischen England und der Französischen Republik nicht
einzumischen. Auch die Streitigkeiten mit den Indianern nahmen, geschürt
von England, einen üblen Verlauf und fanden Stillstand erst nach lang=
jährigen blutigen Kämpfen.

Nach Ablauf der ersten vier Jahre wurde Washington zum zweiten
Male auf abermals vier Jahre zum Präsidenten gewählt. Die Zerrüttung
Frankreichs, heraufbeschworen durch die Greuel der Revolution, übte auch
auf Amerika's seither so glückliche Entfaltung einen störenden Einfluß. Es
konnte nicht ausbleiben, daß auch hier verschiedene Parteien sich entschie=
dener geltend machten und ihr Haupt erhoben. Gleich ihren Meinungs=
genossen in der Alten Welt, ergossen sie ihren Unwillen laut über Jeden,
der nicht ihren Grundsätzen huldigte.

Die eingeführte verhaßte Steuer auf Branntwein hatte viel Mißver=
gnügen erregt, und als sich im Westen die Uebelgesinnten zusammenrotteten,
mußte Washington 1200 Mann unter Lee gegen dieselben marschiren
lassen. Der Handelsvertrag mit England, wiewol sich derselbe fürs große
Ganze überaus nützlich erwies, fand bei Denjenigen Widerspruch, welche
glaubten, sich ohne ihn besser befunden zu haben. Die kluge und entgegen=
kommende Haltung des Präsidenten England gegenüber ward als Schwäche
oder Parteilichkeit verschrieen: — kurz Washington mußte seine ganze
Festigkeit aufwenden, um allen Anfechtungen gegenüber sich die Ruhe seines
Geistes zu wahren und das Staatsruder nicht von leidenschaftlichen Partei=
führern sich entreißen zu lassen. Vornehmlich galt es, alle erdenkbaren Mittel
in Anwendung zu bringen, um, gleich entschieden wie besonnen, namentlich
den französischen Umtrieben entgegen zu treten und den beiden alten Wider=
sachern England und Frankreich gegenüber die Neutralität der Ver=
einigten Staaten aufrecht zu erhalten. Würdevoll ertrug der Präsident
während dieser peinlichen Zeit die schmerzlichen Angriffe, die seine Gegner
oder die Maßlosigkeit der freien Presse sich gegen ihn erlaubten. Indessen
die echten und besonnenen Vaterlandsfreunde hielten während dieser Prü=
fungstage getreulich bei ihm aus und drangen in ihn, daß er die Präsidenten=
wahl auch zum dritten Male wieder annehmen möge. Dazu war er in=
dessen nicht zu bewegen. John Adams ward sein Nachfolger. Washington
legte in einer herrlichen Ansprache an die Nation im März 1797 sein Amt
für immer nieder und zog sich abermals auf seinen geliebten Landsitz zurück.

Ehrendenkmal zur Erinnerung an den Unabhängigkeitskampf der Nordamerikanischen Freistaaten.

11. Letzte Lebensjahre.

Hier in Mount-Vernon empfing der amerikanische Cincinnatus im demselben Jahre 1797 mehrere bemerkenswerthe edle Gäste: Louis Philipp von
Orleans und dessen Brüder, Söhne des hingerichteten Egalité, die durch
Wald und Hügel des Susquehannah ihr Gepäck selber trugen, hatten sich
nach Amerika gewendet. Für sie entwarf nun Washington einen Reiseplan.

Mit einem Gefühl von Freude und Trauer empfing der Begründer
der Union einen anderen lieben Besuch. Eines Tages stürzte ein kräftiger
sonnenverbrannter Mann in Washington's Arme unter dem Ausrufe:
„Mein theurer Vater, kennen Sie Ihren Sohn nicht wieder?“ — Ein alter

Waffengefährte, der edle Kosciuszko war's, kürzlich erst aus russischer Gefangen= schaft entlassen. — Welch ein ergreifendes Wiedersehen! Hier zwei Staats= männer, Feldherren und Nationalhelden; Beide am Ende ihrer politischen Laufbahn. Der Eine hatte sein Vaterland errettet, den ihm anvertrauten Posten glänzend ausgefüllt und einen neuen Staatenbund hoch aufgerichtet; der Andere, den letzten Versuch zur Rettung seines Vaterlandes wagend, unterlag hierbei, und in dem ihm in den Mund gelegten Ausrufe: „Finis Poloniae!" spricht sich das ganze grausame Schicksal seines Geburtslandes aus. Der edle Pole fand den amerikanischen Patrioten umgeben von dem segens= reichen Erfolge preiswürdiger Anstrengungen, im Hochgefühle, der erste Bür= ger eines großen Zukunftslandes zu sein; — er selbst, gebrochenen Herzens, ohne Vaterland, war aller Hoffnungen bar, heimatlos, unglücklich.

Washington's Tage waren gezählt; er genoß die wohlverdiente Ruhe nur noch dritthalb Jahre. Infolge einer Erkältung starb er am 14. De= zember 1799 in einem Alter von 68 Jahren mit inniger Ergebung in Gott. „Ich sterbe, doch ich fürchte den Tod nicht!" waren seine letzten Worte. Seine treue Gattin, die neben seinem Bette saß, fragte die Umstehenden: „Ist er verschieden?", und als man dies bejahte, sagte sie: „Es ist gut, daß Alles vorüber ist; ich werde ihm bald folgen und habe nun keine Prüfungen mehr durchzuleben." Sie hatte in glücklichen und schweren Tagen mit treuester Hingebung ihrem edlen Ehegemahl liebevoll zur Seite gestanden, überlebte ihn aber doch noch — dreißig Jahre.

In seinem Testamente schenkte Washington seinen vierhundert Sklaven die Freiheit; bedeutende Summen bestimmte er zur Gründung einer Uni= versität in Columbia, wo die Kongreßstadt Washington entstand, sowie zu einer Freischule für die Kinder armer Eltern.

Man kann sagen, dem Sarge dieses Edlen folgte eine ganze Nation. Aus Nah und Fern eilten Freunde und Verehrer herbei, um dem uneigen= nützigsten und hochherzigsten aller Vaterlandsfreunde die letzte Ehre zu er= weisen. Seine Mitbürger trauerten um ihn, wie um den ihm voraus= gegangenen tugendhaften Franklin, einen vollen Monat, und selbst Frankreich ehrte seinen Hingang durch eine allgemeine dreißigtägige Landestrauer.

Die Erinnerung an Das, was George Washington vollbracht, wird weder in der Neuen noch in der Alten Welt jemals verlöschen; seiner unsterb= lichen Verdienste wird überall und immer gedacht werden, wo man über= haupt das Andenken an große und edle Menschen in Ehren hält. Fort und fort lebt in der Brust jeglichen Bürgers der Vereinigten Staaten von Nord= amerika die höchste Verehrung für den ersten Präsidenten.

In George Washington vereinigte sich Alles, was den Charakter des Anglo=Amerikaners zur Größe, zu schöner Menschlichkeit sowie zum Helden= thum hinzuleiten vermag. Der Gründer der Unabhängigkeit des britischen

Amerika war der Mann sowol der That wie des Gedankens; sein Charakter und reines selbstloses Streben vermag den Vergleich mit den edelsten Heroen des klassischen Alterthums auszuhalten.

Die Einfachheit des Denkens und Handelns, sowie die Sittenstrenge der Pilgerväter findet sich auch in Washington's Wesen vor. Neben diesen Tugenden des Angelsachsen kamen aber jenem hochbegabten Sohne Virginiens angeborene Eigenthümlichkeiten, feuriges Temparament, wundervolle Einbildungskraft, ganz besondere Schärfe der Auffassung zu Statten.

„Washington's Leben," sagt Schlosser, „und somit die Rettung seines Vaterlandes aus den größten Gefahren, muß als ein Triumph der Tugend betrachtet werden. Und wenn so oft das Verhältniß der Sittenlehre zur Staatsklugheit erörtert und so gern dabei die erstere in den Hintergrund gedrängt wird, so möge man doch dieses mächtige Beispiel ins Auge fassen." Und Friedrich Kapp bemerkt treffend: Washington „liefert den glänzendsten Beweis dafür, wie viel ein nicht übermäßig begabter Mann zum Heile eines Volkes und der Menschheit leisten kann, wenn er seine Kräfte auf einen Punkt konzentrirt und den ernsten Willen hat, sich nützlich zu machen."

Washington wird in der Union ein wahrhafter Kultus gewidmet. In der That hat er für sein Vaterland Alles gethan, dessen ein so großartiger Mensch fähig war — außer, daß Washington für die Union nicht als Märtyrer sein Leben opferte. Aber er hat ihr den besten Theil seines Lebens gewidmet. Als Patriot von reinster Uneigennützigkeit und über allen Parteigeist erhaben, weder Vorurtheilen und noch weniger der Schmeichelei zugänglich, als Feldherr vor keiner Schwierigkeit zurückschreckend, besaß und entwickelte er als Staatsmann eine unerschütterliche Festigkeit, ohne dabei jemals die edle Mäßigung und Milde zu verleugnen, die stets aus einer echten Humanität entspringt. — Für seine alte Mutter war er nicht der gepriesene Befreier des Vaterlandes, der Held, der Staatsmann, in dessen Größe schon seine Zeitgenossen den unverkennbaren Stempel der Unsterblichkeit erblickten — er war der redliche treuherzige George, — und als ihm, dem Präsidenten der Union, die ehrwürdige Matrone die von ihr selbst gestrickten seidenen Strümpfe einpackte, da saß Washington mit Thränen der Dankbarkeit da und sah der mütterlich sorgenden Hand zu, als wäre er noch der unscheinbare Feldmesser, welcher seine Reise zur Ausmessung neuer Siedlergebiete antreten wollte.

Es ist in diesen bezeichnenden Zügen eine große Aehnlichkeit zwischen George Washington und Abraham Lincoln ausgedrückt.

Washington's Staatsschriften sind nicht übertroffen, was Weisheit, Aufrichtigkeit und heiße Liebe für Freiheit, Vaterland und Humanität betrifft. Der klare, tiefe Verstand, der aus ihnen hervorleuchtet, entzückt den

Hochgebildeten, während die Weiſe der Behandlung die darzuſtellenden Gegenſtände ſelbſt der kindlichen Faſſungskraft des Volkes nahe rückt. Waſhington's Rücktritt aus dem Staatsleben iſt von ergreifender Schönheit. Tief gerührt wies er die dritte Erwählung zum Präſidenten von ſich, indem er ſagte: „die Wohlfahrt und das Gedeihen eines Volkes iſt weniger von der Wirkſamkeit einzelner Männer, als davon abhängig, daß die Grundſätze der Tugend und Freiheit von allen Bürgern gefördert werden."

Sein Teſtament an Amerika's freie Bürger — ſein Abſchiedsſchreiben — klar gedacht und tief empfunden, bildet mit der Grundverfaſſung der Union gleichſam ein Ganzes und iſt kaum jemals von einer Staatsſchrift übertroffen worden.

Kein amerikaniſcher Staatsmann hat die Geſetze gewiſſenhafter beob= achtet, als Waſhington, und nur Abraham Lincoln ſteht mit ihm in dieſer Hinſicht Schulter an Schulter. Keinem Präſidenten ward je ſo viele Macht in die Hand gelegt, als Waſhington und Lincoln — dem Vater George und dem Vater Abe—; die Verhältniſſe, unter denen dieſe Männer wirkten, überragen alle anderen äußeren und inneren Entwicklungsſtufen in der Union aufs Entſchiedenſte, und niemals walteten größere Zerwürfniſſe ob, die das Staatsoberhaupt zu willkürlichem Handeln gewiſſermaßen heraus= forderten, als unter der Geſchäftsführung jener beiden Männer. Sie konnten faſt keinen Schritt thun, ohne in der Gefahr zu ſchweben, das Geſetz und die Verfaſſung zu verletzen, was durch den Drang der Umſtände nicht allein entſchuldigt, ſondern faſt geboten geweſen wäre. In Waſhington kam allerdings mehr der Soldat, das Weſen des engliſchen Gentleman, zur Gel= tung, während der große Märtyrer für die Erhaltung der Union, Lincoln, in jedem Zuge den naturwüchſigen Bürger nicht verleugnen konnte.

Schon bei ſeinem Zurücktreten vom Oberkommando dekretirte der Kon= greß dem Nationalhelden eine Reiterſtatue, die nachmals von Houdon mo= dellirt und vor dem Kapitol zu Waſhington aufgeſtellt wurde.

Im Jahre 1830 ließ der Kongreß die Gebeine des Helden, welche in einem einfachen Grabe im Garten zu Mount=Vernon ruhten, nach der Bundeshauptſtadt bringen und in dem dort errichteten Monumente beiſetzen. Außerdem weihte man dem Allverehrten Statuen in Raleigh, in Boſton, in Baltimore und anderen Orten. Das künſtleriſch ſchönſte Werk bleibt jedoch das gedachte großartige Nationaldenkmal, welches unſtreitig zu den bedeu= tendſten Monumenten zählt, die überhaupt exiſtiren.

Ein noch größeres Denkmal unſeres Helden bildet die 1790 gegründete, heute 60,000 Einwohner zählende Bundeshauptſtadt der Vereinigten Staaten, die nach ſeinem Namen Waſhington heißt. Außerdem ſind zu ſeinen Lebzeiten ſchon 17 andere Orte nach ihm benannt worden. Auf einem Hügel erhebt ſich dort der im griechiſchen Stile ausgeführte Nationalpalaſt, das

Kapitol, welches die großen Säle für die Senatoren und die Repräsentanten der Nation nebst Bibliotheksräumen enthält.

So wie der gefeierte Washington die eigentliche Triebfeder war, welche die schwankenden, oft aus einander gehenden Interessen des neuen Freistaates zu einem Ganzen vereinigte, wie er als erster Präsident mit mächtigem Geiste dem jungen Staatenverbande Kraft und Zusammenhalt sicherte und den Grund zu dessen kräftigem Gedeihen legte, so bildet die nach ihm genannte Stadt den Mittelpunkt, in welchem die Regierungsangelegenheiten der Vereinigten Staaten zusammenlaufen; so ist noch heute die Berufung jedes neuen Abgeordneten nach Washington zugleich eine Mahnung, den Helden gleichen Namens bei jeglicher politischer Wirksamkeit zum Vorbild zu nehmen.

Den betrübenden Wirren der jüngsten Zeit, wie dem entsetzlichen Bürgerkrieg, welcher die weiten Gebiete des Nordamerikanischen Staatenverbandes jahrelang verheerte, hätte selbst die Weisheit eines George Washington nicht vorbeugen können. Indeß haben seine hohen Tugenden auch dem trefflichen Abraham Lincoln auf seinem schwierigen Lebenspfade vorgeleuchtet; auch dieser Edle hat die Mäßigung und den hohen Sinn des ersten Präsidenten bewährt. Hoffen wir, daß in den Nachkommen der Gründer der großen transatlantischen Republik dieselben preiswürdigen Eigenschaften lebendig bleiben, welche als Leitsterne einem Washington, Franklin und Lincoln vorschwebten.

Mount-Vernon, George Washington's Wohnsitz.

Benjamin Franklin,
freier Bürger Stolz und Vorbild.

Geb. 1706, geft. 1790.

· · · ·

Es wirkt mit Macht der edle Mann
Jahrhunderte auf Seinesgleichen.
Die gute That, das schöne Wort,
Es strebt unsterblich, wie er sterblich, fort.
Goethe.

Es ist ein außerordentlich anziehendes und lehrreiches Lebensbild, das sich hier vor den Augen unserer Leser entrollt, wenn wir dem zweiten der edlen Bürger Amerika's näher treten. Wer hätte wol den Namen jenes ausgezeichneten Mannes noch nicht vernommen, der aus niederem Stande hervorgegangen, doch zu den höchsten Ehrenämtern im Staate, zu den seltensten Leistungen im Reiche der Wissenschaft berufen war! Anfangs Gehülfe und dann Besitzer einer Buchdruckerei, später Herausgeber einer Zeitschrift, ging er als Bevollmächtigter seines Vaterlandes nach Paris, um in dem heißentbrannten Kampfe gegen England zu Gunsten seines Landes ein

Bündniß mit Frankreich zu vermitteln. Fünf Jahre später gehörte er zu Denen, welche die Unabhängigkeit der Vereinigten Staaten gefördert und denselben zum Frieden verholfen hatten; schließlich gelangte er als Gouverneur von Pennsylvanien zu einem segensreichen Wirkungskreis für die edelste Thätigkeit. Ein unsterbliches Verdienst hat er sich erworben durch Erfindung des Blitzableiters, durch eifrige Förderung der Volksbildung und durch Gründung einer Reihe gemeinnütziger Anstalten. Wie ihm aber alle seine großen Leistungen durch unermüdliche Arbeitskraft gelungen, wie sie von ihm durch wahre Menschenliebe und rastlose Thätigkeit gefördert worden sind, davon sollen die nachfolgenden Blätter ein Weiteres berichten.

1. Kinder= und Lehrjahre.

Es war im Januar 1706, als in einem der wenig ansehnlichen Häuser auf der Gouverneurs=Insel zu Boston sich wiederum der ohnehin schon reiche Kindersegen vermehrt hatte. „Ach," sprach der wenig bemittelte Inhaber des Anwesens, „zu dreizehn Kindern das vierzehnte noch, das wird neue Noth geben, dieser Menge kleiner Fresser die Mäuler zu stopfen. Indessen viel Kinder, viel Segen!..." Die Bedenken hatten nichts auf sich, denn der Selbstredner fügte dem letzten Trostgrunde rasch hinzu: „Und wenn der Bube erst essen, laufen und, so Gott will, lesen und schreiben gelernt hat, mag er gleich den anderen sehen, wie er in der Welt fortkommt. Die Erstangekommenen sind nicht zu Grunde gegangen, der jüngste Franklin wird ja wol auch sein Leben fristen!" —

Der Mann, der also sprach und dachte, hieß Josef Franklin und war seines Zeichens damals noch ein ehrsamer Färber. Er hatte solchen gesunden Verstand und so viel gutes Zutrauen zu sich, daß er den Kopf nicht leicht hängen ließ, wenn schon bei ihm die Sorgen beim Morgenimbiß begannen und des Abends beim Zurruhegehen noch nicht überwunden waren. Meister Josef gehörte zu den Erdenbürgern, welche trotz aller Verständigkeit und allem Fleiße doch nicht so recht in die Höhe kommen. Und doch verstand er Manches und übte es auch, was man nicht bei Jedem suchen darf, wie z. B. Zeichnen und Musik, selbst in der Mechanik war er gerade nicht unerfahren. Infolge seiner Klugheit im gewöhnlichen Leben wie in öffentlichen Geschäften genoß der Färber bei seinen Mitbürgern Achtung und Vertrauen. Es erschienen nicht selten sogar die Vorsteher der Gemeinde in dem unansehnlichen Hause, um sich von dessen erfahrenem Besitzer in Angelegenheiten der Stadt oder des Kirchensprengels Raths zu erholen, ein besseres Licht anzünden zu lassen. Auch Nachbarn und Freunden ließ er hinfüro in höherem Maße noch sein Licht leuchten, als er seiner bisherigen Beschäf=

tigung entsagte und, dem Zuge seines Wesens folgend, Lichterzieher ward. Bei kerzenheller Beleuchtung der Für und Wider konnten sich von nun an die Freunde um so unbefangener dem Schiedsspruche des verständigen Mannes unterwerfen.

„Der Benjamin muß dereinst als helles Kirchenlicht leuchten, zu seinem eigenen Besten und zum Frommen Anderer," sprach der Seifensieder und Lichterzieher mit einer gewissen Befriedigung, als er sah, wie vielversprechend sich in der Reihe seiner bald siebzehn Kinder starken Familie das vierzehnte entwickelte. Zunächst mußte der Knabe dem Vater bei seinen Geschäften an die Hand gehen, und weil es rathsam, mit allen guten Dingen, vornehmlich mit dem Lernen, zeitig einen Anfang zu machen, so ward der zukünftige Pre= diger vor Allem in die lateinische Schule geschickt. Benjamin machte auch ganz leibliche Fortschritte, aber weniger Fortschritte machten des Vaters Geschäfte. Josef Franklin fand gar bald, daß schon das Lateinlernen seines Buben sehr viel Geld koste, und so mochte er es gar nicht aufs Griechische ankommen lassen, noch viel weniger bis zum Hebräischen: kurz, der Vater brachte den Knaben außer Verbindung mit den großen Leuchten am Himmel des klassischen Alterthums und in um so nähere Beziehungen zu der Licht= erzeugung seines Hauses. Benjamin schnitt Dochte zu, goß Formen aus und hütete nebenbei noch den Laden. Da blieb freilich nicht viel Zeit übrig zum Lesen und Lernen. Doch was in einer einfachen Schreib= und Rechenschule zu erwerben war, das eignete sich der talentvolle Knabe unterdessen an. Wie viel lieber nun auch unser junger Freund las und studirte — so bot sich doch dazu freilich wenig Gelegenheit; aber immer gründlichere Abneigung empfand er in Hinblick auf die täglichen Beschäftigungen unter Leitung des Vaters. Sein Wunsch war vielmehr auf irgend ein anderes Geschäft ge= richtet, am liebsten hätte er zur See gehen mögen. In jenem Alter führte ihn nun der Vater in die Werkstätten verschiedener Handwerker und brachte ihn dann, weil der junge Benjamin immer leidenschaftlicher das Lesen be= trieb, zu seinem älteren Sohne, einem Buchdrucker in Boston, in die Lehre. „Hier magst Du lesen, so viel Du kannst, zu Hause schadet das zu viel," sagte der Seifensieder. Benjamin grämte sich über die Berufswahl nicht und ließ sich angelegen sein, dem viel älteren Bruder ein brauchbarer Gehülfe zu werden. Zu lesen gab es nun hinlänglich, aber diese Art von Lesen genügte dem höherstrebenden Knaben keineswegs; dazu gingen ihm selbst eine Menge wirrer Bilder im Kopfe herum, und da er mit diesen Phantasien gern ins Reine kommen mochte — so legte er sich aufs Dichten. „Das fehlte noch, daß Du unter die Poeten gingst, bist ohnehin schon Träumer genug," sagte der brüderliche Prinzipal zu seinem Zöglinge. Dennoch verhinderte er die poetischen Versuche Benjamin's nicht, weil er hoffte daraus Gewinn zu ziehen.

Eines Tages versuchte Benjamin sogar die Dichtung zweier Balladen: eine auf den Untergang eines Schiffes, wobei ein Seekapitän mit seiner Tochter umkommt, die andere auf einen Seeräuber, der gerade in jener Zeit ergriffen und bestraft wurde. Der Bruder druckte die Lieder und der Verfasser bot sie eigenhändig in der Stadt feil. Das erstgenannte Produkt über den grausigen Schiffbruch wurde in kürzester Frist abgesetzt, über das Schicksal des zweiten schweigt die Geschichte. Anders dachte der nüchterne Vater über dergleichen „Geistesverrenkungen". Er trat der dichterischen Liebhaberei seines Sohnes entschieden entgegen; wies dem jungen Poeten eine Anzahl arger Fehler und Geschmacklosigkeiten in seinen Versen nach und tadelte einen solchen Erwerb, bei welchem auf die Dauer nichts herauskäme, da die meisten Dichter doch nur „Bettler und Hungerleider" blieben. Auch ein wegen Vervollkommnung im schriftlichen Verkehr mit einem Jugendfreund gepflegter Briefwechsel seines Sohnes fand des gestrengen Vaters ungetheilten Beifall nicht. Derselbe entschied dahin, daß sein Benjamin zwar in Bezug auf Rechtschreibung und Interpunktion seinem Konkurrenten überlegen sei, daß dieser jedoch mit weit mehr Plan, Klarheit und Geschmack schreibe.

Besser geriethen unserem jungen Freunde andere schriftstellerische Versuche in Prosa. Er hatte sich nämlich einen Band des „Zuschauer", einer damals sehr gelesenen Zeitschrift, gekauft und studirte nun darin mit großem Eifer und noch mehr Nutzen und Vergnügen. Gar zu gern hätte er sich die leichte Schreibweise, Gewandheit im Ausdruck, wie sie ihm in jenem Blatte vors Auge trat, angeeignet. Um diesen Zweck zu erreichen, übte er sich in folgender Weise. Wenn er einen Aufsatz durchgelesen hatte, so machte er einen Auszug der wichtigsten, darin vorkommenden Wörter. Nach einiger Zeit nahm er dieses Verzeichniß wieder vor und bemühte sich, mit Hülfe desselben den ganzen Inhalt des früher gelesenen Artikels wieder herzustellen. Anfangs gelangen ihm diese Versuche nur sehr unvollkommen; Fleiß und Ausdauer ließen ihn jedoch bald Fortschritte machen. Bei Vergleichung seiner Arbeiten mit den Originalen fand er, daß es ihm noch an gewandten Ausdrücken und leichten Wendungen fehle. Er glaubte daher, es wäre doch besser gewesen, wenn er seine poetischen Uebungen, die ihn zur Aufsuchung von passenden Wörtern und Formen nöthigten, fortgesetzt hätte. Nun übte er sich eine Zeit lang, die in Prosa geschriebenen Artikel in Verse umzusetzen, und solche Uebungen brachten ihn seinem Ziele wirklich näher. Als daher sein Bruder eine amerikanische Zeitung, die zweite, welche in dem Zukunftslande ans Licht der Welt trat, zu drucken unternahm, und an der Benjamin zu setzen und die er dann sogar auszutragen hatte, dachte Letzterer eines schönen Tags bei sich: „Das, was du heute gelesen und gesetzt hast, hättest du am Ende wol auch fertig gebracht!" So gerieth er auf den Gedanken, sogar einmal selbst einen Aufsatz in dieses Blatt zu liefern. Da man indessen von

einem Knaben keine Beiträge angenommen hätte, so verstellte er seine Hand=
schrift und legte Abends das Manuskript vor die Druckerei, wo es anderen
Tages gefunden, für gut befunden und darauf in das Blatt eingerückt wurde.
Die Thätigkeit des unbekannten Mitarbeiters dauerte eine Zeit lang fort;
und die Korrespondenten wie die Leser waren so zufrieden mit den Artikeln
des ungenannten Autors, daß sie geneigt waren, dieselben angesehenen Per=
sonen zuzuschreiben. „Nun brauchst du dich nicht mehr der Sache zu schä=
men", sagte Franklin zu sich selbst, und er enthüllte nunmehr die Person des
Mitarbeiters. Natürlich war alle Welt erstaunt und fing an, den kleinen
Schreibkundigen etwas mehr zu beachten. Nur der Besitzer der Buchdruckerei
selbst war unzufrieden mit der Entdeckung, denn er fürchtete, sein brüderlicher
Zögling, der schriftstellernde Lehrbursche, werde sich allerlei häusliche Arbei=
ten und die brüderliche Züchtigung, welche er ihm mitunter verabreichte, von
da an nicht mehr so leicht gefallen lassen. Auch war diese Meinung nicht
ganz unbegründet: denn die bereits nicht selten gewordenen Mißhelligkeiten
wiederholten sich seitdem, je weniger der jüngere und viel lebhaftere Bruder
dem älteren Thomas geistig überlegen und dabei dem Brotgeber sich doch
nicht nachgiebig genug erwies; einer von den ersten „Druckfehlern" seines
Lebens, wie sich Benjamin in seiner Weise später auszudrücken pflegte.
Die Brüder lebten schließlich sehr unbrüderlich mit einander, und wenn dann
der Vater, wie es zu geschehen pflegte, als Vermittler angerufen wurde, er=
hielt Benjamin fast immer Recht, wodurch wol sein Selbstgefühl gehoben,
seine Stellung dagegen nicht verbessert wurde.

Eines Tages brachte die Zeitung einen Artikel gegen die Regierung,
infolge dessen der Druckereibesitzer zu einer kurzen Freiheitsstrafe verurtheilt
und die fernere Herausgabe des Blattes ihm selbst untersagt wurde. Nun
mußte Benjamin Franklin das Unternehmen auf seinen eigenen Namen
fortführen, und dafür erhielt er seinen Kontrakt, der die Lehrzeit bis zum
21. Lebensjahre festsetzte, zurück, d. h. er wurde freigesprochen. Es geschah
jedoch hauptsächlich nur der Behörde gegenüber, welche einem Lehrburschen
natürlich das Recht zur Herausgabe einer Zeitung nicht zugestehen konnte;
im Geheimen wurde vielmehr zwischen den Brüdern der alte Vertrag er=
neuert. Als es aber wieder einmal zwischen ihnen zum Streit kam, pochte
Benjamin auf die ihm öffentlich zugestandene Freiheit und drohte, seinen
Bruder zu verlassen. Dieser hintertrieb jedoch Benjamin's Unterkommen in
anderen Druckereien und hatte diesmal den Vater auf seiner Seite.

Benjamin's Ankunft in Philadelphia.

2. Versuche, auf den eignen Beinen zu stehen.

„Ein solches Leben fortzuführen und gar nicht aus den Kinderschuhen herauszukommen, bin ich hinfüro nicht mehr im Stande. Ich laufe lieber auf und davon — ja, auf und davon!" wiederholte Benjamin, als wollte er wirklich alsobald seinen ersten Ausflug in die Welt antreten. Das geschah nun freilich nicht, aber einige Tage nachher gab es wiederum Verdrießlich= keiten, und so entschloß sich unser junger Freund, im Gefühle seines guten Rechts, sehr schnell; er verschaffte sich einen Platz auf einem Fahrzeug, das nach New=York fuhr, und entfloh dahin. Es war immerhin ein ordentlicher erster Ausflug, denn New=York liegt hundert Meilen von Boston. Ein gün= stiger Wind führte das Schiff nach drei Tagen an das Reiseziel; fast mittel= los, ohne jede Empfehlung, sah sich plötzlich der junge siebzehnjährige Mann nach einer ihm unbekannten angehenden Weltstadt versetzt. Vergeblich suchte er hier nach einem Unterkommen in einer Druckerei; es blieb ihm schließlich nichts übrig, als seine letzten Mittel an die Weiterreise nach dem 25 Mei= len weiter gelegenen Philadelphia zu wenden, wo nach den eingezogenen

Erkundigungen eher eine Stellung der gewünschten Art sich finden ließ. Die Fahrt war stürmisch und mit mancherlei Abenteuern verbunden. Als er endlich ganz durchnäßt und abgerissen in Philadelphia angekommen war, irrte er eine Zeit lang rathlos und hungrig in den Straßen umher. Dann suchte er seine letzten Geldmittel zusammen und trat an einen Bäckerladen, um sich ein Brot zu kaufen. Die überreichte Münze war jedoch für drei Brote ausreichend, und sogleich erinnerte er sich in seinem Ueberfluß an eine arme Wittwe, die mit ihm auf demselben Schiffe gewesen war. Er lief nach dem Hafen, fand sie und schenkte ihr die beiden übrigen Brote. Dann miethete er sich ein Stübchen im Hause eines gewissen Read und nahm, da die in Aussicht gehabte Stelle schon besetzt war, eine Stellung bei einem Drucker Namens Keitons an, der selbst sehr wenig von seinem Geschäfte verstand.

Ernstlich bemüht, sich in seinem Fache tüchtiger zu machen, suchte Benjamin auch fernerhin durch gute Lektüre sich eifrig weiter auszubilden. Bei fortgesetzter Sparsamkeit und Eingezogenheit verlebte er zufriedene und glückliche Tage. Sein Schwager, ein Schiffskapitän, erfuhr den Aufenthalt des Flüchtlings und gleichzeitig durch dessen wohl aus einander gesetzte Mittheilungen die Gründe, welche den jungen Menschen dazu veranlaßt hatten, dem Haus seines Bruders den Rücken zu kehren. Diese schriftlichen Auseinandersetzungen kamen einem vornehmen Manne, Sir William Keith, dem Gouverneur der Provinz, zur Hand. Die so klare und einleuchtende Beweisführung machte einen solchen Eindruck auf Ebengenannten, daß er begierig ward, den jungen Briefschreiber kennen zu lernen. So sah sich denn der Jüngling eines schönen Tages durch den unerwarteten Besuch des Statthalters überrascht, welcher aus der gepflogenen Unterhaltung noch mehr das ungewöhnliche Talent des jungen Mannes erkannte. Auf den Rath dieses Herrn, sich eine eigene Druckerei in Philadelphia zu errichten, ging Benjamin bereitwillig ein und wandte sich deshalb unter dem Fürspruch seines Gönners an seinen Vater um bezügliche Unterstützung. Sehr erfreut darüber, daß sich sein Sohn durch seine Kenntnisse die Gunst eines so vornehmen Mannes erworben und auch sonsthin durch Sparsamkeit und Bescheidenheit eine leidliche Stelle erworben, verzieh der Vater wol, daß Benjamin sich heimlich aus dem Hause des Bruders entfernt, aber die erbetene Beihülfe zur Verwirklichung des beabsichtigten Unternehmens wurde mit Rücksicht auf das jugendliche Alter des Sohnes abgeschlagen. In dieser Verlegenheit bot nun der Statthalter selbst seinem Schützling entsprechende Mittel an und bewog ihn zugleich zu einer Reise nach England, damit er dort nicht nur die erforderlichen Geräthschaften billiger anschaffen, sondern auch fördersame Verbindungen anknüpfen möchte. Zugleich versprach ihm sein Gönner zweckdienliche Empfehlungsbriefe, ließ jedoch mit deren Abfassung lange auf sich warten. Nach wiederholten Erinnerungen erklärte der Statthalter endlich, daß die gewünschten Papiere dem Seekapitän übergeben seien, auf dessen Fahrzeug sich Franklin nach Europa einschiffen sollte. Beim Einlaufen in die Themse, als die Briefselleisen geöffnet wurden, stellte es sich jedoch heraus, daß in Bezug auf Franklin's Person kein Schreiben aufzufinden war, das als Empfehlungsbrief hätte gelten können. So befand sich denn unser junger Freund zum zweiten Mal in einer fremden, noch größeren Weltstadt auf eigne Kraft und Selbsthülfe angewiesen. Es gelang ihm jedoch bald, in einer bedeutenden Druckerei Londons ein Unterkommen zu finden; auch erwarb er sich nicht allein so viel, als er zum Lebensunterhalt brauchte, sondern er gelangte auch vermöge seiner schönen Kenntnisse und vorzüglichen Führung überall zu Achtung und Ansehen. Zuerst that er bei verschiedenen Pressen die üblichen Dienstleistungen. Weil er jedoch von Philadelphia her gewohnt war, die Arbeit eines Setzers und Druckers gleichzeitig zu verrichten, so glaubte er, sein Körper bedürfe mehr Bewegung, und diese bot sich bei der Presse dar. Nachdem er anderthalb Jahre in London zugebracht hatte, machte ihm ein Kaufmann Denham, den er inzwischen kennen gelernt hatte, den Vorschlag, als Buchhalter und Korrespondent mit ihm nach Amerika zu reisen und sich dort dem einträglicheren Handelsstande zuzuwenden. Franklin willigte ein und reiste mit Denham nach Philadelphia zurück, wo Beide am 11. Oktober 1726 glücklich ankamen. Hier nahm das bald eingerichtete Geschäft einen recht guten Anfang, aber es zeigte die Glücksgöttin auch diesmal ihre Unzuverläßigkeit. Denn schon nach einem halben Jahre verstarb Denham und hinterließ, als Zeichen seiner Liebe, dem Freunde ein kleines Vermächtniß. Nun stand Franklin wiederum allein. Rasch entschloß er sich zu seinem alten Berufe zurückzukehren. Von dem Buchdrucker Keitons, bei dem er früher gearbeitet hatte, wurde er gern wieder ins Geschäft genommen, zumal derselbe verpflichtet war, ohne selbst Etwas vom Geschäft zu verstehen, mehrere junge Leute in seinem Fache zu unterrichten. Nachdem jedoch Franklin in dieser Richtung seine Schuldigkeit gethan und die Lernenden hinreichend ausgebildet hatte, suchte Keitons sich seines Gehülfen zu entledigen, indem er wiederholt versuchte, dessen Gehalt zu kürzen. Ein Wortwechsel, zu welchem Franklin so gut wie gar keinen Anlaß gegeben, bot die erwünschte weitere Gelegenheit zu völligem Bruch. Ein vortheilhaftes Anerbieten aber, Papiergeld für New-York anzufertigen, bestimmte den Druckereibesitzer, sich doch wieder mit Franklin, der mehr von der Kupferdruckerei verstand als sein Herr, und außerdem Stempel und Zierrathen zu schneiden vermochte, auszusöhnen. Er meinte, alte Freunde dürften sich wegen einiger in der Hitze ausgestoßenen Worte nicht entzweien, und der leicht versöhnliche Franklin willigte wirklich ein, besorgte die Sache zu Aller Zufriedenheit und machte während der Ausführung derselben einige interessante Bekanntschaften.

Der Buchdrucker Benjamin Franklin in seiner Werkstatt.

3. Meister Benjamin Franklin, der Buchdrucker.

Eine dieser Bekanntschaften brachte unsern Benjamin seinem Ziele, auf eignen Beinen zu stehen und Herr seines Fortkommens zu werden, immer näher. Ein junger Mann im Geschäft bei Keitons, Namens Meredith, dessen sich Franklin mit besonderer Freundlichkeit angenommen hatte, bat seinen Vater, für ihn und Franklin die nöthigen Pressen und Druckerei-geräthschaften aus London zu verschreiben und vorschußweise zu bezahlen. Als Alles angelangt war, errichteten diese Beiden in einem Hause am Markt zu Philadelphia, das sie gemiethet hatten, eine eigene Druckerei. Das Geschäft gestaltete sich zum Vortheil der Unternehmer. Nach Ueberwindung von mancherlei Schwierigkeiten gelang es ihnen, das Uebelwollen von Benjamin's ehemaligem Brotherrn zu überwinden, indem sie dessen sehr herabgekommene Zeitung an sich brachten, und für diese schrieb nun Franklin Aufsätze, die mit großem Beifall aufgenommen wurden. Leider gerieth jedoch Benjamin's Geschäftsgenosse Meredith allmählig in die Gewohnheit übermäßigen Branntweingenusses. Er taugte ohnehin nicht viel für das Geschäft und hätte es vorgezogen, lieber seiner Neigung zur Landwirthschaft zu folgen. Die Druckereigeräthschaften waren nur zur Hälfte bezahlt; Franklin deckte jedoch den Rest, tilgte die Schulden seines Geschäftsfreundes, gab ihm noch Etwas heraus und war nun alleiniger Inhaber der Druckerei. Mit der Druckerei verband er bald eine Buch= und Papierhandlung und war unausgesetzt thätig, die ihm zugehenden Aufträge aufs Beste auszuführen. Dabei schämte er sich nicht, einmal einen Ballen Papier, den er gekauft hatte, auf dem Schiebkarren nach Hause zu fahren.

In dieser Zeit führte er auch die Tochter seines ehemaligen Hauswirthes Read in Philadelphia als Gattin heim und besaß an ihr eine fleißige, sparsame Hausfrau. Sie ging ihm selbst im Geschäft sorgsam an die Hand, salzte und heftete Flugschriften, versah den Laden und kaufte selbst die Lumpen für die Papiermacher ein. Unnütze Bedienung wurde nicht gehalten; der Tisch war einfach, das Hausgeräth wohlfeil. Franklin's Frühstück, das er aus einem irdenen Napf mit zinnernem Löffel verzehrte, bestand lange Zeit nur aus Brot und Milch. Eines Morgens fand er eine Porzellanschale mit einem silbernen Löffel daneben. Beides hatte seine Frau für 23 Schillinge gekauft und wußte keine andere Entschuldigung dafür, als daß ihr braver Mann doch wol so gut wie seine Nachbarn Porzellan und Silber werth wäre. Franklin lebte nach dem Spruche Salomo's, den ihm sein Vater eingeschärft hatte: „Siehst Du einen Mann, der fleißig in seinem Berufe, ein solcher soll vor Königen stehen und nicht vor gemeinen Menschen."

Einen möglichst hohen Grad sittlicher Vollkommenheit zu erreichen, war sein eifrigstes Bestreben; er wünschte, es sei ihm vergönnt, sich alle Tugenden zu eigen zu machen. Zu diesem Ende merkte er sich dreizehn gute Eigenschaften: Enthaltsamkeit, Schweigsamkeit, Ordnung, Entschlossenheit, Sparsamkeit, Betriebsamkeit, Aufrichtigkeit, Gerechtigkeit, Mäßigung, Reinlichkeit, Ruhe, Sittenreinheit, Demuth.

4. Die Kunst, tugendhaft zu werden.

Benjamin Franklin hielt es für rathsam, nicht auf die ebengedachten Vorzüge zu gleicher Zeit seine Aufmerksamkeit zu richten, sondern eine Tugend nach der andern ins Auge zu fassen, bis er alle dreizehn zu üben gelernt habe. Uebrigens glaubte er sie in obiger Reihenfolge nach ihrer Schwierigkeit geordnet zu haben. Da nun, um ans Ziel zu kommen, eine tägliche Prüfung nothwendig war, so machte er sich ein kleines Notizbuch, in welchem für jede Woche ein Blatt bestimmt war. Jede Seite war von oben durch senkrechte Striche in sieben Spalten getheilt für die sieben Tage der Woche; vorn waren von oben nach unten seine 13 Tugenden verzeichnet. Kam nun in der Woche ein Verstoß gegen eine derselben vor, so wurde ein schwarzes Kreuz dabei angemerkt. Uebrigens wurde über jede Wochentabelle der Name einer bestimmten Tugend gesetzt, auf welche in dieser Zeit Franklin besonders zu achten sich vorgenommen hatte. Er war zufrieden, wenn am Ende der Woche die Rubrik für diese Tugend leer geblieben war, mochten auch in den anderen hin und wieder einige Kreuzchen vermerkt stehen. Die nächste Woche kam eine andere Tugend an die Reihe, und so im Jahre jede der dreizehn vier Mal. Indem Franklin dieses Verfahren eine Zeit lang fortsetzte, bemerkte er zu seinem großen Erstaunen viel mehr Fehler an sich, als er ursprünglich gedacht hatte; doch tröstete ihn nach kurzer Zeit schon eine sichtliche Abnahme derselben. Um übrigens nicht immer ein neues Buch anlegen zu müssen, benützte er Elfenbeinblätter, welche mit rother Tinte liniirt waren und auf denen die mit Bleistift eingezeichneten Kreuzchen gelöscht werden konnten. Nach einiger Zeit machte er den Gang nur einmal in einem Jahre durch, hierauf in mehreren Jahren einmal und später unterließ er es ganz, weil er auf der Reise oder auswärts viel beschäftigt war. Aber sein Notizbuch führte er doch immer bei sich. Die Tugend der Ordnung machte ihm am meisten zu schaffen, und die Demuth hat er erst auf die Bemerkung seiner Freunde, daß er von dieser Tugend zu wenig besitze, am Ende hinzugefügt. Wiewol er im Ganzen die sehnlich gewünschte Vollkommenheit nicht erreichte, so fühlte er doch, daß er durch sein Streben im Ganzen besser und glücklicher geworden sei. Es sei ihm ergangen, sagt er, wie Denjenigen, welche nach gestochenen Vorschriften das Schreiben lernen; sie erreichen das Musterbild nicht, aber ihre Schrift verbessert sich immer mehr und wird zuletzt ganz hübsch und leserlich. Noch im hohen Greisenalter schreibt Franklin, daß er nächst Gottes Segen seinem Notizbuch das Glück seines Lebens verdanke. Der Mäßigkeit schreibt er seine lange ausdauernde Gesundheit zu, der Betriebsamkeit und Sparsamkeit aber seine bald errungene Wohlhabenheit, sammt allen

Kenntnissen, die ihn zum nützlichen Bürger machten und ihm auch unter den Gelehrten eine wohlverdiente Anerkennung verschafften. Der Aufrichtig= keit und Gerechtigkeit ferner verdankte er das Vertrauen seines Vater= landes und die ehrenvollen Aemter, die man in seine Hände legte. Durch die Gesammtheit aller jener Vorzüge aber, wie unvollkommen er sie sich auch angeeignet zu haben glaubte, gewann er jene gleichmäßige Ruhe und Hei= terkeit, die seinen Umgang bis zum hohen Alter selbst für jüngere Bekannte überaus anziehend machten.

Seine verdienstvolle Thätigkeit nach außen suchte Franklin damals unter Anderm auch durch Gründung eines Vereines zu bewähren, der in regel= mäßigen Zusammenkünften über nützliche und lehrreiche Gegenstände ver= handelte und durch gemeinsame Geldeinschüsse die Anschaffung guter Bücher zum Nutzen der Mitglieder förderte. Dieser Verein wurde bald so bedeutend in seinen Mitteln und seiner Mitgliederzahl, daß er ein eigenes Haus erwer= ben konnte, in welchem Bücher, Instrumente und Modelle aufgestellt wurden. So gewinnt das Gute, auch bei kleinen Anfängen, mit der Zeit oft bedeu= tenden Einfluß, wenn nur ein innerliches Streben und eine wirklich nützliche Grundlage nicht vermißt werden.

Franklin wirkte aber auch als volksthümlicher Schriftsteller auf seine Zeitgenossen. Er verstand es, klar, überzeugend und eindringlich zu reden und zu schreiben. Er gab einen Kalender heraus, in welchem viele nützliche Lehren und Rathschläge zu finden waren, unter Anderm auch folgender „Guter Rath an junge Handwerker": Bedenke, daß die Zeit Geld ist. Wer den Tag über einen Thaler verdienen kann und den halben Tag müßig geht, der darf, wenn er auch über seinen Müßiggang nur 5 Groschen aus= giebt, diese nicht als den einzigen Aufwand betrachten. Er hat vielmehr in der That noch 10 Groschen mehr ausgegeben oder zum Fenster hinaus= geworfen. Bedenke, daß Geld sich stark und schnell vermehrt: Geld erzeugt Geld. Wenn Du in einem Jahre fünf Thaler viermal umsetzest, so hast Du, Fünf vom Hundert genommen, einen Thaler Gewinn. Setzest Du die 6 Thaler abermals viermal um, so hast Du schon 7 und darüber, und so geht es fort bis zu 100 Thalern. Je größer die Summe, desto bedeutender natürlich der Zuwachs, denn wo Tauben sind, da fliegen Tauben zu. Wer dagegen einen Dukaten verplempert, zerstört Alles, was er damit hätte erwerben können, ganze Säcke voll Goldstücke.

„Bedenke, daß 50 Thaler jährlich auf den Tag nur 4 Groschen 2 Pfen= nige geben. Durch diese kleine Summe, die von Tag zu Tag unerwartet durch unnütze Ausgaben verloren geht, kann ein Mann Kredit und den be= ständigen Gebrauch von 1000 Thalern haben. Ein solches Kapital bringt, klug und schnell umgesetzt, ansehnlichen Gewinn."

„Das Sprüchwort sagt: „Ein guter Bezahler herrscht über anderer

Leute Geldbeutel"; das heißt: „Wer dafür bekannt ist, daß er pünktlich und zur rechten Zeit bezahlt, was er schuldig ist, hat bei jeder Gelegenheit alles Geld, was seine Freunde entbehren können, in seiner Gewalt. Dies ist aber oft von großem Nutzen. Neben Fleiß und Sparsamkeit hilft nichts einem jungen Manne schneller und sicherer empor, als Pünktlichkeit und Ehrlichkeit in allen Geschäften. Behalte daher geliehenes Geld keine Stunde über die Zeit, wenn die Börse Deines Freundes Dir immer offen stehen soll. Die geringste Kleinigkeit hat auf Deinen Kredit Einfluß. Wenn der Gläubiger vom frühen Morgen bis zum späten Abend Deinen Hammer oder Deine Säge hört, so wartet er gern mit der Zahlung noch ein halbes Jahr länger. Sieht er Dich aber in der Schenke oder auf der Kegelbahn zu einer Zeit, da Du an der Arbeit sitzen solltest, so mahnt er Dich den folgenden Tag und ruht nicht, bis er Dir das Darlehen wieder abgepreßt hat; denn er fürchtet, daß Du zahlungsunfähig werden könntest. Wer pünktlich zahlt, beweist, daß er an seine Schulden denkt. Er erscheint als ein ordentlicher, rechtschaffener Mann, und das vermehrt seinen Kredit."

„Hüte Dich, Alles, was Du besitzest, als Dein Eigenthum zu betrachten und Dich darnach einzurichten. In diesen Irrthum kommen Viele, wenn sie Kredit haben. Aber man muß genau Rechnung halten über Einnahme und Ausgabe. Wenn man alle Ausgaben, auch die kleinsten, aufschreibt, so überzeugt man sich bald, wie schnell sich unbedeutende Ausgaben zu ansehnlichen Beträgen summiren; aber man erfährt auch, was seither gespart werden konnte und künftig ohne große Unbequemlichkeit noch weiter gespart werden kann. Der Weg zum Wohlstand ist nicht schwer zu finden: er hängt meist von zwei Dingen ab: Fleiß und Sparsamkeit. Verschwende also weder Zeit noch Geld, sondern wende beides so gut wie möglich an. Ohne Fleiß und Sparsamkeit kommst Du nie aus; mit ihnen auch bei Wenigem. Wer Alles erwirbt, was er mit Ehren erwerben kann, und Alles bewahrt, was er erwirbt (die nothwendigen Ausgaben abgerechnet), — der wird sicherlich zu Wohlstand gelangen."

Im Jahre 1732 gab Franklin den berühmten „Almanach des guten Richard" heraus, von welchem über 100,000 Exemplare zum Verkauf kamen und später im Jahre 1757 ein Auszug unter dem Titel „Die Kunst, sein Glück zu machen" erschien. Hieraus sind folgende treffliche Bemerkungen wol für alle Zeiten beherzigenswerth:

„Die Steuern sind zwar sehr drückend, allein hätten wir nur jene Abgaben zu tragen, welche uns die Obrigkeit auflegt, so könnten wir leicht damit fertig werden. Es giebt indeß noch ganz andere Abgaben, die wir uns selber auferlegen. Unsere Faulheit verdoppelt die Steuern, unsere Eitelkeit macht sie dreifach und unsere Thorheit vierfach. Kein Beamter vermag uns diese Abgaben nachzulassen. Hört meinen guten Rath; es giebt noch eine Hülfe. Gott hilft Denen, die sich selber helfen, sagt der gute Richard."

„Eine Regierung würde grausam genannt werden, wenn sie dem Volke zumuthen wollte, den zehnten Theil der Zeit auf öffentliche Frohndienste zu verwenden. Aber die Faulheit legt den Meisten unter uns noch viel mehr auf. Der Müßiggang verkürzt unser Leben, indem er uns schwächt; er ist ein Rost, der mehr angreift als die Arbeit selbst. Je häufiger ein Schlüssel gebraucht wird, desto reiner wird er. Liebst du das Leben, so verliere die Zeit nicht, denn aus Zeit besteht das Leben. Wie viel verlieren wir dadurch, daß wir länger schlafen als nöthig ist. Da nun die Zeit ein kostbares Gut ist, so muß die Zeitverschwendung gewiß als ein großer Frevel gemieden werden. Faulheit findet Alles schwer; der Fleiß aber macht Alles leicht. Wer spät aufsteht, mag den ganzen Tag laufen; am Abend findet er kaum so viel als er bedarf; denn Fahrlässigkeit geht so langsam, daß die Armuth sie bald einholt. Treibe dein Geschäft, damit dein Geschäft dich nicht treibe! Zeitig zu Bett gegangen und früh aufgestanden macht den Menschen klug, gesund und reich, wie der arme Richard sagt."

„Was hilft es, auf bessere Zeiten zu hoffen? Strenge dich an, so werden deine Zeiten von selbst besser. Fleiß hat nicht nöthig zu wünschen, und wer von Hoffnungen satt werden will, würde bald Hungers sterben. Es giebt keinen Vortheil ohne Mühe. Wer ein Handwerk versteht, der hat ein standesmäßiges Vermögen, und wer Kopf hat, besitzt ein einträgliches Amt. Treibe daher dein Handwerk und brauche deinen Kopf, sonst reichen Amt und Vermögen nicht zu, deine Ausgaben zu decken. Arbeiten wir, so haben wir immer Brot; denn der Hunger sieht den Armen wol ins Fenster, aber ins Haus kommt er nicht.

„Du hast keinen Schatz gefunden, keine Erbschaft gemacht? Gut! Fleiß ist des Glückes Mutter und rastlose Arbeit lohnt Gott. Bestelle dein Feld; wenn der Faule schläft, so wirst du Korn haben, wovon du leben und verkaufen kannst. Arbeite heute, denn du weißt nicht, wer dich morgen daran hindern möchte. Wenn du dienen müßtest, würdest du dich da nicht schämen, falls dein gütiger Herr dich müßig fände? Bist du aber nicht dein eigener Herr? Schäme dich also, dich selber müßig zu finden, da du so viel für dich, deine Kinder, deine Familie, dein Vaterland zu thun hast. Man könnte hier die Frage einwerfen: „Also soll man sich gar keine müßige Stunde erlauben?" Der arme Richard antwortet darauf: „Willst du Muße haben, so wende die Zeit wohl an, und so lange du nicht Herr über eine Minute bist, verliere keine Stunde. Gute Muße heißt die Zeit, in welcher man etwas Nützliches thun kann. Der Fleißige wird diese Muße finden, der Faule nie. Denn ein Leben voll guter Muße und ein müßiges Leben ist zweierlei. Manche möchten gern von ihrer Geschicklichkeit leben, ohne zu arbeiten, aber sie kommen dadurch eher in Mangel als in Ueberfluß. Arbeit dagegen schafft Anmuth, Bequemlichkeit und Achtung. Fliehe die Ergötzungen, und sie werden dich aufsuchen."

„Aber Fleiß allein thut's noch nicht. Wir dürfen auch nicht unbeständig und nachlässig sein. Wir müssen selbst ein Auge auf unsere Sachen haben und dürfen uns hierbei nicht zu viel auf Andere verlassen. Denn ein Baum, der oft verpflanzt wird, und eine Familie, die immer umherläuft, gedeihen nicht so gut, als wenn Alles an seinem Platze bleibt. Dreimal umziehen ist einmal abgebrannt. Verlaß deine Werkstatt nicht, so wird sie dich auch nicht verlassen. Sollen deine Geschäfte gut gehen, so siehe selbst darnach; sollen sie es nicht, so schicke darnach. Wer durch den Pflug reich werden will, muß ihn selber anfassen. Das Auge des Herrn schafft mehr als hundert fremde Hände. Nachlässigkeit bringt größeren Schaden als Unwissenheit. Wer nicht über seine Arbeiter wacht, der läßt ihnen seinen Beutel offen."

„Aber zur Arbeit und Aufsicht muß noch was Anderes kommen: die Sparsamkeit. Ist die Küche fett, so wird der Nachlaß mager. Schränkt ihr eure thörichten Ausgaben ein, so braucht ihr nicht über eure Zeiten zu klagen. Mit dem, was ein einziges Laster kostet, kann man zwei Kinder ernähren. Ihr glaubt, ein wenig Thee oder Punsch, zuweilen etwas Feines auf dem Tisch, etwas bessere Kleider und von Zeit zu Zeit ein Vergnügen werde nicht viel auf sich haben. Aber der arme Richard sagt: ein leckes Bret kann ein ganzes Schiff versenken. Kaufest du, was du nicht nöthig hast, so wirst du bald verkaufen müssen, was du brauchst. Eitelkeit ist eine Bettlerin, ebenso dringend als die Armuth, aber viel unverschämter. Habt ihr ein schönes Stück gekauft, so müßt ihr noch zehn andere dazu kaufen, damit die ganze Einrichtung paßt. Aber der arme Richard sagt: Wer Eitelkeit Mittags zu Gaste hat, erhält Verachtung zum Abendessen oder: der Stolz frühstückt mit dem Ueberfluß, speist mit der Armuth zu Mittag und mit der Schande zu Nacht. — Erfahrung hält eine theure Schule, es ist die einzige, worin Narren Etwas lernen wollen. Denn einen guten Rath kann man wol geben, aber die Befolgung kann man nicht dazu geben. Wem also nicht zu rathen ist, dem ist auch nicht zu helfen."

Unnützes Geschwätz war Franklin zuwider und neugierige Fragen konnten ihn sehr belästigen. So kam es oft, daß er auf seinen Reisen im Wirthshaus der Reihe nach von jedem einzelnen Hausgenossen über Name, Stand, Heimat, Zweck der Reise u. s. w. erst ausgefragt wurde, ehe man ihn bediente. Um diese Unannehmlichkeit zu vermeiden, pflegte er später jedesmal bei seinem Eintreffen in ein Wirthshaus, den Herrn, die Frau, die Söhne, die Töchter, den Hausknecht und die Magd zusammen zu rufen und sie dann also anzureden: „Liebe Leute, ich bin Benjamin Franklin aus Philadelphia, meines Geschäfts ein Buchdrucker, habe in dieser Stadt einige Verwandte, welche ich besuchen will, und werde nicht lange hier verweilen, um bald zurückzureisen, wie es einem verständigen Manne geziemt, der sein Geschäft nicht vernachlässigen mag. Dies ist Alles, was ich von mir weiß und Euch mittheilen kann. Nun bitte ich, daß Ihr Euch meiner und meines Pferdes annehmt und uns einige Erfrischungen reicht."

5. Aus der Zeit der Erfindung des Blitzableiters.

Selten lernt das, was Hänschen nicht gelernt, Hans später noch. In Benjamin Franklin war der alte Hans noch willig genug, und so lernte er in reiferen Jahren noch die lateinische, französische, spanische und italienische Sprache, deren Kenntniß ihm von großem Nutzen wurde. Man erkannte in den Leistungen Franklin's vornehmlich in seiner Zeitung und seinem Almanach ein seltenes Talent. Die Aufmerksamkeit seiner Mitbürger wandte sich immer mehr dem strebsamen Manne zu. Auf Grund einer Flugschrift über die Nothwendigkeit des Papiergeldes ward er Drucker der Regierung zu Phila= delphia, dann legte man die Herstellung des Papiergeldes von New=Castle in seine Hände, was sich als ein sehr einträgliches Geschäft erwies. Weiter= hin erhielt er 1743 den Auftrag, einen Plan zur Gründung einer Gelehrten Gesellschaft zu entwerfen. Infolge dessen beschäftigte er sich anhaltender mit ernsten wissenschaftlichen Beschäftigungen. Diesem Umstande, sowie seinem Fleiße und Nachdenken verdankt die Welt mehrere wichtige Entdeckungen, unter denen vor Allem die Erfindung des Blitzableiters hervorragt. Die Geschichte dieser Erfindung ist bald erzählt. Die von Franklin gestiftete Gesellschaft besaß nämlich auch eine Elektrisirmaschine, mit welcher er sich viel zu schaffen machte und durch welche er auf die Vermuthung kam, daß der Blitz des Gewitters nichts Anderes als ein sehr starker elektrischer Funke sei. Um sich hierüber Gewißheit zu verschaffen, verfertigte er den sogenann= ten „elektrischen Drachen" aus Seide, den er unten mit einer seidenen Schnur und einem Stahlschlüssel als Handgriff, oben aber mit einer eisernen Spitze versah. Diesen ließ er im Juni des Jahres 1752 an einem Bindfaden wäh= rend eines Gewitters in die Höhe steigen. Als der Drache in die Nähe einer Gewitterwolke gekommen war, berührte Franklin den an der Schnur be= festigten stählernen Schlüssel mit dem Fingerknöchel und spürte sogleich einen elektrischen Schlag, der mit einem Funken sich entlud. Sein Sohn, Zeuge des Versuches, spürte dieselbe Wirkung, als er den Stahlschlüssel anfaßte. Ein Glück für Beide war es hierbei, daß die Schnur nicht ganz feucht war oder nicht aus einem besser leitenden Stoffe bestand; es hätte ihm sonst wie dem verdienstlichen Professor Reichmann in Petersburg gehen können, der am 6. August 1753 von seiner Studirstube aus ähnliche Versuche anstellte und dabei vom Blitz erschlagen ward.

Der erste Blitzableiter (konstruirt von Franklin) auf dem Hause des Benjamin West zu Philadelphia bewährt sich.

Aus der beobachteten Erscheinung schloß nun Franklin, daß die zerstörende Kraft des Blitzes von derselben Natur sei wie die in der Elektrisirmaschine erzeugte Elektrizität, und daß der Blitz deshalb eben so wie diese vermittelst Eisens fortgeleitet werden könne. Stellt man nun auf Grund dieser Beobachtung auf Dächern von Thürmen und Häusern zugespitzte eiserne Stangen auf und führt solche ununterbrochen an den Seiten herab

in die Erde, so kann der Blitz abgeleitet und das Gebäude vor dem Ein=
schlagen geschützt werden. Dies war der Ideengang Franklin's, und damit
war der Blitzableiter erfunden. Den ersten errichtete Franklin auf seinem
eigenen Hause. Diese Erfindung machte ungeheures Aufsehen und der Name
Franklin's ward seitdem unter die Reihe der verdienten Naturforscher auf=
genommen, welche der Menschheit große Dienste erwiesen. Neun Jahre
später hatte er die Freude, zu sehen, daß an einem andern Hause zu Phila=
delphia der Blitz an dem eisernen Leiter sichtbar herabfuhr, ohne daß der
geringste Schaden angestiftet wurde.

Franklin beschäftigte sich auch mit der Tonkunst. Er verbesserte die
Glasharmonika, ein Instrument, das aus über einander stehenden Glasglocken
besteht, welche, herumgedreht und mit der nassen Hand berührt, wohl=
klingende und ergreifende Töne hören lassen. Unter den Sehenswürdig=
keiten aus der Zeit von Maria Antoinette wird heute noch die Harmonika
vorgezeigt, welche Franklin der später so unglücklichen Königin zu glücklicher
Stunde zum Geschenk machte. Auch erdachte er einen Stubenofen, der weni=
ger Holz bedurfte und fortwährend dadurch die Luft des Zimmers verbessert,
daß er die verbrauchte ableitet und neue hinzuströmen läßt. Man rieth ihm,
ein Patent darauf zu nehmen; er erklärte aber, da er so viel Nutzen ziehe
aus fremden Erfindungen, so heiße er jede Gelegenheit willkommen, seiner=
seits Anderen durch seine Erfindung zu dienen. Noch in seinem hohen Alter
verfertigte er eine künstliche Uhr, welche Stunden und Minuten anzeigte
und blos drei Räder hatte.

Natürlich wurden infolge dieser verdienstlichen Leistungen die Amerika=
ner sehr bald auf ihren Landsmann besonders aufmerksam und man erwählte
ihn in Rücksicht seiner Kenntnisse, seines treffenden Urtheils und seiner sel=
tenen Redlichkeit zum Stadtrath und Friedensrichter in Philadelphia.
Während der Verwaltung dieses Amtes rief er eine Reihe nützlicher Ein=
richtungen ins Leben. In seinem dreißigsten Jahr (1736) wurde er Sekretär
der Abgeordneten=Versammlung von Pennsylvanien, welche Stelle er sieben
Jahre lang verwaltete. Darauf ward er zum Abgeordneten dieser Versamm=
lung für die Stadt Philadelphia berufen. In solcher Eigenschaft machte er
nun manche treffliche Vorschläge, die auch zur Ausführung gelangten. Infolge
seiner Vorschläge zur Verbesserung des Postwesens erhielt er im Jahre 1737
die Bestallung als Bevollmächtigter des Generalpostmeisters zu Philadelphia,
ein Amt, welches sich für sein Geschäft überaus förderlich erwies. Als im
Jahre 1744 England mit den Franzosen und den mit denselben verbundenen
Indianern Krieg führte und Pennsylvanien von einem feindlichen Einfalle
bedroht schien, gründete er einen Vertheidigungsverein, dem in kurzer Zeit
10,000 Freiwillige beitraten. Auch dem Unterrichts= und Versorgungs=
wesen widmete er fortwährend hervorragende Thätigkeit. Die Schulen waren

mittellos, schlecht geleitet, wenig besucht; da entwarf er rasch einen Plan zur Organisation des öffentlichen Unterrichts und eben so rasch fanden sich zahlreiche Förderer und Unterzeichner. So entstanden hinter einander: die hohe Schule von Philadelphia und die Philosophische Gesellschaft von Amerika; auch ein Zufluchtshaus für Arme und ein Hospital für Kranke sind sein Werk.

Alles, was er unternahm, gelang ihm, denn er verfuhr stets mit Ernst und Umsicht und besaß das Vertrauen seiner Mitbürger in seltenem Grade. Als sich die amerikanischen Patrioten und die Anhänger des englischen Ministeriums immer entschiedener gegenüber traten, bemühten sich beide Theile, einen Mann zu gewinnen, dessen Verstand und Einsicht unter allen Umständen von Einfluß auf die Stimmung und das Verhalten seiner Landsleute war.

Nachdem schon früher das Postwesen durch ihn vielfache Verbesserungen erfahren, ward er nach seiner Rückkehr von einer Reise nach London im Jahr 1753 zum Generalpostmeister aller englisch-amerikanischen Kolonien ernannt. Durch diese von ansehnlichen Einkünften begleitete Stellung ließ sich jedoch der Wackere keineswegs von der Sache seines Vaterlandes abwendig machen. Vielmehr ward er 1754 als Bevollmächtigter Pennsylvaniens zum Kongreß der Kolonien nach Albany geschickt, als bei dem drohenden Wiederausbruch des Krieges zwischen England und Frankreich über die Stellung berathen werden sollte, welche die Staaten unter sich und zum Mutterlande einzunehmen hätten. Franklin's Vorschläge, bezüglich sein Unions- und Organisationsplan für die Kolonien, wurden damals zwar angenommen, gelangten jedoch nicht zur Ausführung. Dann fungirte er eine Zeit lang als Oberst der Milizen seines Staates. Wichtiger waren jedoch die Dienste, die er als Mitglied der Pennsylvanischen Landesversammlung leistete. Hier trat er gegen die Nachkommen Penn's auf, welche Steuerfreiheit verlangten, und wußte es in London, wohin er zwei Mal (1757 und 1759) als Gesandter geschickt wurde, durchzusetzen, daß ihre Forderungen zurückgewiesen wurden. In England fand er schon zu jener Zeit die wohlverdiente Anerkennung; man erwählte ihn zum Mitglied der Gesellschaft der Wissenschaften, und nachdem ihn schon früher die Universitäten von Cambridge und Connecticut zum Magister der freien Künste ernannt hatten, ehrte ihn die juristische Fakultät in Oxford mit der Würde eines Doktors der Rechte.

6. Benjamin Franklin als Vertrauensmann seiner Nation. Aufenthalt in Europa.

Bei dem Ausbruche der Streitigkeiten zwischen dem Mutterlande und den Kolonien, welche zur Selbständigkeits-Erklärung der dreizehn Provinzen führten, war Franklin Präsident der Gesetzgebenden Versammlung. Als solcher protestirte er gegen die Einführung neuer Abgaben, besonders der

Stempelsteuer, und ward infolge dessen vor die Schranken des Unterhauses geladen, um vor dem Parlamente über den Zustand der amerikanischen Provinzen Bericht zu erstatten. Auch andere Staaten, wie New-Jersey, Georgien und Massachusetts, hatten ihn zu ihrem Vertreter ernannt. Als man bald nachher versuchte, außer Thee auch Glas, Papier, Blei und Farben zu besteuern, und sich die Amerikaner gegen die Gelüste der Regierung im Mutterlande ernstlicher zu rühren begannen, dachte weder er, noch Washington, noch irgend ein anderer angesehener Bürger der Kolonien daran, dieselben von der Verbindung mit England loszureißen. Ja, als ein vornehmer Engländer Franklin vorhielt: „Ihr werdet trotz Eurer so gerühmten Anhänglichkeit dennoch einst das Banner der Selbständigkeit erheben!" da antwortete dieser: „Ein solcher Gedanke wird nie in die Köpfe der Amerikaner kommen, es sei denn, daß man uns gar zu schmählich behandelt!" Freimüthig und unverhohlen trat er jedoch in London für die Interessen seines Vaterlandes in die Schranken. Er erklärte geradezu, daß nur Gewaltmaßregeln seine Landsleute zur Zahlung von Auflagen nöthigen würden, zu deren Dekretirung das Parlament gegenüber denjenigen Ländern nicht berechtigt wäre, welche mit England nur durch Personalunion verbunden wären. In diesen Jahren — 1766 bis 1768 — machte er ausgedehnte Reisen auf dem europäischen Festlande, wo er höchst ehrenvoll empfangen, selbst von dem französischen Hofe mit der größten Aufmerksamkeit behandelt wurde.

Beim Ausbruche des Aufstandes in Boston zeigte sich Franklin eifrig bemüht, den Frieden wieder herzustellen und dem Vaterlande zu seinem Rechte zu verhelfen. Alles vergeblich. Unterdessen hatten die Minister des Königs wegen mehrerer aufgefangenen Briefe einen Prozeß gegen ihn eingeleitet, ja er ward infolge dessen seines Amtes als Generalpostmeister entsetzt und verließ nunmehr, in Gefahr verhaftet zu werden, England im Jahr 1775. Nach Amerika zurückgekehrt, erhielt er jedoch den verlorenen Posten wieder und trat als Mitglied in den Kongreß ein. Schon lodern die Flammen des Krieges auf; die Ereignisse drängen sich. Im Kongresse gehörte Franklin zu den entschiedensten Vertheidigern der Freiheiten und Gerechtsame der Kolonien und legte einen Entwurf vor, der die Grundlage der Verfassung der dreizehn vereinigten Staaten bildete. Als hierauf ein Bevollmächtigter nach Frankreich geschickt werden sollte, um dort Hülfe gegen England zu suchen, wußte man den berühmten Namen und hohen Würden der übrigen europäischen Gesandten keinen würdigeren Mann als Franklin an die Seite zu setzen, dessen einziger Ehrentitel seine Tugend und Rechtschaffenheit war. Der 71jährige Greis glaubte trotz seines hohen Alters und zunehmender Kränklichkeit auch diese Sendung im Dienste seines Vaterlandes nicht ausschlagen zu dürfen. — Er begab sich daher nochmals über den Ozean.

Franklin in Paris. Haben Sie Franklin schon gesehen?

7. Benjamin Franklin als Gesandter in Europa.

Was machten die Franzosen für Augen, als sie den berühmten Amerika=
ner im Silberhaar, mit schlichtem Rock und weißem Stock von gemeinem
Apfelbaumholz in den Pariser Straßen einhergehen sahen! Zuerst war er
der Gegenstand allgemeiner Neugierde, dann aber auch allgemeiner Be=
wunderung und Verehrung. Der Erfinder des Blitzableiters, der Vertraute
der heißen Wünsche seiner Landsleute, sah sich zu Paris in einer Weise auf=
genommen, daß es gar bald nach seiner Ankunft in der Hauptstadt Frankreichs
eine Partei gab, die eifersüchtig darüber wachte, daß dem Volksmanne keine
andere Größe irgend welchen Abbruch thue. Ja, als im Laufe des Jahres
1777 der hoch gepriesene Kaiser Josef II. nach Paris kam und sich eine Zeit
lang das allgemeine Interesse dem neuen hohen Gaste zuwandte, sorgten die
Freunde des Doktor Franklin, wie er bei den Parisern hieß, dafür, daß ihr
Tugendvorbild nicht von der bezaubernden Liebenswürdigkeit des Menschen=
freundes auf dem Throne in Schatten gestellt werde.

8 *

Unter einer Reihe von Ehrenbezeigungen verdienen die Worte Erwäh=
nung, mit welchen der berühmte d'Alembert den bescheidenen Franklin in
die französische Akademie, deren Mitglied er geworden, einführte. Sie heißen:
Eripuit coelo fulmen sceptrumque tyrannis,
d. i.: „Dem Himmel entriß er den Blitz, den Tyrannen das Scepter."
Franklin's Bildniß prangte in den Häusern der Vornehmen, wie in den
Stuben des Bürgers, und um den zu Passy bei Paris, fern von dem Ge=
tümmel der Stadt, vor den Huldigungen, Zumuthungen und Aufregungen
der großen Welt in bescheidener Zurückgezogenheit lebenden Greis in Silber=
locken rissen sich alle Gesellschaften, in denen man voll Theilnahme den großen
und folgenschweren Kampf der Bewohner der Kolonien Englands auf der
westlichen Erdhälfte verfolgte. „Sieh', dort geht Benjamin Franklin"! so
sprach der Nachbar zum Nachbar, „der kleine Mann mit der Brille ist's,
vor dem alle Welt den Hut zieht"! — „Haben Sie, mein Herr, schon das
Porträt des Doktor Franklin gesehen?" damit begrüßte der Postmeister den
unter dem Namen eines Grafen von Falkenstein reisenden Kaiser Josef, als
er auf einer Station etliche Meilen von Paris auf Pferde warten mußte.
Die Sachen wollten in Paris lange nicht vom Flecke kommen. Die Re=
gierung des Königs nahm Abstand, sich offen für das Unternehmen auf=
ständiger Unterthanen zu erklären — das mindestens als ein sehr gewagtes
erschien und das man schon der Folgerungen wegen nicht zum vornherein
entschieden unterstützen durfte. Kurz, der Hof glaubte sich noch besinnen zu
sollen; aber ganz Frankreich hatte seine Wahl getroffen: es stand auf Seite
der nach Freiheit und Selbständigkeit ringenden Amerikaner. Allüberall
empfand man die Demüthigung, welche der letzte Frieden Frankreich auferlegt
hatte. Die wohlklingenden Reden der Tagesschriftsteller Frankreichs, die man
in so vielfachen Tonarten gedruckt gelesen, die Verkündigung der sogenann=
ten „allgemeinen unveränderlichen Menschenrechte", — sie sollten nun zur
Wahrheit werden. Männern, wie Adam Jefferson und Franklin, hatten
sie dem Vereinigten Staaten=Kongreß als Gesetzesgrundlagen vorgeschlagen
und sie waren vom Rathe der Nation genehmigt worden. Man hielt die
neuen in der Bildung begriffenen transatlantischen Freistaaten gewissermaßen
geistig verschwistert mit Frankreich und war stolz darauf, auf der westlichen
Erdhälfte einem Zukunftsvolke zu einer republikanischen Staatsform zu ver=
helfen. Die Begeisterung für das Unternehmen der Nordamerikaner war
daher natürlich. Auch fehlte es dem Greise mit dem Silberhaar nicht an
einer Eigenschaft, welche zum Gelingen einer Sache unendlich viel beiträgt,
an — Geduld. Nächstdem hatte er sich im Kampf mit den Widerwärtig=
keiten des Daseins und mit den Verlegenheiten des täglichen Lebens eine
zweite gleich schätzenswerthe Eigenschaft angeeignet, die zumal für einen
Diplomaten eine unerläßliche ist — Klugheit. Weit entfernt, Ungeduld zu

verrathen oder aus seiner Zurückgezogenheit hervorzutreten, war der greise Abgesandte von Nordamerika bescheiden genug, zu glauben, daß der Sache seines Vaterlandes am besten durch dessen maßvolle Haltung gedient werde. Mußte er sich doch selbst sagen, daß, wenn er selbst hier Etwas zu erwirken vermochte, dies keineswegs infolge eines glänzenden Namens oder einer edlen Herkunft geschehe, sondern nur durch kluges Abwarten. Und in diesem Sinne erschien ihm auch diesmal die Klugheit als eine Tugend. Er ließ also den Verhältnissen Zeit, für ihn mit einzutreten, und sie erwiesen sich so stark wie der Wille eines vielvermögenden Menschen. Schließlich blieb dem König Ludwig XVI. nichts übrig, als dem Drange seines Volkes nachzugeben und am 6. Februar 1778 das Bündniß mit den Vereinigten Staaten abzuschließen.

Als Ludwig XVI. die Unabhängigkeit der dreizehn Provinzen anerkannt hatte, erschien Benjamin Franklin als bevollmächtigter Minister seines Vaterlandes am Hofe zu Versailles, Gegenstand noch allgemeinerer Verehrung. Während seines Aufenthaltes in Frankreich zeigte er bei jeder Veranlassung seine patriotische Gesinnung und seinen Eifer für die Wissenschaften. In diesem Sinne stellte er dem berühmten Erdumsegler Cook einen Freibrief gegenüber allen amerikanischen Kreuzerschiffen aus. — Auch sollte ihm noch im hohen Alter die Genugthuung wiederfahren, daß er am 20. Januar 1782 mit den englischen Kommissarien zu Paris die Präliminarien des Friedens unterzeichnete, kraft dessen sein Vaterland in die Reihe der selbstständigen Staaten eintrat. Diesem wichtigen Akte folgte am 3. September 1783 der Frieden von Versailles. Nachdem hierdurch die „Vereinigten Staaten von Nordamerika" in die Staatenfamilien zweier Welttheile förmlich aufgenommen waren, verblieb Franklin auch ferner als Gesandter am französischen Hofe und war eifrig bemüht, mit den verschiedenen Mächten Europa's Handelsverträge abzuschließen. Doch kein Hof wollte sich mit ihm in Unterhandlungen einlassen, theils weil man die unerschöpflichen Handelsquellen Nordamerika's noch nicht kannte, theils weil man kein Vertrauen auf die Dauer der neuen Staatenbundes hatte, dessen Lage die damaligen Zeitungen als eine verzweifelte darstellten. Nur Friedrich der Große lieferte auch hier wieder den erfreulichen Beweis, daß er, unbeirrt durch die Vorurtheile seiner Zeit, den neuen Geist der Zeit verstand und zu würdigen wußte. Er ging sogleich auf den Antrag Franklin's ein, wodurch am 10. September 1785 jener denkwürdige Vertrag zu Stande kam, der wegen der in demselben entwickelten Grundsätze beiden Theilen zu hoher Ehre gereichte. In demselben war zum ersten Male jener wohlthätige Grundsatz aufgenommen, durch welchen in Kriegszeiten friedliebende Personen gegen Belästigung und das Privateigenthum wehrloser Bürger gegen Willkürlichkeiten geschützt wird. Der Philosoph auf dem Throne und der einfache Bürger des jungen Freistaates gaben damit der Welt ein Beispiel, das nicht genugsam beachtet worden.

„Das einzige Resultat jener Verhandlungen", sagt am 18. März 1826 der Präsident der Union John Quincy Adams, „war der Vertrag mit Preußen, merkwürdig in den diplomatischen Annalen der Welt und höchst schätzbar als ein Denkmal der Prinzipien über Handel und Seekrieg. Damals war ein großer und philosophischer, obschon unumschränkter europäischer Souverän der Einzige, bei welchem unsere Abgeordneten mit ihren liberalen und erleuchteten Grundsätzen Eingang fanden." Und wie hier jener Präsident dem großen Preußenkönige huldigt, so war Franklin damals für diesen von gleicher Bewunderung erfüllt. Als Johann Melchior von Birkenstock zu Wien eine bei Friedrich's Ableben gedruckte Schrift „Divis Manibus Friderici II Sacrum" unserem Franklin zugeschickt hatte, schrieb dieser ihm aus Philadelphia einen begeisterungsvollen Brief, worin er ausdrücklich dem Verfasser seine Freude und seinen Dank darüber bezeugt, daß dem „Unsterblichen" ein würdiges und „länger als Erz dauerndes Denkmal" errichtet worden.

8. Letzte Lebensjahre.

Die Folgen des hohen Alters machten sich bei Franklin während seines letzten Aufenthaltes in Europa immer fühlbarer, so daß er endlich auf wiederholte Bitten seine Entlassung erwirkte und darauf im Juli seine Rückreise über Havre antrat. Da er jedoch die stoßende Bewegung eines Fuhrwerks nicht vertragen konnte, schickte ihm die Königin ihre Sänfte, welche von Maulthieren getragen wurde. Trotz heftiger Schmerzen während der Ueberfahrt beschäftigte er sich dennoch mit wissenschaftlichen Arbeiten und schrieb unterwegs zwei Abhandlungen über die Verbesserung der Schifffahrt und über die zweckmäßigere Einrichtung der Schornsteine. In seinem Vaterlande angelangt, wurde er mit allgemeinem Jubel festlich empfangen.

Ein Bericht darüber sagt: „Die Kanonen donnerten, die Glocken läuteten, aus allen Gegenden strömte das Volk herbei, um ihm für die Dienste zu danken, die er seinem Lande geleistet. Die Krieger eilten herzu, ihre rühmlich erhaltenen Wunden zu zeigen, und die Greise erzählten ihm, wie sie Gott oft gebeten hätten, er möge sie nur noch seine Rückkehr erleben lassen. Das Volk aber stand in ehrfurchtsvoller Ruhe und betrachtete die Züge des ehrwürdigen Mannes, dessen Talente, Verdienste und Tugenden in Aller Herzen die Flamme der Begeisterung entzündet und genährt hatten." — Höchlichst befriedigt sah er die öffentlichen Schulen, die er errichtet, in vollster Blüte, sowie das Krankenhaus, eine seiner ersten Stiftungen, im schönsten Gedeihen.

Er war jetzt 79 Jahre alt und gleichwol geistig noch immer frisch und kräftig. Er konnte sich daher, als die Wahl eines Präsidenten des Staates Pennsylvanien auf ihn fiel, der neuen Ehre nicht entziehen.

Statue Benjamin Franklin's zu Boston.

In seinem neuen Amte bezeigte Franklin lebhaften Antheil den weiteren Verfassungsarbeiten, die eine größere Einigung der Staaten zum Zweck hatten. Dann, 1788, zog er sich in die Ruhe des Privatlebens zurück und nahm seine

Wohnung bei einer Tochter, die an einen Kaufmann verheirathet war. Noch waltete er als Vorstand einer Gesellschaft, welche sich zum Zweck setzte, das Elend der eingezogenen Verbrecher zu verbessern. Man baute in Phila= delphia das erste der später vielbesprochenen Gefängnisse, in welchem jeder Bestrafte seine Zelle und seine Abtheilung im Hofe für sich allein hatte.

Eine andere Gesellschaft, an deren Spitze Franklin stand, stellte sich die Aufgabe, die Sklaverei der Neger in Nordamerika abzuschaffen, und noch wenige Tage vor seinem Tode übersandte der edle Mann ernstliche Vor= stellungen gegen den Sklavenhandel an die Gesetzgebende Versammlung.

Seine letzten Lebensjahre wandte er dazu an, seine Mitbürger zur Eintracht zu ermahnen. Denn das größte Volk ist nur durch Einigkeit stark, wenn die Gerechtigkeit ihr die Weihe giebt und die Weisheit ihr dabei zur Seite steht. Leider mußte er, der früher selten krank gewesen, die letzte Zeit seines Lebens fast beständig im Bette zubringen.

Er litt die qualvollsten Schmerzen, aber sein Geist blieb heiter, sein fester Glaube unerschüttert. Auf seinem Sterbebette noch dankte er Gott für seine unerschöpfliche Gnade, ja selbst für die Leiden dieser Erde, die er als ein Mittel betrachtete, das Gemüth für ein höheres Leben vorzubereiten. „Ich habe", sagte er zu seinem Freunde, dem Bischof Shipley, „ein langes Leben gelebt und während dieses Lebens einen großen Theil von dieser Welt ge= sehen. Jetzt fühle ich wachsende Begierde, auch eine andere Welt kennen zu lernen und überlasse freudig und mit kindlichem Vertrauen meine Seele dem großen und guten Vater der Menschheit, der mich erschuf und von meiner Geburt an so gnädig beschützt und gesegnet hat." Also erwartete Franklin den Tod, der in seinem 85. Lebensjahre, am 17. April des Jahres 1790, erfolgte.

Es hat wenig Menschen gegeben, welche in einem höhern Grade die Gabe besessen hätten, die ewigen Gesetze der Sittlichkeit oder Moral gleich eindringlich und faßlich dem Volke darzulegen. In diesem Sinne sind seine „Sprüchwörter des alten Heinrich" und die „Weisheitsregeln des armen Richard" (Philadelphia 1757) wahre Perlen der Lebenskunst und zugleich der Volksliteratur. Mit der Klarheit des Weltweisen überschaute sein scharf= sinniger Geist die Verhältnisse des Lebens im Großen wie im Kleinen und sein Herz schlug bis zum letzten Augenblick warm für das Wohlergehen der ganzen Menschheit. Man hat ihm wol den Vorwurf gemacht, daß er die Tugend aus Berechnung geübt, sie gleichsam wie ein Rechenexempel gehand= habt. Allerdings hatte er sich ein eigenes System behufs Ausübung der Tugend und Lebensweisheit ausgesonnen. In einem langen wechselvollen Leben lernte er die schwere Kunst der Selbstführung üben; er wog stets Alles, was sein Herz und seinen Geist bewegte, in klarer strenger Rechenschaft ab, zog, was das Schicksal ihm brachte, ruhig und ernst in Erwägung und nahm darnach seine Maßnahmen nach den Regeln der Vernunft. So war er der Weise geworden, der, mitten in eine stürmische Wendung der Weltgeschichte gestellt, in unerschütterlichem Gleichmuthe da stand, die Leidenschaften der Menschen mit sanftem Bedacht lenkte und jeder List mit kluger Umsicht begegnete. Die Verkehrtheiten des Weltlebens überraschten ihn nicht und beraubten ihn nicht seiner Fassung, ja selbst die ungeahnten Mächte, in der Natur wie im Menschengeist, wußte er zu bannen. Er hat den Blitzableiter erfunden, der den zündenden Strahl aus der Gewitterwolke zur Unschädlichkeit zwingt, hat eine Erklärung der Natur des Nordlichts versucht, und als sich in Frankreich dunkle unheilvoll grollende Wolken zusammen ballten, wußte Franklin auch den aus ihnen züngelnden Blitz zum Heile seines Vaterlandes zu lenken.

Ein anderer Vorwurf, den man Benjamin Franklin hat machen hören, besteht darin, daß er es nicht vermocht, trotz aller Weisheit und Klugheit mancherlei Widerwärtigkeiten in seiner Familie von sich abzuwenden. „Seht nur", meinte Dieser oder Jener kopfschüttelnd; „er hat die Erziehung des gesammten Menschengeschlechts ins Auge gefaßt und ist nicht einmal damit zu Stande gekommen, seinen eigenen und einzigen Sohn William in seinem Geiste und für sein Vaterland zu erziehen!"

Franklin hinterließ nur diesen einen Sohn und eine Tochter, Beide verheirathet. Der Sohn hatte sich jedoch zum Schmerze seines Vaters von der Sache seines Vaterlandes ab- und nach England gewendet, daher traten der Enkel, Temple Franklin, und die Tochter die Erbschaft an. Ersterer erbte mehrere Landgüter, Letztere das bewegliche Vermögen, wovon sie jedoch einige wohlthätige Vermächtnisse bestreiten mußte, u. A. 100 Pfund Sterling für die Schule in Boston, endlich 1000 Pfund zur Unterstützung für junge Künstler und Handwerker in Boston, ferner 1000 Pfund zur Begründung eines Zinsfonds, aus dessen einstigem Betrage nach hundert Jahren (also im Jahre 1890) die Stadt Philadelphia den dortigen Fluß schiffbar machen und gutes Trinkwasser beschaffen soll. — Seinen schönen Spazierstock von Wildapfelholz (mit goldenem Knopf, der eine Freiheitsmütze vorstellt), welchen er von der Herzogin von Pfalz-Zweibrücken erhalten hatte, vermachte er Washington mit dem Zusatz: „Wäre es ein Scepter, er hätte es verdient!"

Es waren indessen immer nur einzelne Stimmen, die das Thun dieses Menschenfreundes mit dem Maßstabe einzelner Mißerfolge maßen. Bei Weitem die größere Mehrzahl Derjenigen, welche ihn gekannt, stimmten damit überein, daß mit ihm einer der weisesten und tugendhaftesten Menschen aller Zeiten heimgegangen sei.

Die Verehrung, die man dem edlen Amerikaner zollte, gab sich auf die verschiedenartigste Weise kund. Noch nie war ein Leichenbegängniß in den

Staaten Amerika's so würdig begangen worden, als die Bestattung der sterb=
lichen Ueberreste Franklin's. Alle Glocken der Stadt tönten in dumpfen
Schlägen den Grabgesang, denn die Trauer war allgemein. Die Zeitungen
erschienen mit schwarzem Rand, die Lobreden wollten kein Ende nehmen.
Alle Bürger der Nordamerikanischen Union legten, nach einem Beschlusse
ihrer Vertreter, zwei Monate lang Trauer um ihren großen Mitbürger an.
In Frankreich folgten die Deputirten auf den Antrag Mirabeau's diesem
Vorgange. Drei Tage lang sah man sie in schwarzer Tracht, — ganz Paris
schloß sich ihnen an.

Die Bibliothekgesellschaft zu Philadelphia ließ dem Heimgegangenen eine
Bildsäule aus carrarischem Marmor errichten. — Die große ihm zu Ehren in
seinem Geburtsorte errichtete Statue aus Bronze wurde am 7. Dez. 1856,
also 150 Jahre nach der Geburt des großen Amerikaners, feierlich enthüllt.
Sie hat eine Höhe von ungefähr 3 m. und ist vor dem Stadthause in Boston
aufgestellt worden. Franklin ist in der Tracht, welche er während seines
Aufenthaltes in Frankreich trug, modellirt; in der Hand trägt er einen Stock,
dessen Form demjenigen gleicht, welchen er Washington hinterlassen hat.
— Das Piedestal, aus grünem Marmor, ruht auf einem Granitsockel
und stellt auf seinen vier Seiten dar, wie Franklin in seiner Druckerei ar=
beitet, wie er das Dokument über die Unabhängigkeit seines Vaterlandes
unterzeichnet, ferner wie er die Elektrizität aus einer Wolke zieht, endlich
die Unterzeichnung des Friedensvertrags mit Großbritannien durch ihn,
den Abgesandten seines Volkes. — Er selbst aber hatte schon früher die fol=
gende, allerdings nicht ausgeführte Inschrift für sein Grabdenkmal verfaßt:

Der Leib

des

Benjamin Franklin,

Eines Buchdruckers,

(Gleich dem Deckel eines alten Buches,

Aus dem der Inhalt genommen,

Und der seines Titels und seiner Vergoldung beraubt ist —)

Liegt hier, eine Speise der Würmer;

Doch wird das Werk selbst nicht verloren sein,

Sondern es wird (wie er glaubt) einst

Wieder erscheinen

in einer neuen

und schönern Ausgabe,

Durchgesehen und verbessert

von

dem Verfasser.

3.

Friedrich Wilhelm von Steuben.

Die Union und ihre Entwicklung bis zu Lincoln.

Friedrich Wilhelm von Steuben.

Geb. 15. Nov. 1730, gest. 28. Nov. 1794.

Lebensbild von Dr. Hugo Schramm.

Wenn wir in den Geschichtserzählungen von dem Selbständigkeits-
kampfe lesen, den die Vereinigten Staaten von Nordamerika in dem letzten
Viertel des vorigen Jahrhunderts bestanden, so hören wir vor Allem die
Anstrengungen des „hochherzigen" Frankreich zu Gunsten des aufstrebenden
neuen Freiheitslandes preisen. Man berichtet uns, daß dieses Frankreich
den Neuenglands-Staaten nicht nur mit seinen Sympathien und frommen
Wünschen zur Seite gestanden, sondern daß ihnen in ihrer höchsten Noth
alsobald auch ausgezeichnete Männer, ein Lafayette obenan, zu Hülfe
geeilt seien, bevor noch die Vorsicht der Staatslenker offenkundig habe Partei
für die abgefallenen Kolonien Großbritanniens nehmen und den hart bedrängten Aufständigen Unterstützung durch kriegerische Beihülfe leisten können.
Wir hören ferner, daß den um die höchsten Güter eines Volkes ringenden
Bürgern einer neuen Welt, selbst aus der Adelsrepublik Polen, in der Person
eines edlen Patrioten, in Thaddäus Kosciuszko, ein Helfer erstanden.

Dagegen lesen wir, daß aus den deutschen Gauen nur Kriegsknechte
zur Unterdrückung jenes freiheitliebenden Volkes entsendet worden, in jenen
nach preußischem Muster wohleingeexerzirten Regimentern, welche um reichen

Vier große Bürger. 9

Blutlohn die am Hof der kleineren deutschen Fürsten herrschende Geldgier und Verschwendung, an das britische Mutterland verschacherten, um die aufständigen Töchterstaaten zur Raison zu bringen, daß also hier wiederum die deutsche Landsknechtsnatur nur zur Niederhaltung der Freiheit der Völker benutzt worden. Vielleicht wird dann und wann auch begütigend diesem hinzugefügt, daß aus der Blutsaat der Tyrannen dem neuen Freiheitslande nachträglich reicher Segen entstanden, indem nach Beendigung des langjährigen Kampfes die Mehrzahl der deutschen Miethtruppen als fleißige Kolonisten im Lande zurückgeblieben seien u. s. w.

Wo aber findet man neben den Namen des Franzosen Lafayette, des Polen Kosciuszko den eines Deutschen, den des Baron von Steuben?

Und doch haben wir Deutsche alle Ursache, auf die Tüchtigkeit und Leistungen dieses uneigennützigen Mannes stolz zu sein. Freilich war er leider auch in seiner Heimat lange Zeit so gut wie vergessen, bis endlich ein neuerdings aus New-York nach Deutschland zurückgekehrter Landsmann, Friedrich Kapp, die Erinnerung an ihn wieder auffrischte, indem er ihn zum Gegenstand des 1858 in Berlin erschienenen Werkes: „Leben des amerikanischen Generals Friedrich Wilhelm von Steuben" wählte. An dieses verdienstvolle Werk halten wir uns, um im Folgenden unseren Lesern das Leben jenes ·Vorkämpfers für die Selbständigkeit von Neuenglands-Staaten zu vergegenwärtigen, eines Mannes, der zu den interessanten Erscheinungen in der Reihe glänzender und schattenreicher Persönlichkeiten des achtzehnten Jahrhunderts gehört.

1. Mars regiert.

„Der Trommeln und Pfeifen krieg'rischer Klang" — er bildete den Wiegensang unseres Helden, den wir schon durch seine Geburt, durch die Verhältnisse seiner Familie und seiner Zeit für das Waffenhandwerk bestimmt sehen . . .

Bis ins dreizehnte Jahrhundert läßt sich der Stammbaum der Familie Steuben verfolgen, die damals aus Franken nach Sachsen und der Grafschaft Mansfeld zog. Obwol übrigens alt und angesehen, zu den freiherrlichen Geschlechtern hat sie niemals gezählt.

Zur Zeit des Dreißigjährigen Krieges trennte sich eine Linie vom Hauptstamme ab, behielt indeß Namen und Wappen bei. Der Gründer dieser Linie, Ernst Nikolaus von Steuben, trat, obgleich die Familie schon seit der Reformation protestantisch war, als Hauptmann in die Dienste des Kaisers, mußte jedoch wegen einer schweren Verwundung bald wieder seinen Abschied nehmen. Mit einem österreichischen Edelfräulein vermählt, hinterließ er nur einen Sohn, und dessen gleichfalls einziger Sohn, Augustin,

— ein gelehrter Theolog, der 1737 als Oberprediger an der reformirten Kirche zu Brandenburg an der Havel starb, — war der Großvater unseres Steuben. Seine Ehe mit der Gräfin Charlotte Dorothea v. Effern war mit zehn Kindern gesegnet; unter diesen befanden sich sieben Söhne, von denen drei in früher Kindheit starben, die anderen aber sämmtlich Sol= daten wurden. Obwol sich nun insbesondere auch der älteste dieser vier Brüder als Mathematiker und militärischer Schriftsteller vortheilhaft be= kannt gemacht, so interessirt uns hier doch nur der zweite, Wilhelm Augustin von Steuben, als Vater des Generals.

Geboren im Jahre 1699 und seit 1715 der preußischen Armee an= gehörig, hatte sich derselbe wegen seiner Tüchtigkeit und wissenschaftlichen Bildung bereits die Achtung seiner Kameraden und Vorgesetzten erworben, als er sich 1729 nach seiner Beförderung zum Ingenieurhauptmann mit Maria Dorothea von Jagow (geb. 1706) verheirathete. Damals gar= nisonirte er in der Festung Magdeburg, und dort ward ihm auch am 15. No= vember 1730 sein erstes Kind geboren: Friedrich Wilhelm August Heinrich Ferdinand von Steuben, der Held unserer Darstellung, dem schon von Kindesbeinen an das wechselvolle Leben des Soldaten zu theil werden sollte. Denn als der Vater 1733 beim Ausbruch des Pol= nischen Erbfolgekrieges auf Befehl Friedrich Wilhelm's I., den die russische Kaiserin Anna um einige gute Ingenieuroffiziere gebeten, in russische Dienste trat, nahm er Weib und Kind mit nach Polen, sowie auch nach der Krim, als er mit der Armee des Feldmarschalls Münnich gegen die Türken zog.

Biß zur Thronbesteigung Friedrich's des Großen blieb die Familie Steuben in Rußland, da nach Wiederherstellung des Friedens mit der Türkei der Vater nach Petersburg ging, um Kronstadt befestigen zu helfen und russische Offiziere in den Kriegswissenschaften zu unterrichten. Erst 1740, mit den Seinigen nach Preußen zurückgekehrt, ward er als Major von der Armee wiederum dem Ingenieurcorps zugetheilt. Die großen Dienste, die er dann bei der Eroberung von Reisse leistete, veranlaßten den König, ihn zum Ingenieur des Platzes zu ernennen und ihm den Orden pour le mérite zu verleihen, eine Auszeichnung, mit der er sonst nicht gerade freigebig war. Beim Ausbruch des Siebenjährigen Krieges wurde dann Steuben in gleicher Eigenschaft nach Küstrin versetzt, wo er auch, nachdem er erst in hohem Alter mit dem Range eines Oberstleutnants in Ruhestand getreten, 1783 starb. Ohne jemals verwundet zu werden, hatte er bei vielen gefähr= lichen Vorkommnissen und während der Vertheidigung Küstrins die größte Tapferkeit an den Tag gelegt. Ueberhaupt war er ein durch und durch ehrenwerther Soldat. Obwol es ihm aber auch an äußerer Anerkennung nicht gefehlt, befand er sich doch bei seiner zahlreichen Familie immer in drückenden Verhältnissen. Denn sein Gehalt hatte kaum genügt, um seinem

Stande gemäß zu leben, zumal seine häufigen Versetzungen und Umzüge außerordentliche Kosten und Ausgaben veranlaßten. Da war es denn fast ein Glück, daß ihm von seinen zehn Kindern nur drei am Leben blieben: zwei Söhne und eine Tochter. Letztere trat als Kanonissin in ein Fräuleinstift, verließ jedoch dasselbe nach einigen Jahren wieder, um sich mit einem preußischen Hauptmann zu verehelichen. Der jüngere Sohn wandte sich gleichfalls der militärischen Laufbahn zu, nahm aber schon mit 26 Jahren seinen Abschied und ward zuletzt Accise- und Zolleinnehmer zu Bärwalde in Pommern. Der älteste Sohn beschloß sein Leben zwar auch nur in einem rohen Blockhause der amerikanischen Wildniß, aber sein Leben war ein so thaten- und ruhmreiches, daß ihn wenige Wochen vor des greisen Vaters Tod der Staat Pennsylvanien zu seinem Ehrenbürger ernannte, ihn, der einst der starke und geschickte Arm eines Washington gewesen!

2. Unter den preußischen Fahnen.

Seitdem Friedrich Wilhelm von Steuben mit den Eltern aus Rußland in die Heimat zurückgekehrt war, genoß er den Schulunterricht in den Städten, wo der Vater im Quartier lag. In Neisse und Breslau insbesondere besuchte er die Schulen der Jesuiten, welche damals die besten in Schlesien waren und daher auch protestantische Schüler hatten. Dort legte Steuben einen guten Grund für seine das Durchschnittsmaß bedeutend überschreitende Bildung, indem er sich nicht blos in den Elementarfächern heimisch machte, sondern sich auch tüchtige Kenntnisse in der Geschichte, Völkerkunde, in den alten Sprachen und in der Mathematik erwarb.

Der erkorene Beruf bot dem strebsamen und thatendurstigen Sohne des armen Offiziers, zumal in einer Zeit, wo durch Friedrich den Großen der preußische Aar seine kraftvollen Schwingen zum Erstaunen der Welt so kühn entfaltete, die nächsten und besten Aussichten. Ueberdies war ihm ja Lust und Liebe zum Waffenhandwerk angeboren und anerzogen. Und so machte er denn schon mit 14 Jahren als Freiwilliger unter seinem Vater den zweiten Schlesischen Krieg und insbesondere die blutige und langwierige Belagerung von Prag mit, die der Einnahme der Hauptstadt Böhmens vorausging. Dort, vor Prag, erhielt er, fast noch ein Kind, seine Feuertaufe, und nachdem er das erforderliche Alter erreicht hatte, trat er 1747 als Fahnenjunker in das später unter dem Namen Tauenzien so berühmt gewordene Regiment Lestwitz ein, in dem er 1753 zum Leutnant und zwei Jahre darauf zum Premierleutnant aufrückte.

Von dieser Lebensepoche Steuben's wissen wir wenig. Interessant ist ein von ihm am 4. Juni 1754 aus Schweidnitz an einen Grafen Henkel von

Donnersmarck gerichteter Brief. Der ihm befreundete Graf ist kurz vorher zum Rathe bei einem der höheren Gerichtshöfe Schlesiens ernannt worden; Steuben beglückwünscht ihn daher und schildert seine eigene Lage. Er schreibt:

„... Während Du, mein theurer Graf, im Tempel der Themis arbeitest, bin ich zu einer ganz empörenden Beschäftigung verurtheilt. Ein Werk, das Herr von Balby quer über einen Friedhof zu ziehen beabsichtigt, verlangt die Anlage eines tiefen Grabens, bei dessen Herstellung beständig halb verweste Leichen aufgefunden werden. Ich fürchte für meine armen Soldaten, denn die giftigen Dünste werden um so unerträglicher, je mehr die Jahreszeit vorrückt. Ich habe deshalb Weinessig, Schnaps, Tabak, kurz alles nur Denkbare herbeischaffen lassen, was mir für die Erhaltung ihrer Gesundheit von Nutzen zu sein scheint. Bis jetzt habe ich noch keinen Todten; aber ich bin in großer Sorge für den Monat Juli. Um meine Leute nicht zu beunruhigen, arbeite ich regelmäßig mit, obgleich mich diese scheußliche Beschäftigung anekelt und meine Untergebenen sind genöthigt, meinem Beispiele zu folgen. Ora pro nobis! Die hiesigen Festungswerke sind sehr ausgedehnt und äußerst gut angelegt. Ich wünschte sie nur ein wenig solider, denn dann würde dieser Platz den Absichten und Zwecken des Königs als großes Depot vollkommen entsprechen, wenn wir nächstens mit „der großen Dame" wieder Krieg haben sollten. Ich brenne vor Begierde nach einem Kriege, sollte ich auch nur als Lehrling dienen. — Ja, mein theurer Heinrich, wenn es einen Krieg giebt, so verspreche ich Dir, daß Dein Freund am Ende des zweiten Feldzuges entweder im Hades ist oder an der Spitze eines Regimentes steht."

Zwei Jahre später gab es wirklich wieder einen Krieg, der sieben Jahre dauerte, also auch lange genug, um es bei persönlicher Tüchtigkeit und bei einiger Gunst des Kriegsgottes bis zum Führer eines Regiments zu bringen. Und so kam es in der That.

Schon in der ersten Zeit des Siebenjährigen Krieges fand Steuben durch die Ausführung schwerer und verantwortungsreicher Aufträge die ersehnte Gelegenheit, sich ehrenvoll hervorzuthun. Sein Regiment gehörte Anfangs zur Armee des greisen Feldmarschalls Grafen Schwerin und half am 6. Mai 1757 den opferreichen Sieg bei Prag erkämpfen. Theuer genug freilich ward er erkauft durch den Heldentod Schwerin's; auch unser Steuben holte sich diesmal vor Prag seine erste Verwundung. Aber schon am 5. November desselben Jahres sehen wir ihn wieder mit seinem Regimente bei den preußischen Vortruppen, die siegesgewissen Franzosen bei Roßbach angreifen, worauf diese so vortrefflich zu — laufen verstanden.

Zu Anfang des Jahres 1758 trat Steuben, der noch ein dankbareres Feld für seine Kraft und seinen Jugendmuth suchte, als es die reguläre Armee mit ihrer strengen und monotonen Zucht bieten konnte, unter Vorbehalt seines Avancements im Regiment in eines jener Freibataillone, welche der König ins Leben gerufen, um seine alten Regimenter nicht durch den täglichen Kampf mit irregulären Truppen, namentlich den Panduren, sich zu sehr anstrengen und schwächen zu lassen. Das Freibataillon, dem sich Steuben als Freiwilliger anschloß, ward von dem aus Wien gebürtigen militärischen Abenteurer Johann Eck von Mayr befehligt, einem der unternehmendsten Soldaten seiner Zeit, dessen Corps sehr bald der Schrecken des Feindes wurde. Wo nur eine Gefahr zu überwinden oder ein schwieriges, halsbrecherisches Manöver auszuführen war, konnte man es finden, ja es verdunkelte sogar den Ruhm der gefürchteten Panduren. Seine Razzias in Franken, seine Ueberrumpelung mehrerer dortigen reichen Städte, wie Bamberg und Nürnberg, die Jagd, welche es auf die bei Roßbach geschlagenen Franzosen bis nach Erfurt machte, die Einnahme von Hof und die Plünderung der Gewehrfabriken in Suhl, der tapfere Widerstand, den es an der Elbelinie mit geringeren Streitkräften dem Marschall Daun leistete, der bedeutende Antheil, den es an der Vertheidigung und Rettung von Dresden hatte, und endlich seine Verfolgung der Oesterreicher bis in die böhmischen Gebirge sind die hervorragendsten Thaten dieses Corps, dem unser Held bis zum Tode seines Führers im Januar 1759 angehörte.

Es war für ihn eine ausgezeichnete Schule, um sich, Angesichts der Gefahr und unvorhergesehener Schwierigkeiten, das Selbstvertrauen und die Schnelligkeit in der Entscheidung anzueignen, welche eine so wesentliche Eigenschaft eines guten Generals sind und ihm nachmals auch so trefflich zu statten kommen sollten. Denn nicht nur lernte er durch tägliche Erfahrung die Führung und Verwendung der leichten Infanterie und der Plänkler kennen, bei der Verfassung dieser Freicorps und ihrer Unabhängigkeit von dem großen Armeeverbande mußten die dazu gehörigen Offiziere Geist und schnellen Blick in der Auffassung und Ausführung eines Planes besitzen, da sie gezwungen waren, bei jeder Gelegenheit auf eigene Verantwortlichkeit hin ihre Dispositionen zu treffen. Genug, Steuben's militärische Erfahrungen, die er sich als Offizier im Mayr'schen Freicorps gesammelt, brachten ihm beim Wiedereintritt in das reguläre Heer die Ernennung zum Generaladjutanten des Generals von Hülsen, eines ausgezeichneten Unterfeldherrn im Corps des Prinzen Heinrich, ein. Mit Hülsen brach er am 5. Juni 1759 nach Brandenburg auf, wo es bekanntlich am 12. August bei Kunersdorf zur blutigsten aller Schlachten des Siebenjährigen Krieges kam. Der Löwenmuth der Preußen kämpfte hier vergeblich gegen die Uebermacht der Feinde an, und wie selbst der König und fast alle preußischen Generale zählte auch der tapfere Steuben zu den Verwundeten. Erst ein Jahr später errang Friedrich wieder einen Sieg über die Oesterreicher bei Liegnitz, an welcher Schlacht Steuben gleichfalls theilnahm.

Zu der nächsten Zeit ward derselbe Generalstabsoffizier und Adjutant des Generals von Knobloch, dessen Brigade zum Platen'schen Corps gehörte. Dieses erhielt im September 1761 den Auftrag, nach Polen zu

Auf einem Streifzuge in Thüringen.

marschiren, um den Russen in den Rücken zu fallen. Schon wenige Tage nach seinem Aufbruch aus dem Lager von Bunzelwitz bei Schweidnitz erstürmte und verbrannte es die russische Wagenburg beim Kloster Golgowka unweit der Stadt Gostyn in Posen, schlug die 4000 Mann starke Bedeckung und zog mit 1900 Gefangenen nach Landsberg an der Warthe. Dort nun hatte bereits Steuben's Vater als damaliger Platzingenieur in Küstrin eine Brücke über den Fluß schlagen lassen, und dadurch ward dem General Platen ein schnelles Ueberschreiten desselben ermöglicht. So waren Vater

und Sohn — der Eine als erfahrener Ingenieuroffizier, der Andere als
Generaladjutant — an einem und demselben Punkte in einem kritischen
Augenblicke kriegerisch thätig.

Das Platen'sche Corps wandte sich dann nach Pommern, um der von
den Russen bedrängten Festung Kolberg Hülfe zu bringen, und während sich
die Hauptmasse des Corps mit der Besatzung daselbst vereinigte, ward
Knobloch's Brigade, bei der sich Steuben befand, nach Treptow an der
Rega gesandt, damit sie die für Kolberg bestimmten Zufuhren decke. Von
den Russen in Treptow angegriffen und fortwährend beschossen, vertheidigte
sich Knobloch zwar auf das Verzweifeltste, konnte sich aber schließlich doch
nicht länger halten, als ihm Proviant und Munition ausgingen. Sein
Adjutant Steuben war es, der daher am 24. Oktober mit Kapitulations-
Vorschlägen abgeschickt wurde. Da die Russen sie annahmen, zogen die
Preußen mit klingendem Spiele aus und streckten erst am 25. Oktober die
Waffen, behielten aber ihre Equipage.

Infolge dieser Kapitulation ward Steuben mit den übrigen Offizieren
seiner Brigade als Kriegsgefangener nach Petersburg geführt, gewiß ohne
zu ahnen, daß es ihm auch dort möglich sein würde, die politischen Zwecke
seines Königs zu fördern. Schon am 5. Januar 1762 ging nämlich die
Kaiserin Elisabeth mit Tode ab und ihr Neffe und Nachfolger, Peter III.,
schloß bald nach seiner Thronbesteigung (16. März) einen Waffenstillstand
mit Friedrich dem Großen ab. So dauerte denn die Gefangenschaft
jener preußischen Offiziere zwar nur wenige Monate, lange genug indeß,
um für Letzteren dadurch eine unerwartet günstige Wendung seiner höchst
bedenklichen Lage herbeiführen zu helfen. Sie waren die beredten Anwälte
ihres königlichen Gebieters bei Peter, der schon längst ein begeisterter Verehrer des großen Königs gewesen, und wußten seine Vorliebe für Friedrich
so geschickt auszubeuten, daß sie ihn zum Abschluß eines Friedensvertrags
mit Preußen (5. Mai) bewogen. Ja, der junge Kaiser ließ sogar 20,000
Russen zu dem Heere Friedrich's stoßen. Namentlich soll sich Steuben
die Gunst des Zaren erworben haben, der ihn gerne für den russischen Dienst
gewonnen hätte. Steuben glaubte jedoch damals mit Recht, dem bedrängten Vaterlande seine Kraft nicht entziehen zu dürfen, und kehrte im
April 1762 mit dem General Knobloch dahin zurück.

Dankbar für den ihm von seinen Offizieren erwiesenen großen Dienst,
belohnte sie der König durch Beförderungen, und so ward denn auch
Steuben gleich nach seiner Rückkehr zum Stabskapitän und Flügeladjutanten ernannt, als welcher er im Gefolge seines obersten Kriegsherrn
die berühmte Belagerung der Festung Schweidnitz mitmachte, deren Uebergabe den glänzenden Schlußstein in den militärischen Operationen des
Siebenjährigen Krieges bildete. Auch da wußte sich Steuben die besondere

Zufriedenheit Friedrich's derart zu erwerben, daß dieser ihn nicht allein zu seinem Quartiermeister machte und im Winter 1762—63 das Regiment Salmuth interimistisch befehligen ließ, sondern ihm auch am Ende des Krieges ein Kanonikat mit ein paar hundert Thalern jährlicher Einkünfte beim Domkapitel in Havelberg verlieh.

3. Friedensjahre.

In Anbetracht der vorhin erwähnten Gunstbezeigungen erscheint es befremdlich, daß Steuben unmittelbar nach dem Hubertusburger Frieden (13. Febr. 1763) aus dem preußischen Heere trat. Auch ist der nähere Grund davon unbekannt geblieben. Er selbst hat nachmals nur andeutungsweise darüber gesprochen. „Ich wurde gar bald" — schreibt er in einem Briefe, worin er einen Rückblick auf sein Leben wirft, — „von meinen Befehlshabern und endlich selbst von meinem einsichtsvollen Könige bemerkt und hervorgezogen. Des Siebenjährigen Krieges darf ich mich nicht schämen, obgleich am Ende desselben ein unüberlegter Schritt und vielleicht ein unversöhnlicher Feind die Erwartung einer besseren Belohnung für 22jährige treue und wichtige Dienste vereitelte. Kurz, ich sah mich veranlaßt, den preußischen Dienst zu verlassen." Daraus, wie aus dem Umstande, daß die Armee auf den Friedensfuß gestellt, auch die Zahl der Offiziere also beschränkt werden mußte, folgert Steuben's Biograph, daß derselbe wegen vermeintlicher Zurücksetzung um seinen Abschied eingekommen, und daß vielleicht der erste Anlaß zum Zorn des Königs durch einen Streit und ein Duell mit dem Grafen Anhalt, auch einem Flügeladjutanten, herbeigeführt worden sei. So hätte sich demnach Steuben in gleicher Lage mit Blücher befunden, und jene barsche Antwort: „Der Rittmeister Blücher soll sich zum Teufel scheren!" wäre nur deshalb bekannter geworden, weil Blücher den ihm gegebenen guten Rath nicht wörtlich befolgte, sondern es vorzog, später — Marschall zu werden.

Uebrigens ward Steuben's Gesuch um seinen Abschied nicht sogleich bewilligt. Mittlerweile machte er Reisen nach Halle, Dessau und Hamburg. Dann ging er, im Mai 1764, als Begleiter des Prinzen Friedrich von Württemberg ins Wildbad nach Schwaben. Dort erst erhielt er seine Entlassung mit dem Range eines — Kapitäns. Dort auch war es, wo er den Fürsten von Hohenzollern-Hechingen kennen lernte, der ihn auf Empfehlung des Prinzen Heinrich von Preußen als Hofmarschall in seine Dienste zog.

Es war nicht Ruhe, die Steuben nach Beschwerden suchte. Er fühlte seinen Werth und wollte, daß ihn auch Andere fühlten, — ein Verlangen, das zwar berechtigt ist, aber leicht zu Mißgriffen führt, wenn es keine Befriedigung findet. So wurde Steuben, der Krieger, der erfahrene Taktiker, aus gekränktem Ehrgeiz plötzlich zum dienstbeflissenen Hofmann, weil er sich dadurch in die Nähe eines Fürsten gestellt sah, in dessen Glanze — so beschränkt der Raum war, den er füllte, — er manchen Andern zu verdunkeln und seine Gegner in Preußen zu beschämen hoffen durfte.

Zehn Jahre lang stand Steuben jener Hofstelle mit all jenem Anstande, jener Ordnung und Geschäftigkeit vor, die sie erforderte; er erwarb sich nicht blos das vollkommene Vertrauen des Fürsten, sondern auch an seinem und an den benachbarten Höfen Freunde und Gönner. Er zeigte sich entgegenkommend und freundlich gegen Niedere, streng und gewissenhaft im Verkehr mit seinen Untergebenen, die er zu Ordnung und pünktlicher Erfüllung ihrer Pflichten anhielt, ohne sie indeß zu tyrannisiren. Mit Umsicht strebte er dahin, seinem Herrn jeden Verdruß zu ersparen, indem er, was dessen Zorn hätte erregen können, in der Stille beilegte und lieber bat und ermahnte, ehe er strafte. — Die Stellung brachte manche Annehmlichkeiten mit sich, zumal da Steuben den Fürsten auch bei dessen Besuchen an deutschen und ausländischen Höfen zu begleiten hatte. Er mochte daher auch wol den Gedanken, zu seinem ursprünglichen Berufe wieder zurückzukehren, ganz aufgegeben haben; wenigstens ging er auf die ihm wiederholt gemachten günstigen Anträge auf Eintritt in die Armee des Deutschen Kaisers nicht ein.

Das Schicksal wollte es aber anders. Begreiflich fehlt es dem besten Diener nicht an heimlichen Widersachern und Neidern. So hatte denn auch Steuben seine Feinde, und diesen gelang es, durch Intriguen und Verleumdungen den Fürsten, wenn auch nur vorübergehend, gegen seinen Hofmarschall einzunehmen und Letzteren sogar vom Hofe zu vertreiben.

Zwar begab sich derselbe wieder zu einer Hofhaltung, nach Karlsruhe zum Markgrafen von Baden, der ihn zum Oberst der Reichstruppen des schwäbischen Kreises ernannte; dies war jedoch nur ein Ehrenposten, der ihm so gut wie nichts zu thun gab und also seinem Bedürfniß nach Beschäftigung keineswegs entsprach. Vielmehr ward ihm jetzt das müßige Hofleben bald zuwider und, um nur wenigstens Abwechselung in sein Dasein zu bringen, unternahm er verschiedene Reisen, so insbesondere nach dem Elsaß, wo er abermals mit dem ihm schon von Hamburg her bekannten Grafen Saint Germain zusammentraf. Im Winter des Jahres 1775 weilte er in Montpellier in Südfrankreich und verkehrte daselbst u. A. viel mit dem Prinzen Montbarey, dem späteren Nachfolger Saint Germain's in der Leitung des französischen Kriegsministeriums, sowie mit mehreren vornehmen Engländern. Letztere namentlich wurden ihm aufs Freundschaftlichste gewogen und nahmen ihm das Versprechen ab, sie in nächster Zeit auf ihren Gütern zu besuchen.

Diese Bekanntschaften sollten für Steuben's Zukunft bedeutungsvoll werden. Sie führten ihn auf eine andere Bahn, als die war, welche er nach

seiner Rückkehr aus Frankreich in Aussicht nahm. Damals knüpfte er Unter=
handlungen an, um in den österreichischen Kriegsdienst zu treten. Bei aller
Anerkennung seiner Tüchtigkeit stießen dieselben doch auf Schwierigkeiten,
weil Steuben sogleich den Oberstenrang beanspruchte, während er doch
bloß als Kapitän verabschiedet worden war, und so zerschlugen sie sich schließ=
lich. Aber trotzdem nahte die Zeit ihrem Ende, in der seine reichen Er=
fahrungen und großen Kenntnisse brach liegen mußten.

Bevor wir erzählen, wie dies kam, wird es zum bessern Verständniß
gut sein, wenn wir erst das Zusammenwirken der französischen Kabinets=
politik mit den damaligen „idealen" und freiheitlichen Bestrebungen erklären.

— · —

4. Nordamerika's Befreiungskampf und die Franzosen.

Nirgends ward die Nachricht von der amerikanischen Revolution freu=
diger begrüßt, als in Frankreich. Durch den Pariser Frieden von 1763
hatte dasselbe seine bisherige schiedsrichterliche Stellung in der europäischen
Staatenfamilie verloren, war es zu einer Macht zweiten Ranges herab=
gedrückt worden. England dagegen, an das es, abgesehen von anderen De=
müthigungen, seine Besitzungen in Nordamerika, namentlich Canada, hatte
abtreten müssen, war die erste Seemacht der Welt geworden. Unter der
sitten= und ehrlosen Regierung eines Ludwig's XV. freilich, welche den
Sinn für nationale Größe im Taumel des Genusses erstickte, hatte man sich
über den Verlust an Macht und politischem Einfluß mit leichter Mühe hin=
weggesetzt. Seitdem aber Ludwig XVI. auf dem Throne saß, war das so
tief gekränkte Nationalgefühl wieder rege geworden, und mit der Scham über
alle Demüthigungen verband sich ein gewaltiger Haß, vor Allem gegen Eng=
land. Darin begegneten sich Hof und Volk, darin waren alle Klassen einig.
Die Eifersucht gegen England also war es, welche in Frankreich auch König
und Hof, trotz ihrer monarchischen Gesinnungen, über die durch die rebelli=
schen Kolonien dem verhaßten England bereitete Verlegenheit frohlocken
ließ. Dennoch wäre es bei Ludwig's XVI. steter Unentschlossenheit und
gänzlichem Mangel an Energie doch niemals zu einer offenen Unterstützung
der Amerikaner, zu einer Kriegserklärung Frankreichs gegen England ge=
kommen. Das Verhalten des Hofes, der den idealen Forderungen und
liberalisirenden Bestrebungen der gebildeten Klassen Frankreichs gegenüber
sich ablehnend oder wenigstens zuwartend verhielt, befand sich infolge dessen
im Widerstreit mit der vom Adel und dem herrschenden philosophischen Geiste
hervorgerufenen und geleiteten öffentlichen Meinung. Diese aber äußerte
sich bald in so bestimmender Weise, daß sich ihrem Drucke selbst die monar=
chischen Bedenklichkeiten in der Umgebung des Königs fügen mußten. Die

gebildeten Mittelklassen hielten unverbrüchlich daran fest, daß es sich zwischen England und seinen Kolonien im Grunde um den alten, ewig sich erneuernden Kampf gegen die Unterdrückung ewiger Rechte, sowie die Vergewaltigung der dafür einstehenden Menschen, also um den Sieg der Freiheit über den Despotismus handle. Die in ihrer Allgemeinheit zweideutigen und anwendungslosen Rousseau'schen Lehren und Stichworte, wie „angeborene Menschenrechte, Freiheit und Gleichheit", hatten in jenen Ständen schnell Eingang gefunden und der geistigen Richtung der Zeit ihren Stempel aufgedrückt. Selbst die höheren und höchsten Gesellschaftsklassen fühlten sich angezogen durch den Reiz des Verkehrs mit den schöngeistigen Anhängern jener Philosophie, fingen an, mit deren Ideen über Staat und Gesellschaft zu kokettiren, so daß es schließlich auch am Hofe Mode wurde, die bekannten Schlagwörter der Freiheitsadvokaten im Munde zu führen. Man ahnte nicht, daß das Feuer, mit dem man spielte, bald für das eigene Haus verhängnißvoll werden sollte! Den Amerikanern freilich konnte nichts erwünschter und günstiger sein, als der enthusiastische Eindruck, den schon das bloße Wort „Republik" in Frankreich hervorrief, — ein Eindruck, den es ja auch nach der Schlacht bei Sedan auf viele unklare Köpfe machte. Allerdings unterschied sich die junge amerikanische Republik sehr wesentlich von der am 4. Sept. 1870 in Frankreich ausgerufenen, und zwar gerade durch Etwas, was einst die französischen Schwärmer ganz übersahen: die Abneigung gegen ein erbliches Oberhaupt, beziehentlich die Verzichtleistung auf die monarchische Spitze Seitens der Vereinigten Staaten von Amerika ward nicht bedingt durch den Haß gegen das Königthum überhaupt, sondern durch ihren Mangel an Beziehungen zu anderen europäischen Dynastien, als der englischen; außerdem verstand sich die politische Gleichberechtigung der Religionsparteien in Amerika, einer der geschichtlichen Faktoren zur Größe des Landes, hier eben so gut von selbst, als sie sich in Europa aus den entgegengesetzten Gründen nicht von selbst verstand. Mit einem Worte, in Amerika war naturwüchsige Gesundheit, sinnliche, greifbare Wirklichkeit, was in Europa ein von falschen Voraussetzungen ausgehender, von den krankhaften Einflüssen einer politisch verwesenden Periode bedingter logischer Schluß war.

Dem Enthusiasmus des französischen Volkes kam übrigens noch die Ankunft eines Mannes in Paris zu Hülfe, „der, scharfsichtiger, diplomatischer und klüger, als alle Staatsmänner jener Zeit, Frankreich den Puls fühlte und, wie wir bereits wissen, die öffentliche Meinung meisterhaft zu Gunsten seines Vaterlandes auszubeuten und zu leiten wußte": Benjamin Franklin's, „in welchem Jedermann das Bild einer idealen Volksherrschaft sah, von der Rousseau so schön geredet hatte."

„Es würde schwer sein," sagt Ségur in seinen Lebenserinnerungen, und es ist zur Bestätigung des oben Gesagten nicht überflüssig, hier noch=

mals auf zum Theil schon aus dem Leben Franklin's Bekanntes zurückzu=
kommen, — „es würde schwer sein, die Begeisterung und das Entzücken zu
schildern, mit welchem die amerikanischen Gesandten, die Agenten eines gegen
seinen König in Aufstand begriffenen Volkes, in Frankreich, im Herzen einer
alten Monarchie, empfangen wurden. Nichts war interessanter und auf=
fallender, als der Kontrast im Luxus unserer Hauptstadt, in der Eleganz
unserer Moden, in der Pracht von Versailles und aller lebendigen Spuren
des monarchischen Stolzes Ludwig's XIV., in der feinen und edlen Würde
unserer Großen mit der beinahe bäuerlichen Kleidung, der einfachen, aber
stolzen Haltung, der freien und offenen Sprache und einfachen Frisur der
Amerikaner, kurz mit jenem antiken Wesen, welches plötzlich inmitten der
verweichlichten und höfischen Civilisation des achtzehnten Jahrhunderts
einige Weise und Zeitgenossen Plato's oder Republikaner aus den Tagen
Cato's und Fabius' bei uns einzuführen schienen. Dies ungewohnte Schau=
spiel gefiel uns um so mehr, als es uns ganz neu war und als es gerade zu
einer Zeit stattfand, wo Literatur und Philosophie unter uns allgemein den
Wunsch nach Reformen rege machten, den Hang nach Neuerungen erweckten
und die Keime eines lebhaften Verlangens nach Freiheit in uns legten. Die
Gesandten des Kongresses waren noch nicht offiziell als diplomatische Agen=
ten anerkannt, unser Souverän hatte ihnen noch keine Audienz bewilligt, und
der Minister verhandelte nur indirekt mit ihnen. Aber die ausgezeichnetsten
Persönlichkeiten der Hauptstadt und des Hofes, die berühmtesten Philosophen,
Gelehrten und Schriftsteller besuchten sie täglich in ihrem Hause. Ihren
eigenen Schriften und ihrem persönlichen Einflusse schrieben sie den glän=
zenden Fortschritt liberaler Ideen in der Neuen Welt zu, und ihr geheimer
Ehrgeiz ließ sie schon sich selbst als dereinstige und eben so erfolgreiche Gesetz=
geber für Europa erblicken, wie ihre Nebenbuhler es bereits in Amerika waren."

Nicht reiner und uneigennütziger als der der Anderen, für die Amerika=
ner aber am werth= und bedeutungsvollsten erscheint der Enthusiasmus
Beaumarchais'. Ihm, dem Verfasser des „Barbier von Sevilla" und
der „Hochzeit des Figaro", genügte sein Dichterruhm nicht; mit regstem Eifer
war er für die Sache der Amerikaner thätig, indem er alle seine Verbindun=
gen, seine ganze Energie und seinen weitreichenden Einfluß zu Gunsten der
jungen transatlantischen Freistaaten aufbot.

„Beaumarchais ließ in den schlimmsten Zeiten des amerikanischen Krie=
ges den Muth nie sinken; er theilte seinen Glauben an den endlichen Erfolg
und seine Begeisterung selbst den Ministern mit und übte zuletzt sogar einen
wesentlichen Einfluß aus auf den Entschluß des Königs, von der geheimen
Unterstützung zum offenen Bündniß mit den Vereinigten Staaten überzu=
gehen. Beaumarchais' kaufmännische Operationen, — er lieferte aus eige=
nem Antriebe und auf eigene Gefahr den Amerikanern Waffen und Munition

— waren mehr als bloße Spekulationen, sie waren eine politische That. In ersterer Eigenschaft schlugen sie fehl, denn die Amerikaner wußten ihm nicht Dank für seine Dienste, aber in letzterer hatten sie Erfolg."

Wie nun insbesondere auch Steuben für Amerika gewonnen wurde, werden wir gleich sehen, da wir jetzt zu unserem Helden zurückkehren.

5. Steuben's Zukunft entscheidet sich.

Der Frühling des Jahres 1777 prangte in seiner ganzen wonnigen Blütenfülle, und wie in der verjüngten Natur, so sah es damals auch in den Gemüthern der Menschen aus. Es war das Frühlingswehen einer neuen Zeit, das sie bewegte, trieb und drängte und in ihrer Zukunftsfreudig= keit die bevorstehenden Stürme nicht ahnen ließ. Nach derselben Stadt, wo sich diese später mit so furchtbarer Gewalt erheben sollten, waren in jenem Frühjahre fast gleichzeitig drei bedeutende und interessante Männer gekom= men, Kaiser Josef, Benjamin Franklin und unser Steuben. Für Letzteren bildete indeß Paris nicht das Reiseziel; er wollte vielmehr nach England, um seine in Montpellier gewonnenen Freunde zu besuchen; da aber auch der inzwischen an die Spitze des französischen Kriegsministeriums berufene Graf Saint Germain, wie wir wissen, ein alter Bekannter von ihm war, so ließ er diese Gelegenheit nicht vorüber gehen, ohne auch diesem seine Aufwartung zu machen. So sehen wir ihn denn an einem Maitage des genannten Jahres in das Kabinet des Ministers treten, den er über eine große Karte gebückt findet.

„Was haben Sie da, Herr Graf?" fragte Steuben.

„„Ihr künftiges Schlachtfeld, Herr Baron,"" lautete die befremdliche Antwort Saint Germain's, der eine große Karte Nordamerika's vor sich hatte. „„Sie kommen gerade zur rechten Zeit,"" fuhr er fort; „„ich hatte schon vor, Ihnen zu schreiben, ich habe mich in letzter Zeit viel mit Ihnen beschäf= tigt; ich wollte Ihnen einen Plan vorlegen, für dessen Ausführung Sie der rechte Mann sind. Sie müssen nach Amerika, dort ist ein junges Staats= wesen, dem Sie dienen sollten; es bedarf Ihrer, und wenn Ihre Bemühun= gen von Erfolg gekrönt werden, so ist Ihr Glück gemacht, und Sie werden mehr Ruhm und Ehre ernten, als Sie in Europa je erwarten konnten. Nachdem einmal die Amerikaner ihre Unabhängigkeit erklärt haben, werden sie dieselbe auch behaupten, und Sie würden sich, lieber Baron, ein großes Verdienst erwerben, wenn Sie den Staatsbau der jungen Republik mit errichten hälfen.

Auch von Frankreich und Spanien darf sie auf indirekte Unterstützun= gen rechnen, ja — im Vertrauen gesagt — es liegt sogar ein offenes

Zusammenkunft Steuben's und Beaumarchais' mit Franklin und Deane.

Bündniß zwischen diesen und den Vereinigten Staaten im Bereich der Möglichkeit. Trotzdem sind allerdings die Verhältnisse der Amerikaner nicht die günstigsten. Ihre Armee hat noch keine regelmäßige und feste Organisation, bei den verschiedenen Corps herrscht weder Ordnung, noch Methode, die Anwerbungen erfolgen nur für kurze Zeit, und der unaufhörliche Abgang und Verlust an Mannschaften zerstört nicht allein stets die kaum stattgefundene Bildung der Corps, sondern erzeugt auch einen empfindlichen Ruin an Pferden, Waffen, Uniformen und jeder Art von Lagergeräthen. Ein erfahrener Offizier könnte hier aber Abhülfe bringen; vertraut mit allen Details des Dienstes und der regelmäßigen Formation einer Armee, könnte er durch ein streng durchgeführtes System weiser Sparsamkeit und energischer Oberaufsicht allen den Mißbräuchen steuern, an denen die Sache der Amerikaner andernfalls scheitern müßte. Denn wird die unumgänglich nothwendige Ordnung nicht hergestellt, so werden sich ihre Hülfsmittel bald erschöpfen, und es wäre ihren Freunden in Europa unmöglich, für ihre enormen Bedürfnisse zu sorgen. Nun begreifen Sie, lieber Baron, weshalb ich Ihnen den Vorschlag gemacht, sich den Vereinigten Staaten zur Verfügung zu stellen. Unter allen fremden Offizieren, die bisher nach Amerika gegangen, besitzt keiner hinreichende Kenntnisse und Erfahrungen zur Abstellung der erwähnten Uebelstände; der Kongreß und Obergeneral würden daher höchst erfreut sein, wenn sie endlich einen Mann gewinnen könnten, der im Stande wäre, Ordnung, Disziplin und Regelmäßigkeit in die Armee zu bringen; und ich weiß, daß Sie, der ehemalige Adjutant Friedrich's des Großen, der rechte Mann dazu wären.‘‘

„Ich bin Ihnen, Herr Graf, sehr verbunden für Ihre günstige Meinung und danke Ihnen für die mir gemachten Eröffnungen,“ entgegnete Steuben, „aber ich bin schon zu alt, auch ist mir die englische Sprache fremd. Erlauben Sie mir übrigens die Frage: Würden Sie mir, Herr Graf, als Freund und nicht als Minister, mit derselben Bestimmtheit rathen, auf ein so gewagtes Unternehmen einzugehen?“

„„Als Minister habe ich Ihnen keinen Rath zu geben, als Freund aber würde ich Ihnen niemals Etwas rathen, das ich nicht selbst zu thun bereit wäre, wenn ich nicht in des Königs Dienst stände.““

„Nun, dann will ich den Vorschlag wenigstens nicht sofort von der Hand weisen und die Reise nach England vorläufig verschieben, um mir die Sache zu überlegen, so abenteuerlich — ich gestehe es — sie mir auch vorkommt.“

Bevor darauf Steuben das Kabinet des Ministers verließ, warnte dieser ihn noch vor den englischen Spionen, die sich namentlich in Versailles herumtrieben, und gab ihm einen Empfehlungsbrief an Beaumarchais mit. — Dies wird der Leser ahnen lassen, weshalb ein paar Tage darauf Beaumarchais in freudigster Erregtheit nach dem Dorfe Passy bei Paris eilt, in dessen friedsame Stille sich Franklin, der Sendbote seines schwer ringenden Vaterlandes, zurückgezogen und bei demselben mit den triumphirenden Worten eintritt:

„Der Himmel schickt uns einen Retter!“

Auf Franklin aber machten sie nicht den erhofften Eindruck, der Weise ward durch diese Nachricht nicht aus seinem Gleichmuthe gebracht. Mit ruhiger Würde schritt er dem hastigen Franzosen entgegen, hieß ihn herzlich willkommen und bat ihn, sich von seinem raschen Gange erst Etwas zu erholen, bevor er ihm Näheres mittheile.

Beaumarchais bewunderte den unerschütterlichen Gleichmuth des herrlichen Mannes und wurde dadurch selbst ruhiger. Dann erklärte er seinen Ausruf und berichtete, daß ein deutscher „General“, ein Flügeladjutant des Preußenkönigs, ein „Baron“, wie er nicht zu betonen vergaß — denn ein hoher Rang und Titel hatte trotz aller republikanischer Gleichheitsideen noch keineswegs an Geltung verloren, — daß also ein Baron aus einem alten Geschlechte nicht abgeneigt sei, in die amerikanische Armee einzutreten.

„Alle Nationen," setzte er begeistert hinzu, „müssen den Kampf mitkämpfen, in dem jetzt die dreizehn Staaten Amerika's nicht für sich allein, sondern für die ganze Menschheit begriffen sind. Frankreich hat vorerst seinen Lafayette geschickt, Polen seinen Koszciuszko, Deutschland sendet nun seinen General Steuben. Und dieser Mann wird ein unschätzbarer Gewinn sein. Ein Mann voll Edelsinn und großer Tapferkeit, ein erfahrener Kriegsheld aus der Schule Friedrich's des Großen, der alle Hindernisse und Schwierigkeiten nur kennt, um sie zu überwinden und zu beseitigen, — und dennoch, theurer Freund, jubeln Sie nicht mit mir, eilen Sie nicht, den Mann im Namen Ihres Vaterlandes zu begrüßen?"

„„Gewiß theile ich lebhaft Ihre Freude und danke Ihnen,"" entgegnete Franklin, „„aber ich habe nicht den Auftrag, Soldaten für mein Vaterland zu werben, und thäte ich es trotzdem, so würde ich meine bescheidene Stellung hier gefährden; unsere Freunde, die Minister und das hochherzige französische Volk müßten sie mir ja dann kündigen, so schwer dies ihnen auch fiele.""

„Auf eine solche Antwort," sagte Beaumarchais, „war ich nicht gefaßt, zumal Ihr Mitgesandter Deane bereits gezeigt hat, daß er seinerseits nichts Bedenkliches darin erblickt, mit dem deutschen General zu unterhandeln. Auch ist eine rasche Entscheidung nothwendig, denn, wie ich gehört, hat Niemand anders als Kaiser Joseph gleichfalls Absichten auf ihn."

„„Ich würde ihm dabei, auch wenn ich diesen Fürsten mit seinem starken, reinen Herzen weniger liebte, sicher nicht hinderlich sein.""

Beaumarchais fand keine Zeit, auf diese Worte Franklin's Etwas zu erwidern, denn noch hatte Letzterer nicht ausgeredet, als zwei Männer in den Garten traten, denen Ersterer mit dem Ausrufe: „Sie kommen wie gerufen!" sofort entgegeneilte, um den Einen — eine stattliche, markige Gestalt von gewinnendem und achtunggebietendem Aussehen, bei der Hand zu nehmen und in freudigster Erregung dem greisen Gesandten Amerika's als „General Steuben" vorzustellen. Der Andere war Silas Deane, der ihn einführte.

Doch auch vom persönlichen Erscheinen des deutschen „Generals" hatte sich Beaumarchais zu viel versprochen. Zwar machte Steuben, da er nicht vor Allem nach Schlachtenruhm begehrte, sondern seine Kraft der mühevollen und glanzlosen inneren Gestaltung widmen wollte, den günstigsten Eindruck auf Franklin, allein dieser ging doch über eine kühle Freundlichkeit nicht hinaus und erklärte wiederholt und bestimmt, daß er nicht beauftragt sei, einen, wenn auch noch so schätzbaren Kriegsmann anzuwerben.

Diese Aufnahme verletzte nicht blos Steuben, sie machte ihn auch stutzig und dem Rathe eines zufällig in Paris weilenden alten Freundes, von dem Plane abzustehen, sofort geneigt. Er wollte von Amerika nichts mehr hören und beharrte auch bei seiner Weigerung, als ihm Beaumarchais zur Ausführung des Planes tausend und mehr Louisd'or zu Gebote stellte. Nur

den Ueberredungen der Minister, Saint Germain und des Prinzen Mont=
barey gelang es, ihn von seinem Entschlusse wenigstens so weit wieder ab=
zubringen, daß er die Sache sich nochmals bedenken und mit seinen Freunden
in Deutschland besprechen wollte. Steuben reiste daher dorthin ab. In
Rastadt traf er mit dem Prinzen Ludwig Wilhelm von Baden zusammen,
der Generallieutnant in holländischen Diensten und Gouverneur von Arn=
heim war. Diesem, zu dem er das größte Vertrauen hatte und dessen Ansicht
für ihn maßgebend war, theilte er die ganze Angelegenheit mit. Der Prinz
meinte, hier sei sich gar nicht lange zu bedenken, denn nie würde sich wieder
eine so günstige Gelegenheit zur Erkämpfung von Ruhm und Ehre bieten;
Steuben möge daher unbedingt auf die ihm gemachten Anträge eingehen.
Diese Bestimmtheit wirkte entscheidend. Am 17. August 1777 war Steuben
bereits wieder in Paris und gleich am folgenden Tage begab er sich nach
Versailles, um sich mit den Ministern näher zu besprechen. Es ward be=
schlossen, daß er sich an Franklin oder Deane weder um Geld, noch um die
Auslagen der Reisekosten wenden, sondern sie nur von seiner bevorstehenden
Abreise nach Amerika in Kenntniß setzen und um Empfehlungsbriefe an die
hervorragenden Mitglieder des Kongresses bitten, sowie zugleich benachrich=
tigen solle, daß er nur als Freiwilliger ohne Rang und Gehalt Dienste neh=
men wolle. Dies geschah, und nunmehr zögerte Franklin natürlich nicht,
Steuben für die Sache Amerika's willkommen zu heißen und ihn mit den
gewünschten Empfehlungsschreiben zu versehen.

Schon am 26. September 1777 schiffte sich Steuben auf der Fregatte
„L'Heureux" ein, die zugleich bestimmt war, eine Menge Kriegsmaterial den
Amerikanern zuzuführen, das ihnen Beaumarchais und seine Freunde sandten.
Dieser streckte auch Steuben's Reisekosten vor, welche Letzterer aber nur als
ein ihm persönlich gemachtes Darlehn ansah.

„Empfiehl mich" — schrieb Beaumarchais ein Jahr später seinem
Neffen und Agenten Francy — „dem guten Andenken und der Freundschaft
des Herrn v. Steuben. Ich wünsche mir Glück dazu, daß ich meinen
Freunden, den „freien Männern", einen so tüchtigen Offizier verschafft und
daß ich ihn gewissermaßen gezwungen habe, seinem edlen Berufe zu folgen."

Nun, es gehörte allerdings zumal in jener Zeit, wo der Name Amerika
noch nicht in aller Leute Mund lebte, kein kleiner Entschluß dazu, die Hei=
mat, eine angenehme und sorgenfreie Existenz und alle freundschaftlichen
Beziehungen aufzugeben und gegen ein Leben voller Gefahr und Entbehrun=
gen in einem Lande einzutauschen, dessen Sitten und Sprache sogar unserem
Helden fremd waren, — um Europa zu verlassen, um einem Volke seine
Dienste anzubieten, das einen bisher keineswegs glücklichen Krieg führte,
das ihm keine Aussichten, geschweige denn eine Bürgschaft für eine seinen
Kenntnissen und Erfahrungen angemessene Thätigkeit bot, ja, das ihm nicht

einmal eine pekuniäre Vergütung seiner Leistungen verbürgte. Aber es war der Soldat, der in ihm wieder mit ganzer Macht lebendig geworden, dem das Herz vor Sehnsucht nach Thaten und Auszeichnung schlug, drüben überm Weltmeere Ehre und kriegerischen Ruhm zu finden hoffte, für die ihm das Vaterland vorerst keine Aussicht bot. So setzte Steuben sein ganzes Glück auf eine Karte und — gewann!

6. Auf dem Boden der Neuen Welt.

Nach einer nicht blos durch zwei heftige Stürme, sondern auch durch Empörung unterm Schiffsvolke sehr gefährlichen Reise lief das Schiff, auf dem Steuben unter dem für unterwegs angenommenen Namen v. Frank seinem Ziele zugesteuert war, am 1. Dezember 1777 im Hafen von Portsmouth in New-Hampshire ein. Steuben hatte in Frankreich gehört, daß die amerikanische Armee die Farben der englischen Uniform angenommen hätte. Als er deshalb mit seinem Sekretär und beziehentlich Dolmetscher in einem scharlachrothen Fracke mit blauen Aufschlägen ans Land stieg, wurden Beide anfänglich für Feinde gehalten, bis sie sich als Freunde zu erkennen geben konnten. Da war dann die Aufnahme um so schmeichelhafter.

Steuben war in seinem Aeußern eine stattliche und edle Erscheinung, in deren Wesen sich Entschiedenheit mit Wohlwollen gepaart aussprach. Sein Kopf war rund, seine Stirne hoch, seine Nase adlerartig gebogen, der Blick seines nußbraunen Auges durchbohrend, nur der Mund und die etwas dicke Unterlippe standen nicht ganz mit dem männlich schönen Ausdrucke des oberen Theiles seines Gesichts im Einklang. Etwa 5 Fuß 7 Zoll groß, hatte Steuben eine vornehme Haltung und einen leichten Gang, den er selbst beibehielt, als er gegen das Ende seines Lebens etwas beleibt wurde. Er trug Perrücke und Zopf à la Friedrich der Große.

Ueberall aufs Ehrenvollste bewillkommnet, eilte Steuben von Portsmouth nach Yorktown; dort tagte damals der Kongreß, und diesem stellte er sich zur Verfügung. Der Degen eines Soldaten des großen Fritz wurde natürlich nicht verschmäht, besonders da die französischen Minister durch einen wohlgemeinten Betrug den quittirten Kapitän in ihren Empfehlungsschreiben bis zum Generalleutnant hatten aufrücken lassen. Ja, der Kongreß widmete dem „uninteressirten und heroischen" Deutschen mehr Aufmerksamkeit, als je vorher einem Fremden. Auf seinen Wunsch reiste Steuben sogleich nach dem Hauptquartiere in Valley Forge ab, wo er am 23. Februar 1778 anlangte, um auch hier mit mehr Ehrenbezeugungen empfangen zu werden, als er erwartet hatte. Washington kam ihm auf etliche Meilen entgegen und begleitete ihn nach seinem Quartier; denselben Tag ward Steuben's Name der Armee zum Losungswort gegeben, und schon am 27. Febr. schrieb

Washington an den Kongreß: „Steuben scheint ein Edelmann im wahren Sinne des Wortes zu sein, und soweit ich Gelegenheit hatte, ihn kennen zu lernen, vereinigt er großes militärisches Wissen mit einer bedeutenden Weltkenntniß." —

Obgleich gerade kurz zuvor die Truppen der Kolonien ihren ersten größern Erfolg durch Bourgoyne's Gefangennahme errungen hatten, so war doch der Feind im Besitze von Rhode Island, New-York und Philadelphia, hatte ein wohlgeschultes Heer gegen einen hungernden, schlecht oder wol gar nicht bewaffneten Landsturm, während der Kongreß die Hälfte der ursprünglichen Verfasser der Unabhängigkeitserklärung verloren und an die Stelle anerkannter Patrioten sich Parteizänker gedrängt hatten. Die Gefangennahme Bourgoyne's, die später zur Kriegserklärung Frankreichs und zum Bündniß mit den Vereinigten Staaten führte, war noch vor Thorschluß gekommen, denn gerade im Winter von 1777 auf 1778 befand sich Washington's Heer im Zustande völliger Auflösung. Leiden aller Art, ja Hungersnoth herrschte, wie wir wissen, im Lager der Patrioten, und am 1. Februar, also wenige Wochen vor Steuben's Ankunft, waren nicht weniger als 3989 Mann wegen Mangels an Kleidern dienstuntauglich geworden, und überhaupt von 17,000 Mann, mit denen man den letzten Feldzug eröffnet hatte, nur noch 5012 Mann unter den Waffen geblieben. Hätte man damals nicht noch mit außerordentlichen Ansprüchen an Komfort den Krieg geführt, hätte der englische General statt auch seinerseits im Winterquartiere thatenlos sich zu wärmen, zu schlagen gesucht, — die Erhebung wäre wahrscheinlich früher als der Schnee zerflossen.

Es war für die Sache der Neuengland-Staaten die höchste Zeit, daß ein Mann wie unser Steuben eintraf, um Washington zur Seite zu treten.

Ein großer, kühner Gedanke bleibt der Welt gar oft verborgen oder wird nicht selten bis zur Unkennbarkeit, vielleicht bis zur Lächerlichkeit entstellt, wenn er sich nicht in einem gesunden, kräftigen und beweglichen Leib zur That gestaltet.

Dies hatte Niemand lebhafter erkannt, Niemand schmerzlicher erfahren, als Washington, und wie seine Größe darin mit bestand, für jede Aufgabe den richtigen Mann zu erspähen, so übertrug er auch diesmal unserm ihm wie gerufen erschienenen Steuben die Disziplinirung und Organisation seiner Streitkräfte, und dieser erwarb sich in der That das unschätzbare Verdienst, aus der lockeren Masse des amerikanischen Aufgebots einen dauerhaften „Kriegsstoff" zu bilden. Es war etwas vom Genius des preußischen Heerwesens, was durch unsern Landsmann in die schlotterige Waffenbrüderschaft der Vaterlandsbefreier fuhr, und Steuben war es, wie gesagt, der damit die letzten Siege vorbereiten half.

Buntscheckig und abenteuerlich genug sah es im amerikanischen Heerwesen aus. Zogen doch bisweilen in Ermangelung von Uniformen sogar

Offiziere in eigenhändig aus Betttüchern und alten wollenen Decken verfer=
tigten Schlafröcken auf die Wache. Nicht blos fehlte es den jungen Staaten
an Geld und Kredit, sondern das Scherflein, das sie zur Verfügung hatten,
wurde aufs Kläglichste verschwendet. Abgesehen von einer elenden, der eng=
lischen (d. h. der damals unvollkommensten) nachgebildeten Kriegsverwal=
tung, hatten bei den Truppen Unordnung und Wirrwarr die Oberhand.
Kein Hauptmann führte Buch; Rechnung wurde weder gestellt, noch verlangt.
Die Gewehre befanden sich im schadhaftesten Zustande; sie waren mit Schmutz
bedeckt, die Hälfte ohne Bajonnete, viele so schlecht, daß man keinen Schuß
daraus abfeuern konnte; die Patronentaschen glichen in Bezug auf Jämmer=
lichkeit den Waffen. Viele ersetzten den Mangel derselben durch blecherne
Büchsen, Andere führten Kuhhörner, ja in einer und derselben Compagnie
konnte man Musketen, Karabiner, Vogelflinten und Büchsen neben einander
sehen. Ein Ding wie militärische Disziplin gab es nicht. Kein Regiment
war regelmäßig formirt; eins hatte drei, ein anderes fünf, ein drittes acht,
das canadische Regiment sogar einundzwanzig Glieder. Jeder Oberst hatte
sein eigenes Exerzierreglement, und nur in einem Punkte herrschte Ein=
heit: in der Art des Marschirens, denn alle Truppen bedienten sich des
Reihenmarsches der Indianer. Bei dem ewigen Wechsel der Leute fehlte
natürlich jeder innere Halt und Zusammenhang, und keiner der Hauptleute
und Obersten hatte eine entfernte Idee davon, wie viel Soldaten unter sei=
nem Kommando standen. Befanden sich die Truppen im Lager, so blieben
die Offiziere nicht etwa bei ihnen, sondern zogen in Quartiere, oft mehrere
Meilen weit entfernt. Ueberhaupt glaubten die Offiziere, ihre einzige Pflicht
bestände darin, auf Wache' zu ziehen und sich an die Spitze ihrer Soldaten
zu stellen, wenn's in den Kampf ging.

In diese saubere Wirthschaft Ordnung und preußische Verläßigkeit zu
bringen, erhob der Obergeneral an Stelle des „nichtsnutzigen Intriganten"
Conway den deutschen Freiwilligen zum General=Inspektor.

7. Steuben als Generalinspektor.

Im März 1778 machte sich der ehemals preußische Linienkapitän frisch
ans Werk. Aber er begann mit einer ungeheuerlichen Ketzerei, indem er
beim Exerziren sein Lehrbataillon, mit dessen Begründung er den Anfang
machte, Märsche und Schwenkungen ausführen ließ, bevor noch der einzelne
Mann in der Handhabung der Waffe fest war. Er hatte indeß vollständig
Recht, denn er mußte ja nach zwei Monaten den Mann „fix und fertig"
haben, und da war an ein gründliches Drillen von unten herauf nicht zu
denken. Uebrigens versäumte er die Uebungen mit der Waffe keineswegs
völlig, sondern gab vielmehr den amerikanischen Offizieren eine Lehre, die

nach englischer Art es „unter ihrer Würde" hielten, die Rekruten schultern zu lehren und dies den Korporalen überließen. In weniger als drei Wochen konnte Steuben schon vor dem Obergeneral von einer ganzen Division ein Manöver ausführen lassen.

In seinem Charakter lebhaft, sanguinisch und rasch, zeigte sich Steuben überall offen, freimüthig, thatkräftig, leicht zugänglich und herzlich im ge= selligen Verkehr, wohlwollend, gerecht und eben so streng gegen sich, als gegen Andere. Bei einer Revue ward ein Leutnant Gibbons, ein tapferer und tüchtiger Offizier, auf der Stelle arretirt und hinter die Front wegen eines Fehlers beordert, der, wie sich später ergab, von einem Anderen begangen war. Der Regimentskommandeur benutzte einen günstigen Augenblick und erklärte Steuben, daß Gibbons unschuldig sei und sich durch die ihm wider= fahrene unverdiente Behandlung beschimpft glaube. „Lassen Sie den Leut= nant Gibbons sofort vor die Front kommen, Oberst!" befahl Steuben. „Mein Herr," fuhr er an den bald darauf vortretenden Gibbons gewendet fort, „der Fehler, welcher die Linie in Unordnung brachte, hätte vor dem Feinde sehr verderblich für uns werden können; ich ließ Sie arretiren, weil ich Ihnen die Schuld beimaß, allein ich habe mich seitdem überzeugt, daß ich mich irrte und daß Ihnen kein Vorwurf gemacht werden kann. Ich bitte Sie also wegen des Ihnen angethanen Unrechts um Entschuldigung. Kehren Sie an Ihren Platz zurück. Ich bin weit entfernt, irgend Jemanden, ge= schweige denn einen Offizier von Ihrem Verdienste und Charakter ungerecht behandeln zu wollen!" Der Baron sprach dies mit entblößtem Haupte, auf welches der Regen in Strömen herniederfiel.

Am 5. Mai 1778 bestätigte der Kongreß auf Washington's Antrag die Ernennung unseres Landsmannes zum Generalinspektor, indem er ihm zu= gleich den Rang eines Generalmajors verlieh. Aber so zufrieden man bis= her in der Armee mit Steuben gewesen war, seine Beförderung erregte den Neid der Stabsoffiziere, so daß alle Brigadegenerale den Dienst zu verlassen drohten, „wenn die Inspektion in der bisherigen Weise fortgetrieben werde"! Wirklich brachten es diese patriotischen Helden so weit, daß Washington, „um die Gemüther der höheren Offiziere zu beruhigen", die Befugnisse sei= nes Generalinspektors auf die Rolle eines bloßen Exerziermeisters herab= würdigen mußte und Steuben selbst entfernt hielt, um vom Kongresse seine Befugnisse feststellen zu lassen.

Am 28. Juni nahm jedoch Steuben an dem Gefechte oder, wie die Amerikaner mit vollen Backen sagen, der Schlacht bei Monmouth Theil, wo er interimistisch eine Brigade befehligte und wo diese ihrem Schulmeister den genossenen Unterricht wacker vergalt durch die Ruhe, mit der sie, hart bedrängt, ihre Glieder entwickelte. Von jenem Tage an, dessen Ehre Steuben rettete, gingen zwar Allen die Augen auf über den Werth der Mannszucht und der Schule, und Steuben's Verdienste fanden bereitwillig Anerkennung, aber schon nach vier Wochen ward er seines aktiven Befehls, den er während der Schlacht angetreten hatte, von Washington wieder enthoben und erhielt „Urlaub", um sich zum Kongreß zu begeben, weil sämmtliche Brigadegenerale abermals mit ihrem Abschiede gedroht hatten, wenn Steuben sein aktives Kommando behalte. Washington äußerte damals in einer Depesche an den Kongreß, er selbst halte unsern Landsmann zwar für „einen tapferen, un= ermüdlichen, einsichtigen und erfahrenen Offizier", auch „drückten die meisten seiner Gegner eine sehr hohe Meinung über seinen militärischen Werth aus", allein dennoch müsse er seine Entfernung empfehlen.

Steuben hatte eben einen Hauptfehler, den, ein — „Fremder" zu sein. Entschuldigen läßt sich jenes Vorurtheil, das sich gegen ihn wandte, einiger= maßen dadurch, daß sich unter den auswärtigen Offizieren manche zweideu= tige Abenteurer und sogar Spione befanden. In Europa war man es ganz anders gewöhnt. Hier diente der kriegslustige Adel, wo man seine Leistungen brauchen konnte. Prinz Eugen, Lord Keith, Brown, Loudon, Graf Saint Germain fochten und dienten für und unter fremden Fahnen. Hauptsächlich aber empfanden die Amerikaner das Demüthigende, Ersatz für den Mangel an Fähigkeiten auswärts suchen zu müssen. Ein Anderer hätte unter solchen Umständen seiner undankbaren Aufgabe bald den Rücken gedreht, aber deutsches Pflichtgefühl für die einmal ergriffene Sache war nicht zu erschüt= tern. Steuben arbeitete daher unverdrossen an den „Regulativen für die Ordnung und Disziplin der Truppen der Vereinigten Staaten", oder mit anderen Worten an einer administrativen und disziplinarischen Verfassung des Befreiungsheeres, um den einzelnen Theilen desselben Gleichförmigkeit zu geben. Auch beschloß der Kongreß am 29. März 1779, dieses Werk in 3000 Exemplaren drucken und als allgemeine Richtschnur an die Armee vertheilen zu lassen.

Noch im nämlichen Frühjahre begab sich Steuben wieder ins Hauptquar= tier der Nordarmee und befaßte sich mit Ausbildung der leichten Infan= terie. Man ist infolge der Art und Weise, wie er seine Aufgabe erfaßte, ge= neigt gewesen, ihn als Schöpfer dessen zu bezeichnen, was man in der neueren Kriegskunst das Tirailleur= oder das „zerstreute Gefecht" nennt. Gewiß ist allerdings, daß die Engländer die Amerikaner in der Bildung leichter Trup= pen nachahmten, und daß auch Friedrich der Große, von den Vorfällen in der Neuen Welt belehrt, Deutsche Offiziere, die im amerikanischen Kriege ge= dient hatten, anwarb, um in der preußischen Armee den Grund zur Bildung einer leichten Infanterie zu legen. Indeß hatte sich in Wahrheit das zer= streute Gefecht schon bei Lexington gewissermaßen selbst erfunden, indem dort, wie wir wissen, von den Amerikanern die einzige militärische Ueber= legenheit, die sie über die königlichen Truppen zu behaupten vermochten, (nämlich die Sicherheit, welche eine Klasse von Jägern — hier Pelzjäger — im Gebrauch der Kugelbüchse erlangt hatte), zur Geltung gebracht ward. Konnte also Steuben gar nicht der Erfinder des zerstreuten Gefechtes werden, so gebührt ihm doch das große Verdienst, die Vortheile dieser Gefechtsart namentlich für den Amerikanischen Krieg mit Scharfblick erkannt und zuerst einen Truppentheil dafür systematisch ausgebildet und organisirt zu haben. Die fortgesetzten Inspektionen brachten auch nach und nach einen solchen Eifer unter die Offiziere, daß diese gegen Ende des Krieges nicht selten einen Theil ihrer Rationen zur besseren Ausstattung ihrer Leute verwendeten.

Ein anderer Fortschritt, den Steuben anbahnte, zeigte sich von noch größerer Wirkung. Der amerikanische General Wayne hatte das befestigte Lager eines englischen Detachements bei Stony Point am North River erstürmt, nachdem er seinen Soldaten bei Todesstrafe untersagt hatte, ihre Gewehre zu laden. So führten sie den ersten Angriff mit dem Bajonnet aus, und er fiel glänzend aus. Als daher Washington in Begleitung Steuben's unter den Truppen erschien, um ihnen Glück zu wünschen, umringten sie schmeichelnd unsern Landsmann und versprachen ihm treuherzig, „künftig gewiß nicht mehr Beefsteaks an ihren Bajonnetten braten zu wollen, da sie nun eingesehen hätten, daß das Ding zu viel bessern Dingen nütze sei."

Steuben war ein vortrefflicher Reiter. Bischof Ashbel Green, der ihn als junger Mann im Juni 1780 bei der Affaire in Connecticut Farms sah, sagt von ihm: Ich hatte weder früher, noch später eine so lebhafte Anschauung von dem fabelhaften Kriegsgotte der Alten, als damals, wie ich zuerst den Baron Steuben erblickte, er erschien mir wie der personifizirte Mars. Das reichverzierte Pferdegeschirr, die mächtigen Pistolenhalfter und die stämmige, martiale Gestalt Steuben's trugen nur dazu bei, diesen ersten Eindruck zu bestätigen.

Dergleichen imponirt natürlich noch mehr dem gemeinen Manne, als Denjenigen, die an ein ritterliches Auftreten oft gesehener Persönlichkeiten gewöhnt sind. Bald gehörte Steuben gleich Lafayette zu den Lieblingen der Soldaten; hieß Letzterer schlechtweg der Marquis, so nannte man den Deutschen gemeinlich den „Baron". Spaßhafter Weise trug es sich damals zu, daß Steuben von einer Amerikanerin zum Pathen gebeten wurde. „Wie soll denn das Kind heißen?" fragte der General. „„Das versteht sich ja doch wol von selbst"", erwiederte die Gevatterin, „„Baron muß es heißen."" — Das Poltern und Fluchen hatte unser Landsmann aus der Heimat mitgebracht, aber Niemand nahm seine Derbheiten übel. Eines Tages brachte ihn eine ungeschickt ausgeführte Bewegung in den Harnisch; er fing an, erst deutsch, dann französisch zu „sakren", endlich aber rief er seinen Adjutanten herbei und polterte: „Kommen Sie her, lieber Walker, und fluchen Sie jetzt mal auf Englisch weiter, denn die Kerle wollen noch immer nicht thun, wie ich befehle." Da schlich ein Lächeln durch die Glieder, und beim zweiten Versuche ging Alles glatt. Steuben äußerte damals in einem vertraulichen Briefe: „Wenn man Ihnen sagt, daß unsere Truppen an Ordnung und Disziplin den Franzosen oder Preußen gleichen, so glauben Sie es nicht; wenn man sie aber mit den päpstlichen vergleicht, so glauben Sie es eben so wenig. Das Richtige liegt in der Mitte. Es thut uns" — fügt er mit goldenen Worten hinzu — „vor Allem das wahre Verständniß der Worte Freiheit und Unabhängigkeit noth, damit das Kind dieselben nicht gegen seinen Vater, noch der Sohn gegen seinen Offizier mißbrauche."

Nachdem man den Werth des Mannes erkannt, hörten auch in der Nordarmee die Umtriebe der Brigadiers gegen sein Kommando auf. Dagegen ward ihm damals der Mangel an Geld sehr drückend, kaum war er im Stande, ein Zelt für sich anzuschaffen. Er hatte bisher nur die Gage der amerikanischen Offiziere, d. h. nichts empfangen, doch waren diese noch besser daran, als die Ausländer. Als z. B. die Regierung von Maryland an ihre Division eine Kiste voll Kaffee, Cognac und Zucker schickte, stellte der Brigadier eine Wache an die Kiste und befahl ihr, seinem Vorgesetzten und Divisionär, dem Baron v. Kalb, der bald darauf für die Befreiung Amerika's auf dem Schlachtfelde den Heldentod starb, weder vom Schnaps, noch vom Kaffee Etwas zu verabfolgen, da er „als Nicht-Maryländer" keinen Anspruch auf patriotische Gewürze habe. Dem General Steuben gewährte endlich der Kongreß auf Abschlag 250 Louisd'or, ohne welches Geschenk er wahrscheinlich die Neue Welt hätte verlassen müssen.

Ueberhaupt war es der Geldmangel, an dem die Anstrengungen der amerikanischen Freiheitskämpfer ermatteten. Mit leeren Taschen läßt sich kaum ein Krieg führen, zumal wenn die Begeisterung entflohen ist. Die Masse des Volkes fühlte sich im Sommer 1780 schon ermüdet, und seitdem man eine große französische Flotte und Armee erwartete, glaubte man sich erst recht berechtigt, die Hände in den Schoß zu legen.

Indessen just um die Zeit, als die ersten französischen Hülfstruppen anlangten, gegen Ende September 1780, wurde ganz Amerika durch den bekannten Verrath des Generals Arnold mit Entsetzen erfüllt. Welchen Abscheu namentlich auch in Steuben's Brust dieser Vorgang erregte, das zeigt folgende kostbare Anekdote: ·

Steuben hielt eines Tages Parade ab, als er beim Verlesen einer Infanterie-Compagnie aus Connecticut den Namen Jonathan Arnold hörte. Sogleich rief er den unglücklichen Namensinhaber vor die Fronte der Compagnie. Der Mann war ein musterhafter Soldat und hatte seine Uniform, Waffen und Armaturstücke in bester Ordnung. Nachdem sich der Baron davon überzeugt hatte, entließ er ihn mit den Worten: „Nach der Parade komm' in mein Zelt, Bruder Soldat." Arnold kam diesem Befehle nach.

„Du bist ein zu wackerer Soldat," redete ihn da Steuben an, „als daß Du den Namen eines Verräthers führen solltest; ändere ihn sogleich um, sogleich." „„Aber welchen Namen soll ich denn statt dessen annehmen?"" — „Irgend= einen, der dir gefällt; nimm meinen, wenn Du keinen besseren finden kannst; der meinige steht dir zu Diensten." Arnold ging, ohne sich zu besinnen, sofort auf diesen Vorschlag ein, ließ die Namensänderung in die Compagnie= liste eintragen und hieß also fortan Jonathan Steuben, wofür ihm sein neuer Pathe zwei Dollars monatliche Pension zahlte. Nach beendigtem Kriege kehrte er nach Connecticut und ließ hier seine Namensänderung ge= richtlich feststellen. Später zeigte er dem Baron die Geburt eines kräftigen Jungen an, der nach Steuben den Namen Friedrich Wilhelm erhalten habe. Der Baron erwiderte brieflich, daß er dem Jungen, wenn dieser 21 Jahre alt sei, eine Farm geben wolle. In der That erhielt derselbe daraufhin vom Obersten Walker aus Steuben's Nachlaß fünfzig Acres Land.

Der Geduld unseres Landsmannes, dem bei seinen praktischen Vor= schlägen Washington's Unterstützung nie fehlte, gelang es endlich, am 12. Januar 1780 beim Kongresse durchzusetzen, daß die bisher getrennten Dienstzweige des General= und Musterungsinspektors vereinigt wurden, denn ganz natürlich mußte es zu vielen Unordnungen führen, wenn der eine Offizier die Truppen Revue passiren ließ, der andere sie musterte. Den Schwierigkeiten dagegen, welche aus der nach wie vor ungleichen Stärke der Truppentheile hervorgingen, war nicht abzuhelfen, da dieselbe ihren Grund im Wesen der jungen Föderativrepublik selbst hatte und der Provinzial= oder Kantongeist so weit ging, daß man, um Neid und Streit über die Ehrenplätze bei Schlachtaufstellungen zu vermeiden, die sich landsmannschaft= lich abtrennenden Truppentheile in geographischer Ordnung auf einander folgen ließ. Die nächste Sorge Steuben's galt daher der Erhaltung des Offiziercorps. Gerade in dem Augenblicke, wo die Armee eine größere Zucht und Ordnung zeigte, als je zuvor, drohten ihre Führer sie zu verlassen. Zwei Drittel der Compagnien wurden von Subalternen, manche von Ser= geanten, einige sogar nur von Korporalen kommandirt, während viele Regi= menter kaum einen einzigen Feldoffizier hatten. Die Ursache der vielen Ur= laubsgesuche und Verabschiedungen war die bittere Noth, denn die Offiziere vermochten ihr materielles Elend nicht länger zu ertragen. Um diese Noth daher zu lindern, legte Steuben im Herbste 1780 dem Kongresse Organisa= tionspläne vor, die Letzterer auch ohne Widersprüche guthieß. Ehe diese neuen Pläne aber ihre Gestalt bekamen, erhielt Steuben von Washington den Auftrag, sich zur Südarmee zu begeben, und er betrat nun einen neuen Wirkungskreis und einen anderen Kriegsschauplatz, auf dem es wol anders, aber nicht — besser aussah.

Im Lager der Südarmee.

8. Steuben bei der Südarmee.

Im Mai 1780 hatte Clinton Charleston erobert, und mit dieser Stadt fiel ganz Südcarolina in die Hände der Engländer. Bald darauf übergab Clinton den Oberbefehl an Lord Cornwallis. Diesem bedeutenden Kriegsmanne sendete der Kongreß, ohne Washington auch nur zu fragen, den General Gates entgegen, der, seitdem sich ihm Bourgoyne übergeben hatte, von den Amerikanern für einen Cäsar gehalten wurde. Erst nachdem Cornwallis diesen schwachen Gegner bei Camden aufs Haupt geschlagen hatte, ward der Kongreß an der eigenen militärischen Weisheit irre und klopfte wieder bei Washington an. Dieser schickte nun den besten und befähigtsten seiner Unterfeldherren, den General Nathaniel Greene nach dem Süden und gab ihm eben unsern Steuben mit. Beide Männer verband Achtung und Wohlwollen, das Band einer echten Waffenbrüderschaft.

Während Greene sich selbst nach Nordcarolina begab, ließ er Steuben als Befehlshaber in Virginien zurück, damit derselbe hier Truppen aushebe und ihm als Verstärkung nach dem Süden zuschicke. Das war freilich eine schwere Aufgabe!

Anfänglich hatten die Virginier zwar sehr viel gethan, aber Alles ohne einheitliche Leitung, ohne Berechnung, in wildem Durcheinander und in sich überstürzendem Eifer, so daß das Meiste verdorben, veruntreut und gestohlen worden, die Begeisterung aber infolge dessen rasch erkaltet war. Man wollte keine vergeblichen Anstrengungen mehr machen, keine nutzlosen Opfer mehr bringen. So rührte sich General Lawson, dem Steuben befahl, nach dem Süden aufzubrechen, nicht von der Stelle, denn das virginische Parlament hatte inzwischen beschlossen, Lawson's Truppen nur drei Monate unter den Waffen zu behalten. Freiwillig jedoch wollte kein Einziger länger bleiben.

Die Truppen Lawson's gehörten nämlich zum Landsturm oder den eigentlichen Milizen, die nur innerhalb ihres Staates Dienste thaten, während die regulären oder sogenannten Kontinentaltruppen auf Befehl des Kongresses ausgehoben wurden und zur Verfügung der Bundesbehörden und ihrer Offiziere standen. Von der überflüssigen Landsturmmacht war nun Virginien schon gänzlich ausgesogen worden, und während diese Vaterlands= vertheidiger ihre eigene Heimat schamlos plünderten, litten die regelmäßigen Truppen solch bittern Mangel, daß Steuben Anfangs Dezember Mühe hatte, eine gefährliche Meuterei im Corps des mit ihm engbefreundeten, ehemaligen Pastors und nunmehrigen Generals Mühlenberg zu unterdrücken. Bei der darauf vorgenommenen Inspektion fand er nur 316 Mann diensttüchtig, 109 Mann in den Hospitälern und 100 Mann wegen Raummangels in der Nachbarschaft untergebracht. Krankheiten lichteten bald noch mehr die kleine Schar, der es an jedem Lebensbedürfniß, namentlich an Kleidern und wollenen Decken gebrach, und von der Manche im Freien schlafen mußten, weil kein genügendes Obdach und nur 70 Zelte vorhanden waren. Kaum darf man sich da wundern, daß die Soldaten ihre eigenen Magazine be= stahlen, daß die Schildwachen selbst mithalfen und daß die Unteroffiziere auf ihren Posten betrunken angetroffen wurden! Doch wie wollte man Zucht von einer Truppe verlangen, die zu einem Räuberleben gewissermaßen vom Staate selbst sich verurtheilt sah? Ende Dezember hatte das virginische Parlament 3600 Mann, theils für die Kriegszeit, theils für achtzehn Mo= nate, auszuheben beschlossen. Das war ein großes Wort, aber beim Worte blieb es auch. In den Nordstaaten kam man den Beschlüssen hinsichtlich der zu bringenden Kriegsopfer wenigstens bis zum Drittel nach, in Virginien ward höchstens ein Sechstel oder ein Zehntel des gesetzlichen Buchstabens erfüllt. Steuben konnte daher auch nur ein paar hundert Mann der Süd= armee zuschieben. Dennoch war Greene noch dankbar für das Wenige und versicherte dem gequälten Baron, er begreife vollständig, daß er keinen größeren Erfolg erlangen könne, ja er wundere sich, daß er selbst so viel geleistet habe.

Schmachvoll für Virginien, tief beschämend für Steuben waren die Vorfälle, mit denen das Jahr 1781 begann. Die Küste jenes Staates ist tief eingekerbt durch die Chesapeakebai, die, einem Handschuh ähnlich, ihre Finger tief in das Land hineinstreckt. Für einen Feind, der die Gewässer bemeisterte, boten daher diese feuchten Straßen bequeme Mittel, plötzlich im Lande aufzutauchen. Am 2. Januar erschien ein englisches Geschwader im Flutwasser des James River und landete ein paar Tage darauf 850 Mann Infanterie und 30 Reiter, welche 25 deutsche Meilen weit bis Manchester, der Hauptstadt gegenüber, marschirten und unterwegs, was ihnen in die Hände fiel, niederbrannten, um dann, ohne ein einziges Mal zu knallen, zu den Schiffen zurückzukehren. Von allen Miliztruppen aber, welche Steuben dem Feinde entgegengesandt — 150 Kontinentalsoldaten (mehr erlaubte der klägliche Zustand dieser Truppen nicht) waren nach Petersburg zur Deckung der dortigen Kriegsmagazine abgeschickt worden —, hatte kein Mann eine Patrone verbraucht. Nach dem Abzuge des Feindes freilich eilten die Milizen massenhaft zu den Fahnen, aber wenn es auch nicht zu spät gewesen wäre, hätte es doch wieder an Waffen gefehlt. Acht Tage nachher wieder-holte der Feind, diesmal vom Verräther Arnold befehligt und mit hundert Mann Kavallerie, das nämliche Manöver. Die Amerikaner litten aber gerade an Reiterei empfindlich Mangel, ja Steuben besaß nur ein Corps mit 40 Pferden, und es war selbst schwierig, auch nur diese beritten zu halten.

Der Kongreß hatte nämlich für den Ankauf von Pferden einen Preis bewilligt, der sich nur auf das Drittel des Marktwerthes belief. Der Gou-verneur Virginiens aber erklärte sich nicht für „ermächtigt", Pferde für den „Kontinentaldienst", d. h. also für die Sache der Union, auszuheben, und die Eigenthümer wollten ihre Thiere auf Kredit nicht abgeben, sondern hiel-ten sie lieber im Stalle, bis die Engländer kamen und sie ohne Kredit mit-gehen hießen. So war es möglich, daß der Feind das ganze Land weit und breit verwüsten konnte. Ja, als er sich der Hauptstadt näherte, benutzten viele Bewohner Richmonds den allgemeinen Schrecken, um plündernd in die Magazine zu fallen, so daß die Offiziere genöthigt waren, mit ihrer Mann-schaft das öffentliche Eigenthum vor der Raubgier der eigenen Bürger zu schützen! Während nun Arnold sengte und brannte, stritt der Gouverneur mit Steuben über dessen Verlangen, daß die Milizen von dem Augenblicke ihrer Einberufung an unter seinem (Steuben's) Befehl stehen sollten. Davon aber wollte Jener nichts wissen. Die Engländer zogen sich später auf Ports-mouth zurück, wo Arnold sein Schwert über dem Haupte Virginiens aufhing.

Steuben, tief bekümmert über die gemachten Erfahrungen, konnte sich nicht enthalten, dem Gouverneur zu bedenken zu geben, daß der „elende

Widerstand", der dem Feinde bei dem letzten Einfalle entgegengesetzt wurde, zum Theil auf ihn, als den im Staate kommandirenden General, falle. „Ich kann es daher" — fuhr er fort — „nur als ein großes persönliches Unglück betrachten, daß ich gerade zu dieser Zeit in Virginien gewesen bin. Ich wünschte eine Wiederholung dieser Schande zu verhindern, aber ohne den Beistand der Regierung kann ich nichts thun." Uebrigens ward es allseitig anerkannt, daß durch Steuben's Wachsamkeit und sonstige Tüchtigkeit der Truppenmangel zum Theil ausgeglichen, der Staat von den drohenden noch schlimmeren Folgen des Arnold'schen Raubzuges verschont geblieben war. Der Vorsitzende des Kongreßausschusses für auswärtige Angelegenheiten schloß einen Brief an unseren Landsmann folgendermaßen: „Ich wünsche zu Gott, daß Sie an der Spitze einer gehörig ausgerüsteten Armee stehen und damit die Bewegungen ausführen möchten, die Sie bei Ihren großen militärischen Kenntnissen für angemessen halten. Ich bedaure Sie ungemein wegen der Täuschungen und Kränkungen, die Sie bei Ihrem mir so wohl bekannten warmen Eifer für die Sache haben erfahren müssen, und beklage die Unzulänglichkeit Ihrer Mittel und Ihren Mangel an Soldaten und Geschützen, der Sie verhinderte, den Plänen des elenden Arnold ein für alle Mal ein Ziel zu setzen. Noch mehr aber bedaure ich, daß Sie keine andere Aussicht haben, als auch fernerhin unter solchen ungünstigen Verhältnissen zu kämpfen. Bis jetzt hat uns unglücklicher Weise nur das Mißgeschick begünstigt." Darin sollte leider auch sobald keine Aenderung eintreten.

Washington hatte den Süden nicht vergessen: zu Lande schickte er Lafayette mit 1200 Mann nach Virginien, während Admiral Destouches mit einem französischen Geschwader nach der Chesapeakebai absegelte, um Arnold in Portsmouth zu blockiren. Lafayette ward zugleich, mit Hintansetzung Steuben's, zum Oberbefehlshaber der gegen Portsmouth bestimmten amerikanischen Truppen ernannt. Insofern der Erfolg des beabsichtigten Unternehmens von der Mitwirkung der französischen Land- und Seemacht abhing, war diese Artigkeit politisch gewiß höchst weise, und es konnte natürlich keine Rücksicht darauf genommen werden, daß damit die Gefühle eines anderen, wenn auch noch so verdienten, aber in politischer Beziehung einflußlosen Generals verletzt wurden. Bis zu diesen Zeiten hatten Lafayette und Steuben wenig mit einander zu thun. Wohl aber gehörte der nach Popularität haschende Lafayette, welchen der wachsende Einfluß des deutschen Offiziers scheelsüchtig machte, mit unter jene Offiziere, welche s. Z. gegen Steuben's Reformen intriguirt hatten. Andererseits hielt Letzterer, der alte, offene und ehrliche preußische Soldat, nicht gerade viel von den militärischen Fähigkeiten des jungen, ruhmsüchtigen Franzosen. Um so hochherziger und ehrenwerther war es, daß Steuben aus Eifer und Treue für die gemeinsame Sache sich einem Lafayette unterordnete, ja daß er, nachdem von ihm Alles mit unermüdlicher Energie und endloser Arbeit zu einem glücklichen Ausgange des Unternehmens vorbereitet worden war, sich auch niemals über die erfahrene Zurücksetzung beschwerte. Sein Verhalten bildete einen musterhaften Gegensatz zu dem seiner amerikanischen Kameraden.

Weniger also auf Grund seiner Ernennung, als auf Grund der Art und Weise, wie Lafayette von den ihm eingeräumten Gewalten Gebrauch ·machte, entstanden trotzdem bald Mißverständnisse zwischen ihm und Steuben, welche das Anfangs zwischen ihnen herrschende gute Einvernehmen störten. Lafayette, zu jung und unerfahren, zu ruhm= und prunksüchtig, besaß vor Allem nicht die einem guten General nothwendige Ruhe und Unparteilichkeit, wol aber eine bedenkliche Dosis Selbstliebe und Eigendünkel. Hinsichtlich des Unternehmens gegen Portsmouth sollte er aber nicht dazu kommen, seine leuchtenden Feldherrntalente zu bewähren, wozu er auch späterhin nicht gelangte.

Am 20. März zeigten sich Segel am Horizonte der virginischen Küste, und schon jubelten die Amerikaner über die Aussicht auf Arnold's Gefangennahme und auf eine entscheidende Niederlage der Briten. Aber bald verwandelte sich die Freude in eine bittere Enttäuschung. Nicht die französische Flotte war es, wie man sich eingebildet hatte, sondern eine englische, welche dem Admiral Destouches nachgeeilt war und ihm in einem hartnäckigen Kampfe dergestalt zugesetzt hatte, daß sich der französische Admiral zur Rückkehr entschließen mußte. Unter solchen Umständen blieb nun dem Herrn Marquis nichts Anderes übrig, als seinen Rückmarsch nach dem Hudson anzutreten, ohne sich daran durch die kritische Lage der Dinge in Virginien hindern zu lassen. Unterwegs aber erhielt er Gegenbefehl von Washington, denn man wußte, daß Cornwallis aus Carolina nach Virginien aufbrechen und sich mit den dortigen, damals vom General Phillips befehligten Streitkräften vereinigen wollte. Letzterer, von der Flotte unterstützt, unternahm am 16. April abermals einen Marsch am James River hinauf. Diesmal aber war Steuben besser gerüstet, und am 25. April lieferte er mit 1000 gegen 2300 Mann dem Feind ein rühmliches Gefecht, in dem die Milizen jeden Zoll breit theuer verkauften und ihre Manöver mit der größten Ruhe ausführten. Aber Petersburg und Chesterfieldhouse mußten dem Feinde doch überlassen werden. Lafayette brauchte trotz seiner Eilmärsche drei Wochen, bis er am 29. April in Richmond eintraf; einige Tage vorher hatte jedoch auch Cornwallis seinen Marsch nach Virginien angetreten, wo er sich einen Monat später mit den englischen Truppen vereinigte. Am 24. Mai setzte er über den James River und trieb den allerdings um Vieles schwächeren Lafayette ins Innere des Landes.

Unser Landsmann gerieth damals in eine recht üble, schiefe Lage. Er hatte vom General Greene einen Befehl vom 1. Mai empfangen, zu ihm zu stoßen, die durch Lord Cornwallis' Bewegung aber bedingten Gegenbefehle waren von den brittischen Truppen aufgefangen worden. Steuben selbst stand unter zwei höheren Offizieren; von Dienstes wegen gehörte er zu Greene, zeitweilig war aber Lafayette sein Obergeneral. Beim Vordringen des Lord Cornwallis galt es zunächst, die Magazine in Richmond binnen= wärts zu retten. Mittlerweile verlegte das virginische Parlament seinen Sitz eiligst von dem bedrohten Richmond tiefer ins Land, nach Charlotteville, alle Zweige der Verwaltung geriethen in Verwirrung, es fehlte, wie stets in der Gefahr, an Köpfen und Händen; zum Fortschaffen der Vorräthe mangelte es an Fuhrwerk, und unter den Waffen mußten 1500 unbrauchbare Flinten mitgeführt werden, da der Staat zur Ausbesserung der schadhaften Waffen nur zwei Arbeiter angestellt wissen wollte, obgleich häufig genug Rekruten und Milizen wegen Mangels an Gewehren nicht bewaffnet werden konnten. Der größte und wichtigste Theil der Vorräthe befand sich bei Point of Fork, wo der James River eine Kehle bildet, und ward von Steuben mit nur 550 Mann bewacht, die zudem keine Decken, Schuhe und Hemden und, was noch schlimmer, keine Patronentaschen, ja selbst kaum Munition hatten. So klagte Steuben wiederholt dem Marquis Lafayette brieflich. Diesen aber hatte bereits Cornwallis bis an die Nordgrenze Virginiens gedrängt, wäh= rend gegen Steuben General Simcoe abgeordnet worden war. Da nun Steuben, durch Kundschafterberichte irre geleitet, das Simcoe'sche Detache= ment nur für die Vorhut der ganzen Cornwallis'schen Armee hielt, so glaubte er, daß jeder Widerstand vergeblich sein würde. Ueberdies hatte er den Be= fehl, zu General Greene zu stoßen, und daher ging er eilig über beide Fluß= arme des James River, um die Richtung nach Nordcarolina einzuschlagen. Diesen Rückzug beschleunigte er dann noch mehr, getäuscht durch zahllose Wachtfeuer, welche Simcoe auf den Höhen hatte anzünden lassen. Dabei fiel denn ein Theil der nicht transportablen Magazine in die Hände des Feindes, der sie zerstörte. Man kann sich denken, wie willkommen den Nei= dern Steuben's dieser Fall kam, um ihn aufs Gehässigste und Maßloseste anzugreifen, obwol selbst Lafayette einräumen mußte, daß der Verlust an Vorräthen nur „unbedeutend" gewesen sei. Lafayette hatte mittlerweile aus dem Norden Verstärkung erhalten und sah sich damit in den Stand gesetzt, nun seinerseits gegen Cornwallis vorzugehen und diesen zum Rückzug gegen Richmond zu nöthigen. Jetzt zog der Marquis auch Steuben wieder an sich, indem er ihn von dem feindlicherseits aufgefangenen Gegenbefehle des Generals Greene in Kenntniß setzte. Nach langen und anstrengenden Mär= schen bewirkte Steuben am 19. Juni in Hanover County, etwa 25 Meilen nordwestlich von Richmond, seine Vereinigung mit Lafayette, und von die= sem Augenblicke an nahmen endlich die Dinge im Süden eine bessere Wendung.

Friedrich Wilhelm von Steuben.

9. Die letzte entscheidende Waffenthat.

Wenige Tage nach seiner Ankunft im Hauptquartiere Lafayette's ward Steuben, dem das Klima, Strapazen, Aerger und tausend andere Dinge arg zugesetzt hatten, durch einen heftigen Gichtanfall niedergeworfen, infolge dessen er sich nach einem Landsitze bei Charlotteville bringen lassen mußte. Unter freundlicher Pflege und angenehmer Gesellschaft gesundete und erstarkte er dort wieder bis zum Anfang des Monats September.

Mittlerweile hatte Cornwallis, zu schwach, um den heranrückenden Amerikanern Widerstand zu leisten, sich in die Nähe der Küste zurückgezogen und Vorbereitungen getroffen, um Yorktown für eine regelmäßige Belage= rung auszurüsten. Steuben war gerade im Begriff, sich nach dem Süden zu Greene zu begeben, als er die Kunde von der Ankunft der französischen Flotte und gleich darauf einen Brief Lafayette's erhielt, der ihn bat, zu sei= ner Unterstützung zu ihm zu kommen. So entschied er sich für Letzteres. In Lafayette's Hauptquartier zu Williamsburg traf er schon zu seiner Freude den General Washington an, der bekanntlich den englischen Befehlshaber in New=York über seinen Marsch mit der Nordarmee nach dem Süden glücklich getäuscht hatte. „Dies, mein lieber General," schreibt Steuben am 19. Sept. an Greene, „ist der entscheidende Moment, die glücklichste Zeit, welche ich in Amerika verbracht habe. Jeder Vortheil scheint sich auf die Seite der guten und gerechten Sache zu neigen. Cornwallis befestigt sich wie ein tapferer General, der fallen muß; aber ich denke" — fügt der edle Mann hinzu — „er wird mit Ehren fallen."

Zu Beginn der Operationen gegen Yorktown bat Steuben den Ober-general um ein regelmäßiges Kommando, und Washington gab ihm diesmal sehr gern die kombinirte Division von Virginien, Pennsylvanien und Mary-land. Dieselbe sollte 2309 Mann zählen, nicht weniger als 617 Mann waren jedoch krank. Diesmal regte sich übrigens kein Neid, vielmehr priesen sich die Amerikaner glücklich, in Steuben einen Offizier zu besitzen, der meh-rere regelmäßige Belagerungen mitgemacht und sogar, wie wir wissen, bei der kriegsgeschichtlich berühmten Belagerung von Schweidnitz Adjutantendienste bei Friedrich dem Großen gethan hatte, während sämmtlichen eingebornen Offizieren der Festungskrieg etwas ganz Neues war und sie, ohne Steuben, vom französischen Generalstabe wie Schachsteine geschoben worden wären.

Von Steuben's Thätigkeit während der Belagerung Yorktowns ist uns nur Weniges bekannt geworden. Wir wissen bloß, daß er mit seiner Division am 11. Oktober die zweite Parallele eröffnete und am anderen Morgen voll-endete. Bei dieser, wie bei allen anderen Gelegenheiten stand ihm sein tapferer Brigadegeneral Wayne, derselbe, der den ersten Bajonnetangriff der Amerikaner befehligt hatte, energisch zur Seite. Eines Tages befanden sich die beiden Kriegsgefährten in den Laufgräben, als dicht neben ihnen eine feindliche Bombe niederschlug. Steuben warf sich zur Erde und Wayne fiel in der Länge auf ihn. Der Baron wandte seinen Kopf und äußerte launig: „Ich wußte schon lange, General, daß Sie ein tapferer Offizier sind, aber ich wußte bisher noch nicht, daß Sie Ihrer Pflicht in jedem Punkte so ge-wissenhaft nachkommen, um den Rücken Ihres Generals in der bestdenk-barsten Weise zu decken."

Daß die kriegerische Ehre der Amerikaner bei Steuben in den besten Händen war, zeigt uns ein anderer gewinnender Zug desselben. Am 10. Oktober ließ der französische Kommandant durch seinen Adjutanten un-serem Landsmanne in Gegenwart seiner Offiziere 500 bis 800 Mann Ver-stärkung anbieten, da ein Ausfall befürchtet ward. Steuben jedoch lehnte das Anerbieten ab, denn er werde seine Batterie jedenfalls so lange halten, bis ihm die Franzosen zu Hülfe kommen würden. Sollte aber der Baron Vioménil, setzte er hinzu, etwa selbst angegriffen werden, so möge er sich darauf verlassen, daß er, Steuben, ihn sofort mit 800 Mann unterstützen werde. Als der französische Adjutant fort war, fragte Wayne, wie Steuben 800 Mann zur Unterstützung senden wolle, da er überhaupt nur 1000 Mann zur Verfügung habe. Der General erklärte ihm, daß er dann nur 200 Mann zur Bewachung seiner Batterie zurücklassen und mit den übrigen ausfallen werde. „Wenn ich aber," fuhr er fort, „den Gascogner in Betreff unserer Stärke spiele, so geschieht es nur zu Ehren Ihres Landes." Da nahm ihn Wayne bei der Hand und sagte gerührt zu den anwesenden Offizieren: „Jetzt, meine Herren, ist es unsere Pflicht, die Uebertreibung des Barons wahr zu machen und ihn zu unterstützen, als wenn wir doppelt so stark wären."

Steuben führte das Kommando in den Laufgräben, als Cornwallis die ersten Eröffnungen in Bezug auf die Platzübergabe machen ließ. Als La=fayette am nächsten Morgen mit seiner Division zur Ablösung erschien, wies ihn daher Steuben zurück, denn in Europa, sagte er, herrsche die Etikette, daß derjenige Offizier, unter dessen Kommando die Kapitulation angeboten werde, die Ehre habe, so lange mit seiner Mannschaft in den Laufgräben zu bleiben, bis entweder die Bedingungen der Uebergabe festgesetzt oder die Feindseligkeiten wieder erneuert seien. Lafayette hätte nur zu gern den Ruhm für sich in Anspruch genommen und ausgebeutet, daß der stolze Corn=wallis sich gerade ihm ergeben. Er brachte daher den Streit vor Washington, der indessen zu Gunsten von Steuben's entschied. Unserem Landsmanne ward somit die Genugthuung, daß er in den Laufgräben bleiben durfte, bis die Engländer die Flagge gestrichen hatten und damit der stolzeste und entschei=dendste Akt des ganzen Befreiungskrieges vollzogen war.

Da mit Cornwallis' Gefangennahme auch der Feldzug aufhörte, kehrten die verbündeten Armeen an den Hudson zurück.

10. Steuben abermals als Generalinspektor.

Nachdem unser Landsmann mit der Hauptarmee wieder nach dem Nor=den gezogen war, beschäftigte er sich fortan ausschließlich mit der Vervoll=kommnung der Disziplin der Truppen und kam auf seine ursprünglichen Ideen zurück, die er bereits im Lager von Valley=Forge auszuarbeiten und zu verwirklichen angefangen hatte, als die Eifersucht der übrigen Offiziere zu ihrem eigenen Schaden sein kaum begonnenes Werk unterbrach. Sein revidirter Plan ward nunmehr unter Erneuerung seiner Generalinspektur am 10. Januar 1782 vom Kongresse angenommen und dann mit bestem Erfolge in Ausführung gebracht.

Zu dieser Zeit befand sich Steuben im oder beim Hauptquartiere Washington's. Manche seiner alten Bekannten, namentlich auch viele fran=zösische Offiziere, statteten ihm hier Besuche ab, und er war mit Recht stolz darauf, ihnen die militärische Disziplin und Gewandtheit zu zeigen, welche die amerikanischen Truppen unter seiner Leitung bereits erlangt hatten. Er hielt deshalb häufig Paraden ab, und die französischen Offiziere konnten ihre Bewunderung nicht unterdrücken über die Geschicklichkeit und namentlich über die Ruhe, mit der die Manöver ausgeführt wurden. Diese Ruhe erregte um so mehr ihr Erstaunen, als es bei den Märschen und Evolutionen der französischen Truppen sehr geräuschvoll zuging. „Geräusch?" rief Steuben, gegen einen französischen General gewendet, aus, der sich über diesen Punkt ausließ; „ich wüßte nicht, woher das Geräusch kommen sollte, wenn sogar meine Brigadiers nicht wagen dürfen, ihren Mund zu öffnen, außer um meine Befehle zu wiederholen."

Ein anderes Mal hatte ein heftiger Sturm die Abhaltung einer großen Revue verhindert und Steuben ward von einem französischen Offizier gefragt, welche Manöver er hätte ausführen lassen wollen. Nachdem Steuben diese Frage beantwortet hatte, gedachte der Franzose eines schwierigen Manövers, das einmal die Preußen in seinem Beisein ausgeführt. „Es ist aber," setzte er hinzu, „natürlich nicht zu erwarten, daß Ihre Truppen es der Veteranenarmee des preußischen Königs schon gleich thun. Alles hat ja seine Zeit!" „„Die Zeit wird nächste Woche kommen,"" erwiederte Steuben. In der That wurden bei der dann abgehaltenen Revue die fraglichen Evolutionen mit großer Präzision ausgeführt.

Das Zelt des Barons wurde an diesem Tage nicht leer von Franzosen, und er bemerkte: „Ich freue mich, daß wir unseren Alliirten einen Theil der Schuld für empfangenes Mittagessen abtragen können." Schon bei der Belagerung von Yorktown oder unmittelbar nachher hatte er das zu seiner Feldausrüstung gehörige und aus Europa mitgebrachte Silberzeug verkauft, um für den Erlös ein Fest zu veranstalten. „Ich kann es nicht länger ertragen" — hatte er bei dieser Gelegenheit geäußert —, daß wir stets mit diesen Leuten (den Franzosen) zu Mittag essen und ihnen nicht einmal ein Stück Bratwurst dafür anbieten können. Sie sollen ein großes Diner haben, sollte ich auch später meine Suppe stets mit einem hölzernen Löffel essen müssen."

Das ganze Jahr 1782 verging ohne ein wichtiges Ereigniß. Die außerordentlich geschwächten Engländer beschränkten sich in ihrer Lage auf die Beobachtung Washington's. Hätten sie von dem traurigen Zustande der amerikanischen Armee eine Ahnung gehabt, so hätten sie zu einem Schlag sich sicher aufgerafft. Von amerikanischer Seite geschah infolge der Zuversicht auf baldigen Frieden wenig oder gar nichts, um neue Opfer zu bringen. Die Armee verblieb in ihrer unvollständigen Verfassung, ihre Versorgung ward vernachlässigt, der Sold ihr vorenthalten; selbst die dringendsten Forderungen blieben unerfüllt. Steuben litt darunter außerordentlich. Am 1. März 1782 schuldeten ihm die Vereinigten Staaten die baare Summe von 6850 Dollars, und da er nicht mehr im Stande war, Geld mit Verlust von 38 bis 40 Prozent auf Wechsel zu erlangen oder sonst wie zu borgen, bat er Washington, sein Verlangen nach Bezahlung Dessen, was er gut hatte, zu unterstützen. Auf besondere Verwendung des Oberbefehlshabers und anderer persönlicher Freunde erhielt er denn dann wenigstens 1350 Dollars. Das war Alles, was der uneigennützige Mann während seiner ganzen Dienstzeit bis zu diesem Augenblicke empfangen! Der Mangel an Geldmitteln war es auch, daß es mit dem Inspektionswesen nicht so gut vorwärts ging, wie er selbst wünschte. Mußte er doch sogar die Reisekosten seiner inspizirenden Offiziere bezahlen, sollte die Inspektion nicht ganz unterbleiben. Am 29. Oktober 1782 schrieb sein Adjutant North an ihn: „Ihre meinem undankbaren Vaterlande geleisteten Dienste sind mit einer Nachlässigkeit behandelt worden, die jeden Mann von Gefühl empören muß. Die Armee, welche Sie gebildet haben, fühlt allein, wie viel Amerika Ihnen schuldet, und ihre ehrlichen Wangen glühen von Entrüstung über die Undankbarkeit meiner Landsleute. Die Armee, die Vereinigten Staaten wissen, was Sie gelitten haben, seit Sie die herkulische Arbeit, die amerikanischen Armeen zu formiren, übernommen. Es sind jetzt fünf Jahre, seit Sie dies Werk begannen. Nur ein tapferer, tugendhafter Wille, nur ein Mann, von edlem Ehrgeiz beseelt, konnte die tausendfachen, ihm im Wege stehenden Hindernisse überwinden. Aber zum Unglück für unsere Ehre besteht Ihre Belohnung allein in dem Bewußtsein, eine gute und große Rolle gespielt zu haben."

Steuben verlangte jedoch gar keine Belohnung, sondern erwartete nur, was er zu fordern ein Recht hatte; und da er immer länger hingehalten wurde, richtete er endlich ein dringendes Schreiben an den Präsidenten des Kongresses, und dieses hatte wenigstens den Erfolg, daß der Kongreß am 30. Dezember 1782 beschloß, dem General, „um ihn für die nächste Campagne auszurüsten", weitere 2400 Dollars auf Abschlag zu zahlen und ihm ein Jahresgehalt auszusetzen.

Statt eines neuen Feldzuges erfolgte indeß, wie bekannt, im April 1783 die Einstellung der Feindseligkeiten, und da mit derselben sofort auch die Auflösung der Armee vorgenommen wurde, so zog sowol Washington, als auch der Kriegsminister Lincoln unsern Steuben nun auch über die damit verbundenen Geschäfte zu Rathe. Leider konnten aber seine guten Rathschläge nur zum kleinsten Theil befolgt werden, da bei der Eile, mit der die Armee aus Furcht vor Gewaltthätigkeit aufgelöst wurde, die ungeduldigen Truppen sich „ohne Kontrole, ohne Würde und ohne jede Feierlichkeit" zerstreuten. Erfüllte ihn dies mit großer Bitterkeit, so war es für ihn eine freudige Genugthuung, für seine eigene Person viele Beweise ehrender Anerkennung von seinen Kampfgenossen zu erhalten. Insbesondere fühlten sich die Offiziere der beiden New-Yorker Regimenter gedrungen, bevor sie im Juni wieder in die Reihen der Bürger zurücktraten, ihm ihre „innige Hochachtung und Verehrung" auszusprechen. „Die wesentlichen und ausgezeichneten Dienste, welche Sie unserem Vaterlande geleistet haben," — hieß es u. A.

in dem betreffenden Abschiedsschreiben, — „müssen jedem Bürger von
Amerika die Gefühle der Dankbarkeit und Liebe einflößen. Unsere Gefühle
aber sind noch anderer Natur. Ihre unabläſſigen Bemühungen, das Elend
der Armee zu erleichtern, und die Art und Weise, wie Sie alle Entbehrungen
freudig mit uns getheilt haben, geben Ihnen einen mehr als gewöhnlichen
Anſpruch auf den Namen eines Freundes. Wir haben Sie lange schon als
unſern militäriſchen Vater verehrt. Unbekannt mit dem Berufe, dem wir
uns gewidmet, verdanken wir Ihrer Geschicklichkeit und raſtloſen Thätigkeit den
militäriſchen Ruf, den wir uns gegen Ende des Krieges erworben haben..."

Während des ganzen Krieges ſtand der Baron, wenn die Truppen zu
manövriren hatten — und dies kam häufig genug vor —, um drei Uhr Morgens auf. Sein Diener friſirte ihn dann, während er eine Pfeife Tabak
ſchmauchte und eine Taſſe Kaffee trank. Bei Sonnenaufgang ſtieg er zu
Pferde und galoppirte mit oder ohne Gefolge zum Paradeplatz. Auf einen
ſäumigen Adjutanten wurde nie gewartet, und die, welche ſpäter kamen,
wünſchten, ſie hätten lieber nicht geſchlafen! Kein Wort des Tadels oder
Vorwurfs kam zwar von Steuben's Lippen, wenn die Pflicht vernachläſſigt
oder militäriſche Etikette verletzt war, aber ein Blick von ihm war mehr als
genügend, den Schuldigen zu ſtrafen.

Bei der Auflöſung der Armee bemühte ſich Steuben, wenigstens ſo weit
es in ſeinen Kräften ſtand, durch einen Sonnenſtrahl die allgemeine Trauer
zu unterbrechen und den Schmerz der Abschiedsſtunde durch herzliche Theilnahme zu lindern. Viele wußten nicht, wohin ſie gehen ſollten; arm, hülflos,
verlaſſen wurden ſie in die weite Welt hinausgeſtoßen. Ein tapferer, alter
Offizier, der Oberstleutnant Cochrane aus Vermont, der von ſeiner Jugend
an mit Widerwärtigkeiten und Gefahren zu kämpfen gehabt und deſſen durch-
furchtes Geſicht bis auf dieſen Augenblick noch keine Thräne gekannt, ſagte
beim Abſchied zu Steuben: „Wegen meiner iſt mir nicht bange, ich kann's
zur Noth tragen; ich habe mich ſchon in viel ſchlechteren Lagen befunden;
allein meine Frau und Tochter machen mir Sorge, ſie ſind dort oben in der
Dachſtube jener erbärmlichen Kneipe. Ich weiß nicht, wohin ich mit ihnen
ſoll, es fehlen mir alle Mittel zur Abreiſe." „„Kommen Sie, mein Freund,""
unterbrach ihn Steuben, „„laſſen Sie uns gehen und mich Ihren Damen
meine Aufwartung machen."" Er ging mit dem Offiziere durch die mit be-
trunkenen, verzweifelten und fluchenden Soldaten angefüllten Räume des
Gaſthauſes nach dem Dachzimmer, und als ſich dann der Baron wieder ver-
abſchiedete, ließ er wenigstens Hoffnung auf baldige Hülfe und Alles, was
er ſelbſt zu geben hatte, bei den Unglücklichen zurück.

Ein Schwarzer, den ſeine noch nicht geheilten Wunden am Gehen hin-
derten, ſaß in Newbury am Ufer des Fluſſes und weinte, denn er konnte
ſeine Paſſage nicht bezahlen, um in ſeine Heimat zu gelangen. Steuben

rührte das grenzenlose Elend dieses Mannes, um den sich kein Mensch be=
kümmerte, und er gab ihm mit Thränen in den Augen seinen letzten Dollar.
„Gott, der Allmächtige, segne Euch, Massa Baron!" rief der Neger ihm
nach, als die Schaluppe abfuhr.

Nachdem dann Steuben noch seine Meinung über die Einrichtung des
Heeres im Frieden, sowie den Plan zu einer Militärakademie und Militär=
werkstatt dem Kriegsminister unterbreitet hatte, unternahm er als letzte
Pflicht im Dienste der Vereinigten Staaten auf Washington's Befehl eine
Reise nach Canada und von dort nach Philadelphia, um theils die Grenz=
postenfrage zu reguliren, theils um Anordnungen für die Kranken und In=
validen zu treffen. Ende November kehrte er nach New=York zurück und
nahm Theil an den Festlichkeiten zu Ehren der Ankunft Washington's.

Dieser erinnerte sich noch in der letzten Stunde seiner Amtsthätigkeit,
unmittelbar vor dem Rücktritte ins Privatleben, an Steuben's Verdienste
und Hingebung an die große, jetzt siegreiche Sache der amerikanischen Un=
abhängigkeit und richtete an ihn den letzten Brief als Oberbefehlshaber, um
unserem Landsmanne ein Zeugniß auszustellen, „welches schmeichel=
hafter war, als irgend ein anderes, das Washington je einem
Offizier gegeben." Trotzdem verhinderte seine Eigenschaft als — „Aus=
länder", daß man die Absicht ausführte, dem bewährten Manne und un=
erschütterlichen Helfer in der Noth den im November durch Lincoln's
Rücktritt erledigten Posten eines Kriegsministers anzuvertrauen.

---

11. Letzte Lebensjahre.

Steuben sollte jedoch die Undankbarkeit des Kongresses noch bitterer
empfinden. Am 24. März 1784 bat er um seine Entlassung, und am
15. April nahm sie der Kongreß an, indem er ihm als Zeichen seiner An=
erkennung für die geleisteten Dienste, die so wesentlich zu dem so glorreichen
Ausgange des Krieges beigetragen hatten, einen — Degen mit goldenem
Gefäß in Aussicht stellte!!

Also durch die Aussicht auf einen Degen, der ihm überdies erst nach
drei Jahren überreicht ward, sollte Der abgespeist werden, welcher sein Leben
und sein Wissen der Sache eines bedrängten Volkes gewidmet hatte! Freilich
wenn man bedenkt, wie über alle Maßen schmählich selbst die einheimischen
Offiziere behandelt wurden, dann dürfen wir uns über diesen Mangel an
Rücksicht einem von auswärts her gekommenen Militär gegenüber nicht
wundern. Scheute der Kongreß doch sogar vor einem schnöden Treubruch
nicht zurück, indem er früher gefaßte Beschlüsse umstieß und die Befreier des
Gesammtvaterlands nach Abzug des Feindes als eine „privilegirte Klasse"
durch dekretirte Soldentziehung unschädlich zu machen suchte, so daß nur

durch Washington's Klugheit und die Mäßigung der Offiziere ein infolge dessen drohender Bürgerkrieg verhindert wurde. Aber Steuben's Lage war von der seiner Kameraden wesentlich verschieden. Diese kehrten in alte von früher gewohnte, Allen bekannte Lebenskreise zurück; sie waren meist noch jung und griffen mit Erfolg wieder zu bürgerlichen Beschäftigungen. Unser Held dagegen war zu alt, um noch einen neuen Beruf wählen zu können. Er stand unbemittelt, einsam, hülflos und verlassen in einem fremden Lande da. Zudem hatten die Strapazen des langen Krieges seine Gesundheit an= gegriffen und ihm körperliche Leiden zugezogen, welche nur eine ruhige und sorgenfreie Existenz erträglich machen konnte. Und dennoch dauerte es sieben Jahre, ehe der Kongreß seinen gerechten, seinen verbrieften Ansprüchen ge= recht wurde! Eine halbe Ewigkeit für einen Mann, der nichts hatte, als das Bewußtsein, seinem zweiten Vaterlande mit Hingabe treu und redlich gedient zu haben, und der ohne die Hülfe seiner Freunde geradezu verhungert wäre! Auch in Betreff Steuben's gelang es erst den wiederholten und ener= gischen Vorstellungen von Männern wie Washington und Hamilton, daß der Kongreß endlich doch seinen einst gegebenen Zusicherungen nachkam und ihm im Jahre 1790 eine lebenslängliche Jahresrente von 2500 Dollars zuerkannte.

Zu dem widerwärtigen Versäumniß und der Langsamkeit, womit der Kongreß unserem Landsmanne gerecht wurde, und welche ihn daran ver= hinderte, nach Europa zurückzukehren, — denn seine Schulden hielten ihn im Lande zurück, — stand allerdings die Freigebigkeit der Einzelstaaten in einem erfreulichen Gegensatze. Nicht nur daß mehrere derselben ihn zu ihrem Ehrenbürger machten, Pennsylvanien schenkte ihm schon 1783 auch 2000 Acres Land. Von Virginien erhielt er 15,000 Acres. New=Jersey übertrug ihm die lebenslängliche Nutznießung einer Besitzung, als aber Steuben hörte, daß sie ihrem Eigenthümer aus politischen Gründen weg= genommen worden sei, verzichtete er zu Gunsten desselben auf diese Schen= kung. Endlich verlieh ihm im Mai 1786 auch der Staat New=York 16,000 Acres in einer sehr fruchtbaren Gegend des Bezirks Oneida.

So lange aber Steuben mit dem Kongreß noch nicht im Reinen war, lebte er das ganze Jahr hindurch in der Stadt New=York, wo er sich an der Tagespolitik betheiligte und über Militärangelegenheiten schriftstellerte. Seine Landsleute in New=York waren stolz auf ihn und gaben ihm bei jeder Gelegenheit ihre Hochachtung kund; er dagegen suchte ihre wohlthätigen Gesellschaften zu fördern und nahm auch gern an ihren geselligen Ver= gnügungen Theil, wie er denn überhaupt durch witzige und angenehme Unterhaltung viel zur Belebung und Heiterkeit jeglichen geselligen Kreises beitrug. Das Englische hatte er ziemlich richtig sprechen lernen. Bisweilen begegnete es ihm aber doch, daß er Worte entstellte oder vertauschte, die einen ähnlichen Klang, aber eine verschiedene Bedeutung hatten. So speiste

er einmal bei Washington zu Mittag. Da fragte ihn dessen Gemahlin, wo=
mit er sich zu zerstreuen und zu erholen liebe. „Ich lese und spiele Schach,"
antwortete Steuben, „und gestern angelte ich. Trotz der großen Hitze saß
ich zwei Stunden lang im Boot und fing zwei Fische." „„Was für welche?""
„Ich erinnere mich augenblicklich nicht, aber einer von ihnen war ein Wal=
fisch (whale)." „„Ein Walfisch, Baron, im North River!"" „Ja wol, ein sehr
schöner Walfisch, wie mir ein Herr sagte." „„Sie irren sich, lieber Baron, Sie
meinen einen Aal (eel)."" „Oh, ich bitte um Entschuldigung, Madame; aber
der Herr sprach wirklich von einem Walfisch, indeß thut's nichts zur Sache,
ich werde das Geschäft aufgeben, obgleich es so weit Vergnügen gewährte."

Ruhestätte im Urwald.

Im Juni 1790 finden wir Steuben auf dem Wege nach seiner Besitzung,
seiner „Farm", wo er seitdem regelmäßig einige Sommermonate verbrachte.
Aber gerade dieser sorgenfreieste Abschnitt seines Lebens, wo ihm endlich
alle die bescheidenen Glücksgüter gewährt waren, die er in so hohem Grade
verdient und so lange erstrebt hatte, sollte eine verhältnißmäßig nur kurze
Dauer haben. Noch weilte er auf seinem Landgute, als ihn am 26. November
1794 ein Schlaganfall traf, der sich heftiger wiederholte und am 28. No=
vember seinem Leben ein Ziel setzte. Zwei Tage später — es war ein kalter
Wintertag — wurde unser Held, in seinen Soldatenmantel gehüllt, auf
einem Hügel mitten im Walde, unter einer hohen Tanne begraben.

Das Leichenbegängniß, zu dem sich alle Nachbarn eingefunden hatten, war einfach und bescheiden. Keine Trauermusik ertönte, keine Reden wurden gehört, keine verhüllten Adler und Fahnen folgten dem Sarge, keine militärische Ehrensalve sandte ihm den letzten Gruß ins Grab nach. „Eine Hand voll Erde und die Thränen von ein paar männlichen und aufrichtigen Freunden waren der einzige und letzte dem Bürgersoldaten gezollte Tribut, der auf den Schlachtfeldern der Alten und Neuen Welt geglänzt hatte und jetzt in der tiefen Stille der kaum gebrochenen Wildniß beigesetzt wurde ...‟

Da später eine neue Landstraße über jenen Platz gelegt ward, ließ sein einstiger Adjutant und treuer Freund Walker die Gebeine Steuben's ausgraben und an einen passenderen Ruheplatz bringen, wozu er ein etwa 5 Acres großes Stück schönen und dichten Urwaldes in der Nähe mit der Bestimmung auswählte, daß niemals die Axt daran gelegt werde. Das war ein schöner hochpoetischer Gedanke! Die hohen Bäume, unter deren Schatten der alte Krieger am Abende seines Lebens so gerne saß, breiten ihre vielästigen Arme über das von duftenden Feldblumen umschlungene Grab aus. All der Zank und Lärm, all der Haß und Neid, all der Aerger und Verdruß des täglichen Lebens, er dringt nicht in diese majestätische Stille, nicht an diesen abgeschlossenen Ort, wo sich die mächtigen Eichen und riesigen Buchen so stolz erheben, als wüßten sie, daß sie die Ehrenwache eines Mannes bilden, von dem ein Zeit- und Kampfgenosse sagte:

„Zu seinen militärischen Vorzügen gesellte er alle Tugenden eines Bürgers und alle Vollkommenheiten eines Mannes von guter Erziehung. Er hatte ausgebreitete Kenntnisse, einen hellen Verstand und ein gesundes Urtheil. Die Natur hatte sein Herz offen geschaffen für alle ihre Kinder, und nie verschloß er es ihnen. Nie fand ich ihn einer unwürdigen Handlung schuldig und nie sah ich ihn eine gute unterlassen.‟

Nachdem ihm schon 1827 die Bürger von Oneida einen Grabstein gesetzt, fehlt es ihm heute infolge der Anregung von Deutsch-Amerikanern auch an keinem Denkmal mehr. Bedurfte es aber dieser Bildhauermünze nationaler Dankbarkeit? Steuben errang sich bei Lebzeiten das Höchste, wonach ein Mann streben kann: die Achtung aller Tüchtigen und den Aerger der neidischen Mittelmäßigkeit. Deutschland aber kann stolz sein auf diesen guten Degen, der durch eine unsrer besten Eigenschaften, durch das Pflichtgefühl, auch für eine fremde Sache, glänzte und seinen Ehrennamen mit einem der größten Ereignisse der neuern Geschichte verwob, dem Kampfe um die Freiheit eines Welttheils. So lange das Andenken an den nordamerikanischen Selbständigkeitskampf fortlebt, wird niemals sterben der Name unseres Landsmannes

Friedrich Wilhelm von Steuben!

Die Union und ihre Entwicklung bis zu Lincoln.

Nach der im Wesentlichen auf die Bundesartikel vom 9. Juli 1778, sowie auf das sogenannte „Palladium der Freiheit", die Konstitution vom 17. September 1787 und deren 12 Zusatzartikel von 1789 gegründeten Staatsverfassung der Vereinigten Staaten bildet die Union einen freien demokratischen Bundesstaat, eine „Föderativ-Republik", nicht etwa blos einen Staatenbund, wie es der von 1815 bis 1866 bestehende Deutsche Bund war. Die Union ist vielmehr einig und eins als solche. Das unauflösliche Band der einen Gesammtregierung schlingt sich um alle (heute bis auf 37 angewachsenen) Staaten und (gegenwärtig 9) Territorien der Union, daher ihr Motto: ‚E pluribus unum‘. Doch geben die gedachten Grundgesetze das Maß für die Verfassung und Verwaltung ab, welche sich jeder einzelne Staat durch seine gesetzgebende Gewalt selbst verleiht. Die Schwierigkeiten, welche der Konstituirung zu einem Bundesstaate im Wege gestanden, waren nicht unbedeutend gewesen. Wir wissen, daß die dreizehn Kolonien zu sehr verschiedenen Zeiten und unter sehr wechselvollen Umständen gegründet wurden.

Ihr ganzer Entwicklungsgang, ihre politischen Institutionen, ihre religiösen Anschauungen und ihre sozialen Verhältnisse wichen daher zum Theil so stark von einander ab, daß sich fast mehr wesentliche Unterschiede als Verglei= chungspunkte und Aehnlichkeiten auffinden ließen. Außerdem war der Ver= kehr zwischen den entfernter gelegenen Kolonien infolge der großen Ausdeh= nung des Landes, der dünnen Bevölkerung und der völlig unzureichenden Kommunikationsmittel jener Zeit so gering, daß von einer Gleichartigkeit an Empfinden, Fühlen und Denken, welche nur die Frucht eines steten und leb= haften Wechselverkehrs sein kann, nicht die Rede sein konnte.

Der Unabhängigkeitserklärung nach waren es keineswegs dreizehn sou= veräne Staaten, welche sich zu Schutz und Trutz vereinigt hatten, sondern die Abgeordneten der Bewohner derselben erklärten, daß die bisherigen eng= lischen Kolonien mit dem 4. Juli 1776 als ein souveräner Staat, der sich den Namen „die Vereinigten Staaten von Nordamerika" beigelegt, in die völkerrechtliche Staatenfamilie eingetreten sei. Das Volk stand mit Gut und Blut dafür ein, diese Erklärung zu einer allgemein anerkannten Thatsache zu erheben. Jedoch weder der Kongreß, noch das Volk fußte dabei auf irgend welchen greifbaren Rechten, die allen den einzelnen Kolonien oder den Kolonien in ihrer Gesammtheit zustanden.

Die Gemeinschaftlichkeit der Interessen und — was zur Zeit von noch größerer Wichtigkeit war — die klare Erkenntniß, daß eine Solidarität der Interessen obwalte, beruhte vorwiegend auf der Gunst der geographischen Lage der Kolonien. Durch den Ozean nicht nur von dem Mutterlande, son= dern von der ganzen alten Kulturwelt getrennt und auf einen Kontinent mit noch ungemessenen Grenzen gestellt, den die Natur in jeder Beziehung aufs Verschwenderischste ausgestattet, mußte ihnen der Gedanke frühe nahe treten, daß sie berufen seien, hier in der That eine „Neue Welt" zu schaffen. Zunächst schlummerte der Gedanke noch in ihrem Bewußtsein; als aber ein kräftiger äußerer Anstoß erfolgte, da zeigte es sich, wie verbreitet er war und wie tiefe Wurzeln er bereits geschlagen. An Vertrauen in die eigene Kraft konnte es ihnen nicht fehlen. Die natürlichen Verhältnisse machen ja stets das „Hilf dir selbst!" zu dem Wahlspruch Derer, welche rasch emporkommen wollen. Dabei hatte ihnen die Erfahrung seit langen Jahren genugsam ge= zeigt, daß — auch ganz abgesehen von den steten Eingriffen in ihre Rechte — die Gängelbänder, mit denen das engherzige Mutterland ihre Schritte zu lenken suchte, ihrer Entwicklung weit mehr hinderlich als förderlich waren, und zwar in jenen Beziehungen, welche alle Kolonien gleich sehr betrafen.

Es ward denselben daher nicht schwer, von Anfang an den Streit als eine gemeinsame Sache zu betrachten. Wenn sich auch die Uebergriffe des britischen Parlamentes in einigen Theilen der Kolonien weit fühlbarer machen mochten, als in anderen, so wurden doch die Anmaßungen der

Londoner Gesetzgeber überall in demselben Maße empfunden. Seitdem am 4. September 1774 „die von dem guten Volke der Kolonien erwählten Delegirten" in Philadelphia zusammengetreten waren, vollzog sich die Um= wandlung rasch und ohne gewaltsame Erschütterungen, die langdauernde Nachwirkungen hätten ausüben können. Acht Staaten hatten bereits 1776 ihre neuen Konstitutionen vollendet. In den Beziehungen der Einzelnen zu der Regierung machte es sich nicht fühlbar, welch breiter Spalt das Sonst von dem Jetzt trennte. Die Gerichte sprachen nach den alten Gesetzen Recht, und die aus der Volkswahl hervorgegangenen gesetzgebenden Gewal= ten erließen Verordnungen und schrieben Steuern aus, wie sie früher ge= than, mit dem einzigen Unterschiede, daß sie nicht zu befürchten hatten, von dem königlichen Gouverneur gehemmt oder gemaßregelt zu werden. Mit einem Wort, in dem täglichen Weben und Treiben des bürgerlichen Lebens konnte man lange vor Beendigung des Krieges fast vergessen, daß sich eine so gewaltige Revolution abspiele.

Wie wir wissen, war es den Kolonisten nicht leicht geworden, das Schwert zu ziehen. Allein so stark und ungeheuchelt ihre Loyalität war, ihre Liebe und Verehrung für das Mutterland wurzelten doch lange nicht so fest in den wirklichen Verhältnissen, als sie es sich wol selbst einredeten. Die große Mehrzahl kannte England nur durch die Erzählungen der Eltern oder Großeltern. Mit ihrer eigenen Kolonialregierung dagegen, so weit dieselbe aus ihrer eigenen Mitte hervorging und von ihnen selbst eingesetzt wurde, waren sie aufs Innigste verwachsen. Sie war Fleisch von ihrem Fleisch und Blut von ihrem Blut und war von ihnen in Wahrheit doch stets allein als ihre wirkliche Repräsentation angesehen worden. Es bedurfte nicht erst tief= sinniger Erörterungen, um den Bürger von der Bedeutung und dem Wesen einer selbständigen Regierung zu überzeugen. In steter, unmittelbarer Ab= hängigkeit von ihr aufgewachsen, durchdrang ihn ein tiefes Gefühl von der Nothwendigkeit und Gesetzmäßigkeit derselben. Liebe und Interesse knüpften ihn gleich stark an sie, denn er war sich wohl bewußt, durch sein Stimmrecht Theil an ihr zu haben. Auf sie blickte er als den natürlichen Hort seiner Freiheiten und Rechte.

Alle diese Umstände erleichterten zwar das Zustandekommen der Ver= fassung der Vereinigten Staaten im Großen und Ganzen; denn die Noth= wendigkeit des Zusammenhaltens war zu keiner Zeit in Frage gestellt. Aber es war doch keine Verfassung, von der man hätte sagen können, daß sie in den wesentlichsten Punkten auf einheitlichem nationalem Fundament beruht hätte. Auch hielt es schwer, ihre sofortige Annahme seitens der einzelnen Staaten durchzusetzen. Dazu erschwerten die Wirren des Krieges, die häufig außerordentliche Maßnahmen nöthig machten, das innigere Zusammen= schweißen der Elemente zu einem Ganzen. Thatsächlich aber war, mit alleiniger Ausnahme der Unabhängigkeitserklärung, vom ersten Augenblick an Alles, was in feste und gesetzmäßige Form gebracht wurde und einen bleibenden Charakter tragen sollte, so abgefaßt, daß im Volke mit jedem Schritt weiter die Ansicht tiefere Wurzeln schlagen mußte, daß dreizehn voll= kommen unabhängige und souveräne Staaten — ohne in irgend einer Weise dazu verpflichtet zu sein — es für gut befunden hätten, Abgeordnete zu einem gemeinsamen Kongreß zu senden, dem, einem getroffenen Uebereinkommen gemäß, gewisse Angelegenheiten überwiesen werden sollten, die allen dreizehn Völkern gleichmäßig von Interesse seien.   Die Konföderationsartikel selbst erklärten ausdrücklich, daß die Staaten „zu einem festen Freundschaftsbünd= niß zusammengetreten seien." Wol hieß es zu gleicher Zeit, daß der Bund „ewig" währen solle. Allein was für ein Grund lag für die Annahme vor, daß dieses „ewig" buchstäblicher eingehalten werden würde, als das „ewig" anderer unzähliger Schutz= und Trutzbündnisse, das sich stets als inhaltlose Phrase erwiesen, sobald der eine oder andere Partner es für sei= nen Vortheil gehalten, den Pakt zu brechen?

Die Verfassung der Vereinigten Staaten hat dennoch in späteren Zeiten, vielleicht gerade ihrer allgemeinen Fassung wegen, vielfach zur Nachahmung gedient.   In Nachstehendem sind in Kurzem die wesentlichsten uns hier in= teressirenden Punkte zusammengestellt.

An der Spitze der gesammten Union steht eine Centralgewalt, welche sich in die gesetzgebende, vollziehende und richterliche Gewalt theilt. Die gesetzgebende Gewalt ruht im Kongreß, der aus dem Repräsentanten= hause und dem Senate besteht und jährlich wenigstens einmal sich versam= meln muß.   Die vollziehende Gewalt für die ganze Union liegt in der Hand des Präsidenten, welcher alle vier Jahre durch indirekte Wahl von der Nation erwählt wird. Eine Wiederwahl, sogar eine dritte Wahl ist zulässig. Da aber George Washington die drittmalige Annahme der Präsidenten= würde, aus Ehrfurcht vor dem Gesetz und um keinen Nachahmungsfall zu begründen, ablehnte, so hat es kein folgender Präsident gewagt, eine dritte Wahl anzunehmen.

Die richterliche Gewalt ist völlig unabhängig und wird von einem Obersten Gerichtshofe und solchen Untergerichtshöfen bekleidet, wie sie der Kongreß von Zeit zu Zeit zu verordnen für zweckmäßig erachtet.

Die Repräsentanten der Nation werden direkt von dem Volke eines jeden Staates (die sog. „Territorien" schicken bis zu ihrer Aufnahme unter die „Staaten" nur Delegaten ohne Stimmrecht) und zwar auf die Dauer von zwei Jahren erwählt.   Durch die Volkszählung, welche man aller zehn Jahre erneuert, wird die Seelenzahl normirt, an welche die Berechtigung zur Wahl eines Nationalvertreters gebunden ist, damit kein ungesetzliches Mißverhältniß zwischen der Einwohnermenge und den Vertretern Platz greife.

Der Senat wird auf andere Weise gebildet als das Repräsentantenhaus. Jeder zur Union gehörige Staat sendet zwei Senatoren, welche durch die gesetzgebende Versammlung des einzelnen Staates auf sechs Jahre erwählt werden.

Der Präsident beruft den Kongreß und vertagt ihn, hat den Oberbefehl über Armee und Kriegsflotte, sowie über die Miliz aller Staaten, ernennt, unter geringen Beschränkungen, alle höheren Staatsbeamten und kann dieselben, mit Ausnahme des ersten Richters der Union und seiner Beisitzer, welche auf Lebenszeit ernannt werden, entlassen.

Unter den Befugnissen, welche ausschließlich dem Unionskongreß zustehen, sind zu erwähnen: das Recht, Krieg zu erklären, Kaperbriefe auszugeben, Armeen zu errichten, eine Kriegsflotte zu unterhalten, die Miliz aufzurufen; ferner für die Aufrechterhaltung der Gesetze der Union, für die Unterdrückung von Aufständen und zur Abwehr feindlicher Einfälle einzutreten; endlich Gerichte einzusetzen zur Erkennung über die Verletzung völkerrechtlicher Prinzipien, wie Seeräuberei u. dgl.

Die gesetzgebenden Versammlungen der Einzelstaaten, welche nach Maßgabe der Verfassungen jedes Staates konstituirt sind, haben ihre Beschlüsse und Maßregeln mit der Unionskonstitution fortwährend im Einklang zu erhalten.

Die Bekanntschaft mit den hier angedeuteten Grundzügen der inneren Gliederung des nordamerikanischen Riesenstaates ist durchaus zum richtigen Verständniß des späteren Parteigewirres erforderlich, welches bald nach Washington's Abscheiden die Union zu zerklüften drohte.

Der Angelpunkt aller Streitigkeiten zwischen den nördlichen und südlichen Staaten, der Grund oder, wenn man will, der Vorwand für fast alle großen inneren Zwiste, war und blieb die Sklaverei. Die beiden Carolina's und Georgia hatten schon vor der Unabhängigkeits-Erklärung unzweifelhaft ihre Absicht kundgegeben, im Falle einer öffentlichen Verurtheilung ihrer bis dahin gesetzlichen „häuslichen Institution der Sklaverei", ihr Heil in einem festeren Anschluß an das Mutterland zu suchen. Die Grundverfassung der Union hatte daher dieses Institut unangetastet gelassen. Die sklavenhaltenden Staaten waren in einer schlimmen Lage, mußten den Mitbewerb der englischen Pflanzer Westindiens bestehen und wären durch ein Verbot der Sklaverei, England gegenüber, gerade dem Schicksal zugetrieben worden, infolge der drohenden Verminderung der Produktion des Absatzes der Erzeugnisse, sowie der gleichzeitigen Vertheuerung einer Anzahl von Rohprodukten zu Armuth und Verkommenheit herabzusinken.

Dieses Schicksal abzuwenden, traten die Vertreter dieser verschiedenartigen Interessen im Norden und Süden der Neu-Englandsstaaten in engster Vereinigung zusammen und die Parteikämpfe begannen schon, bevor die ehemaligen Kolonien Englands sich zu einem festen Bundesstaat zusammengefunden.

Der Streit der Parteien gipfelte in den unversöhnlichen Gegensätzen zweier weit auseinandergehenden Richtungen: auf der einen Seite die Anhänger der Negersklaverei, auf der andern die Freunde der Freiheit des Menschen, sei er von weißer oder dunkler Hautfarbe.

Uebrigens sind hier Sklaverei und Sklavenhandel auseinanderzuhalten. Erstere schien in den Südstaaten der Union verewigt, letzterer war über fünfzig Jahre gesetzlich abgeschafft. Bereits länger denn hundert Jahre hatte die Politik der Vereinigten Staaten hauptsächlich aus einer Reihe von Anstrengungen bestanden: auf Seiten der Sklavenpartei, die Gesetzgebung der Vereinigten Staaten zu ihren Gunsten zu beeinflussen und solchergestalt das ganze Land in ihre Botmäßigkeit zu bringen, auf der anderen Seite dasselbe vom Fluche jener abscheulichen Einrichtung zu befreien. Und länger als hundert Jahre hatte die Sklavenpartei ihre Gegner durch die ewige Drohung eines Bürgerkrieges beherrscht. Schon im Jahre 1776 genügte diese Drohung, um aus der Unabhängigkeitserklärung eine der Abschaffung der Sklaverei günstige Verheißung zu entfernen; doch verbot im Jahre 1787, vor dem Zustandekommen der jetzt bestehenden Konstitution, der Kongreß die Einführung der Sklaverei in das ganze damals noch unangebaute nordwestliche Territorium. Wiederum aber war die Drohung mit Bürgerkrieg Ursache, daß folgende Klausel hinzugefügt ward: „Flüchtige, in einem Staate nach den Gesetzen desselben in Dienstzwang gehaltene Personen sollen auf Anspruch der Partei, welcher solcher Dienst zukommt, ausgeliefert werden." Die Gegner der Sklaverei wurden durch dieselbe immer wiederholte Drohung eingeschüchtert und hierdurch dahin gebracht, daß dieser Satz sogar in die Konstitutionsurkunde überging. Durch alle diese Erfolge kühner gemacht, forderte die Sklavenpartei, daß der Fortbestand des afrikanischen Sklavenhandels sogar durch die Verfassung gewährleistet werden sollte. Doch hier scheiterten alle desfallsigen Bemühungen. Die Gründer der Konstitution wollten es lieber auf die Vernichtung des jungen Bundesstaates ankommen lassen, als die Republik durch Zulassung eines solchen Grundsatzes befleckt sehen. Denn jegliches Zugeständniß zu Gunsten der Sklaverei war in dem Glauben gemacht worden, daß dieselbe in Bälde würde wieder aufgehoben werden können. Die Sklaverei selbst war ja bisher nur geduldet; die Thür war für die beabsichtigten Reformen also weit offen gehalten worden. Nur eine Frist von 21 Jahren ward dem Sklavenhandel ausdrücklich zugestanden. Die Regierung der Vereinigten Staaten war die erste, welche 1808 diesen abscheulichen Handel als Seeräuberei brandmarkte und mit dem Tode bestrafte.

An menschenfreundlichen Versuchen, den Stein des Anstoßes aus dem Wege zu räumen, hat es niemals gefehlt. Schon kurze Zeit nach eingetretenem Frieden beschäftigten sich Philanthropen vielfach mit der schönen Idee, durch einen humanen Gesetzesakt oder durch Freikauf der damals schon gegen

800,000 Köpfe starken Negerbevölkerung im Unionsgebiete der Sklaverei ein Ende zu machen. Es zeigte sich indeß, daß die Neger selbst für Geld nicht feil waren, wenn es sich um Abschaffung und gänzliches Verbot der Sklaverei handelte. Wer sollte in den südlichen Staaten, wo der weniger arbeitsgewohnte Weiße nicht in dem gleichen Maße wie der Neger bei der Feldarbeit auszudauern vermag, den Boden bestellen, während die frei= gelassenen Afrikaner aus freier Entschließung nur selten anstrengende Ar= beiten und noch seltener gegen geringeren Lohn übernehmen?

Anstatt sich zu vermindern, nahm daher die Zahl der Sklaven in der Union mit reißender Schnelligkeit zu. Infolge der sich stark vermehrenden wohlfeileren Arbeitskraft gewannen die südlichen Staaten, vor Allem die beiden Carolinas, außerordentlichen Aufschwung. Es entstanden die aus= gedehnten Reis=, Baumwollen= und Zuckerplantagen, durch welche der Han= delsverkehr der Union sich zu einer früher nie geahnten Blüte emporhob. Neben der Sklaveneinfuhr begann nunmehr auch noch die Sklavenzüchterei. Das Uebel der Sklaverei fing bald an, den nördlichen Republikanern über den Kopf zu wachsen. Die schwarze und farbige Bevölkerung der Südstaaten betrug bald ein Drittel, zuletzt beinahe die Hälfte der gesammten Seelenzahl. Das Schwergewicht der Bedeutung senkte sich auf Seite der Südstaaten, und mit ihnen gerieth zunächst England in Zwiespalt. Die Worte „Humanität", „Gerechtigkeit gegen den schwarzen Mitmenschen" standen auf der Tages= ordnung. Die Engländer wurden, wiewol sie früher die vornehmsten Sklavenhändler waren, bald die erbittertsten Feinde der Sklaverei. Groß= britannien erließ am 31. Mai 1824 sein Verbot des Negerhandels, und sein Parlament sprach am 28. August 1833 die Abschaffung der Sklaverei für alle Zeiten aus. Die Sklavenfreunde, wie Wilberforce, Edmund Burke, Richard Clarkson, Wellesley 2c. und deren Ideen hatten gesiegt und die Londoner City=Kaufleute, wie man glaubte, ihr Spiel gewonnen. Seine westindischen Sklaven hatte England an den Boden jener meist kleinen In= seln gebunden; es ließ sich erwarten, daß die Freigelassenen bald wieder zur Arbeit auf den Plantagen zurückkehren würden. Folgte die Union dem Bei= spiele Englands, so hätten deren Neger, wie Spreu, in dem weiten Länder= gebiete sich zerstreut. Außer dem Zwang blieb kein Mittel übrig, die ar= beitsscheuen Schwarzen zur Plantagenarbeit zurückzubringen. England hatte jedoch nur sich selbst schwer getroffen, die Produktion Westindiens mit einem Schlage herabgedrückt oder gehemmt, als die Erwartung unerfüllt blieb, daß auch die Vereinigten Staaten die Sklavenemanzipation beschließen und sich in Bezug auf ihre südlichen Staaten eine tiefe, schmerzliche Wunde beibringen würden. Nach dieser herben Täuschung blieb ihm, da die Sklaven= staaten der Union ihre Institution aufrecht hielten, nichts übrig, als die Negerfreunde des Nordens nach Kräften zu stützen und energische Maßregeln gegen den Betrieb des Sklavenhandels an der Küste Afrika's wie auf offenem Meere zu ergreifen. Die Amerikaner stemmten sich mit aller Kraft gegen die Polizei, welche England fortan auf dem Meere übte, indem es auf dem Rechte der Durchsuchung der Schiffe innerhalb der von den Sklavenschiffen am meisten befahrenen Seewege bestand. Die Regierung zu Washington aber ließ geraume Zeit, und mehr weil es im Interesse ihrer Staatsangehörigen lag, als aus Eifersucht gegen die Briten, denjenigen Unionsfahrzeugen nachdrückliche Unterstützung angedeihen, welche, weil mit Negern befrachtet, von englischen Kreuzern aufgebracht worden waren.

Wiewol England den Fortbestand seiner Meerpolizei zeitweilig durch irgend einen untergeordneten Handstreich gegen Unionsfahrzeuge ins Ge= dächtniß zu rufen pflegte, gerieth es doch immer mehr mit sich selbst in argen Widerspruch. Bereits verschmolzen seine wichtigsten volkswirthschaftlichen Interessen zu einem großen Theile mit der „häuslichen Einrichtung" des Südens, jener Institution, welche ein Vierteljahrhundert lang von Groß= britannien aufs Heftigste bekämpft worden war. In Großbritannien war mittlerweile die Baumwolle im Reiche der Industrie König geworden. Baumwolle und Eisen beherrschen das Inselland und dessen Weltverkehr.

Für die Baumwollenlieferung konnte nämlich kein Land der Erde mit den Südstaaten der Union in die Schranken treten. Dort wuchs die schönste Faser der Welt, bald das tägliche Brot für viele Millionen englischer Ar= beiter. Von jetzt an wurde in England die Abschaffung der Sklaverei in der Union als ein britisches Nationalunglück betrachtet.

Die Sklavenstaaten ihrerseits zogen aus England die Kräfte, um sich gegen den sklavenfeindlichen Norden zu behaupten; sie standen mit ihren englischen Abnehmern im intimsten Geschäftsverkehr. In den Baumwollen= häfen wurden für die Plantagenbesitzer von ihren mit baarem Gelde oder mit Industrie = Erzeugnissen zahlenden Geschäftsfreunden das ganze Jahr hindurch offne Conten gehalten. Oft war bereits eine halbe oder gesammte Ernte verkauft oder verpfändet, bevor auch noch eine Baumwollenstaude zu grünen begann. Um sich von dem Joche der New=Yorker und Bostoner Ausfuhrhäuser, sowie aus den Klauen der City=Kaufleute loszuringen, sahen die Bewohner des Südens für die Zukunft nur einen Weg: Bezug der billigeren Fabrikate des Auslands, folglich Freihandel und Vermehrung des Bodenertrages durch Verstärkung der Zahl der Sklaven.

Dies sind die Bande, welche die Südstaaten und England zusammen= gehalten haben, und in dem also gewonnenen Nutzen lag das Geheimniß der Stärke der Südstaaten, welche ohne die zähe Hülfe und Ausdauer der Briten und deren Gesinnungsgenossen in den großen Hafenstädten des Nordens nimmermehr der Union zu trotzen gewagt, noch weniger Jahre lang sich im heißen Kampfe behauptet haben würden.

Je gesuchter ihr unentbehrliches Produkt ward, desto mehr stieg den Sklavenhaltern oder überhaupt den Bewohnern der Südstaaten der Kamm. Mit frecher Verletzung der Gesetze wagte es die Sklavenpartei sogar, den afrikanischen Sklavenhandel im Jahre 1860 wieder zu eröffnen, und einer der ersten Akte des Präsidenten Lincoln bestand darin, den Kapitän eines dieses verruchten Gewerbes schuldig befundenen Schiffes hängen zu lassen.

Man meinte nun, daß nach Unterdrückung des Sklavenhandels auch die Sklaverei selbst allmählig absterben würde, wie ein Zweig, nachdem der Stamm abgeschnitten ist. Dies würde wol auch der Fall gewesen sein, wenn nicht stets neue weite Ländergebiete die Union erweitert hätten bis zur Verbindung zweier Weltmeere; wenn man nicht weiterhin neue Methoden erfunden hätte, den Ertrag der Ernten zu erhöhen durch Reinigung der Baumwolle und endlich die Verspinnung billiger zu stellen und also den Gewinn am Erzeugnisse immer mehr zu steigern. Vor der Erfindung der Whitneymaschine konnte ein Mann nur $\frac{1}{2}$ Kg. Baumwolle per Tag reinigen, nachher mit dieser Maschine 150 Kg. Bald brachte man es durch Verbesserung der Spinnmaschinen dahin, 1 Kg. Baumwolle bis zur Länge von 2000 englischen Meilen auszuspinnen. Im Jahre 1857 belief sich der Export der Rohbaumwolle statt auf 1700 Thlr. (wie im Jahre 1790) auf 130 Millionen (außer dem inländischen Verbrauche). Ausschweifende Träume von Reichthum und Machtzuwachs berauschten die Führer der Sklaverei. Ein Weltmonopol für Baumwolle, Zucker, Reis und Tabak schien ihnen nicht entgehen zu können. Sie dachten nun an nichts eifriger, als durch Gewinnung weiterer Territorien der Sklavenarbeit größere Ausdehnung zu verschaffen. Daher die unerläßliche Nothwendigkeit des afrikanischen Sklavenhandels. Die Lehren der Religion, Menschlichkeit, Freiheit und Staatsökonomie, welche der Geist eines Washington, Franklin, Jefferson und Adams angestrebt hatte, waren in ihren Augen etwas Ueberwundenes, Falsches und Lächerliches; wer diesen „Hirngespinsten" das Wort redete, dem trat man mit dem Revolver, dem Bowiemesser und der Hetzpeitsche entgegen, und zwar nicht blos an Abstimmungsplätzen und in öffentlichen Versammlungen, sondern selbst in der Kongreßhalle. Die Republik sollte in ein Sklavenreich umgewandelt oder vernichtet werden.

„Die Sklavenstaaten," sagte Einer der Sklavereivertheidiger, „haben es in ihrer Macht, wenn man sich ihnen in ihren gerechten Unternehmungen widersetzt, die amerikanische Republik nicht nur in Stücken zu zerhauen, sondern die ganze civilisirte Welt ins Verderben zu stürzen. Denn die Welt kann ohne Reis, Baumwolle, Zucker und Tabak nicht fertig werden; und diese Artikel kann sie sich nicht ohne Sklaverei beschaffen."

Und dennoch welcher verständige-besonnene Staatsmann oder Gelehrte kann beim Durchlesen der amerikanischen Konstitution glauben, sie selbst oder

12*

ihre Urheber hätten einem oder mehrern Staaten das Recht verleihen wollen, wegen irgend einer Frage, besonders wegen der Frage der Sklaverei und des afrikanischen Sklavenhandels, sich loszureißen, oder daß die Bewohner der nordamerikanischen Union hätten zusehen sollen, wenn ein Sklavenreich innerhalb des Gebietes derselben oder an ihren Thoren sich erhöbe?

Im Jahre 1820 hatte Missouri auf Zulassung als Sklavenstaat unter Androhung eines Bürgerkrieges angetragen. Die Gegner der Sklavenpartei gaben es unter der Bedingung zu, daß das Sklavenhalten niemals nördlich einer gewissen Linie zugelassen werden solle. Im Jahre 1854 wurde die Uebereinkunft von der Sklavenpartei vernichtet; 800,000 engl. Quadratmeilen freien Territoriums wurden durch den Mexikanischen Krieg in Sklavengebiet umgewandelt. Auf diese Weise wuchs die Stimmenzahl der Sklavenhalter in der Bundesregierung. — In demselben Jahre stellte die Sklavenpartei den Antrag, der spanischen Regierung 120 Millionen Dollars für Cuba anzubieten und im Weigerungsfalle die Insel mit Gewalt zu nehmen.

Die große Majorität des Volkes der Vereinigten Staaten wußte das Verbrecherische und die Gefahr dieses Planes zu würdigen; aber die Sklavenpartei im Bundeskongresse ließ das Volk nicht zu Worte kommen.

Charles Sumner, Senator der Vereinigten Staaten, gab endlich im Senat der Entrüstung des Landes Ausdruck. Am nächsten Tage traten zwei Abgeordnete des Südens an ihn heran, während er in der Senatskammer am Schreibtische saß, und schlugen ihn fast todt. So wurde auch der Senat selbst zum Schweigen gezwungen. Die Senatoren des Nordens mußten darnach in ihrem öffentlichen Amte ihren Reden einen Dämpfer auflegen oder der Reitpeitsche gewärtig sein.

Das für flüchtige Sklaven erlassene Gesetz war der Strohhalm, der dem Kameel den Rücken brach. Dieses Gesetz befähigte die Sklavenpartei, zu jeder Zeit ihre Agenten in einen freien Staat oder in ein Territorium mit der gesetzlichen Vollmacht zu senden, jedwede Person, die der besagte Agent für gut befand als einen entlaufenen Sklaven zu bezeichnen, und vor einen von der Sklavenpartei selbst eingesetzten Kommissar zu schleppen. Auf ein einfaches Zeugniß eines solchen Kommissars hin, ohne einen Gerichtsspruch durfte man es wagen, den vermeintlichen Flüchtling aus dem Staate heraus dem Sklavenmarkte, dem Gefängnisse, dem Prügelpfahle und den Bluthunden von New-Orleans oder jedem anderen beliebigen Sklavenmittelpunkte des Südens zu überantworten.

Dieses schmähliche Gesetz legte alle freien Staaten zu den Füßen der Sklavenpartei. Es war zugleich ein Gewaltakt der Unterdrückung, eine Schmach, eine Beschimpfung und eine Falle. Entweder mußte der Norden sich unterwerfen oder das Gehässige des Bürgerkriegs, womit ihm so lange gedroht war, auf sich nehmen. Die Sklavenpartei brüstete sich laut, der

Präsident, die Bundesregierung, ja der höchste Staatsgerichtshof seien von ihr abhängig, ihre unterthänigen Diener. Sie würde — so prahlten die Führer laut — die freien Staaten mit der Reitpeitsche vor sich hertreiben wie ihre eigenen Neger, ein Sklavenbanner auf das Kapitol von Washington pflanzen, ihre Sklavenrolle in dem Staaten=Hause zu Boston verlesen.

Und dabei waren der Norden und Westen doppelt so stark an Bevölkerung, mehr denn doppelt stark an Hülfsquellen; sie strebten mit Kraft dahin, die Konstitution nicht allein in ihrem höchsten Geiste, sondern auch in Gerechtigkeit und christlicher Gesittung auszubilden.

Wenn sie unter diesen Umständen das Schwert gezogen hätten, so wäre dies nichts Ueberraschendes gewesen. Sie thaten es nicht. Sie schraken vor den Greueln eines Bürgerkrieges zurück. Wenn daher nachher die Stimmführer der aufgestandenen Südstaaten kühnlich behaupteten, daß der Norden den Krieg angefangen, so ist dies einfach nur eine Verdrehung der Thatsachen. Aber die angedrohte Vernichtung der Selbständigkeit der nördlichen Staaten vereinigte dieselben, und sie setzten Abraham Lincoln als Präsidenten ein. Die Nation in ihrer Mehrheit nahm in friedlicher und gesetzlicher Weise die Regierung aus den Händen der Anhänger der Sklavenhalter, um den Süden zu verhindern, daß die Negersklaverei den Eckstein eines neuen Staatsbaues bilde, und um zu verhindern, daß der afrikanische Sklavenhandel wieder neues Leben empfange, durch welchen in Afrika bereits 100 Millionen Männer, Weiber und Kinder vom Range menschlicher Wesen zu Lastthieren und Handelsartikeln herabgewürdigt wurden.

Der Präsident der Vereinigten Staaten wird nach der Konstitution der Vereinigten Staaten drei Monate vor seinem Eintritte ins Amt gewählt (am 5. November). Die Begründer der Verfassung bewilligten diese Frist zu dem Zwecke, daß die aufgeregten Leidenschaften sich abkühlten und die nöthigen Vorbereitungen in Ruhe getroffen würden. Es war ihnen wol nicht im Traume eingefallen, daß ein solcher Zeitabschnitt je dazu benutzt werden würde, die Verfassung zu vernichten.

Während der drei Monate nach der Wahl Lincoln's war die Regierung von der Sklavenpartei noch geschickt für die Interessen der Rebellion ausgebeutet worden. Die Schiffe der Marine wurden nach den entferntesten Theilen der Welt entsandt. Diejenigen, die nicht fortgeschickt werden konnten, wurden abgetakelt. Die Waffen, Kriegsvorräthe und anderer Bedarf wurden aus den nördlichen Arsenalen nach den südlichen geschafft. Die Einkünfte des Landes wurden auf allen Punkten dem Bereiche der Vereinigten=Staaten=Regierung entzogen und den Führern der Rebellion zur Verfügung gestellt. Agenten des Aufstandes waren in den verschiedenen Regierungsdepartements zu dem Zwecke, die neue Verwaltung zu lähmen und zu betrügen, eingesetzt. General Lee, der ausersehene Führer der Südarmee, verblieb unverdächtigt in der vertraulichen Stellung eines Adjutanten beim läßigen General Scott. Vorbereitungen zu einem Angriffe auf Fort Sumter waren gemacht worden, ehe noch Maßregeln zu seiner Vertheidigung getroffen werden konnten.

Der neu erwählte Präsident Lincoln entging auf der Reise nach Washington nur mit genauer Noth einem Mordanschlage. Kaum zeigt die Geschichte einen edleren Mann, der eine edlere Sache in einer schwierigern Lage gleich besonnen wie energisch vertreten hätte. Ohne Armee, ohne Marine, ohne die Mittel im Schatze trat er sein Amt an. Aber er wußte, und die noch lautere, unbestochene Mehrheit des Volkes wußte es auch, daß dieser Zustand der Hülflosigkeit ein vorübergehender war. Sie wußte, daß der vorbereitete Abfall der hoffnungslose Versuch einiger wenigen verzweifelter heißblütigen Volksverführer und der von ihnen irre geleiteten Parteigänger, unter denen sich manch wackerer Mann befand, war, und daß, wenn nicht durch fremde Mächte unterstützt, sie rasch unterdrückt werden würde, sobald sich nur die neu eingesetzte Regierung von ihrer Ueberraschung erholt haben würde. Und dies Letztere wäre auch sicher der Fall gewesen, wenn die Südstaaten keine Unterstützung von außen gefunden hätten, wenn insbesondere England nicht die Rebellion ermuthigt und ihr mittelbar und unmittelbar Vorschub geleistet hätte. Das Verhalten Englands und seiner Regierung ließ den Krieg sich in die Länge ziehen und kostete Amerika Tausende an Leben und ungeheure Verluste, woraus nachher, da die Vereinigten Staaten eine billige Entschädigung verlangten, die nach einem südstaatlichen Kaperschiff benannte „Alabama-Frage" entstand.

Genug, mag die innere politische Entwicklung der nordamerikanischen Union noch so denkwürdige Thatsachen aufzuweisen haben, so weicht doch alles Das vor den vorstehend angedeuteten verhängnißvollen Beweggründen zurück, durch welche die Südstaaten fast blindlings in den Kampf getrieben wurden, den wir zu Anfang dieses Jahrzehnts vier Jahre vor unseren Augen sich abspielen sahen. Die Zunahme der Heftigkeit der Parteiumtriebe ist nur der Wiederschein dieses Feuers, welches bald gedämpfter brannte, bald hoch empor loderte. Washington war das erste und letzte Regierungsoberhaupt, das von der gesammten Nation erwählt ward, — alle anderen Präsidenten erscheinen nur als von ihren Parteien auf den Schild gehoben.

Die früheste Parteiung, im Jahre 1786, bestand aus Föderalisten (Whigs) und Demokraten. Der Whig verlangte eine kräftige Centralgewalt; der Demokrat strebte nach Schwächung der Befugnisse der leitenden Gewalten am Regierungsmittelpunkte oder Decentralisation und Stärkung der Befugnisse der Einzelstaaten. Unter verschiedenen Umständen, wie unter verschiedenen Parteinamen, hat sich die Frage in Bezug auf Ausdehnung oder Beschränkung der Befugnisse der Gesammtregierung zu Washington als

diejenige in der Unionsverfassung behauptet, welche die zweite Stellung, un=
mittelbar nach der Sklavenfrage, einnahm. Denn der Sieg der Decentrali=
sation schloß nicht allein die Aufrechterhaltung, sondern auch die Herrschaft
des Sklavereisystems in sich.

Präsident Thomas Jefferson, ein Virginier (1801—1809), war
demokratisch gesinnt, ohne indeß die Sklaverei gerade zu begünstigen. Die
demokratische Richtung James Madison's, ebenfalls ein Virginier (1809
bis 1817), begünstigte die Provinzialbanken gegenüber der Nationalbank
und offenbarte seine politische Glaubensmeinung durch die Erklärung im
Frieden zu Gent 1814, daß der Negerhandel seitens der Union zu unter=
drücken sei. Der Krieg mit Großbritannien sammt seinen Folgen, als der
Zerstörung des Unionskapitols, den englischen Brandzügen an den Küsten,
sowie dem endlichen Siege der Amerikaner bei Baltimore (September 1814)
nebst dem von New=Orleans (Dezember 1814) bilden wichtige Episoden der
Präsidentschaft Madison's. Unter dem Virginier James Monroe (1817
bis 1825) sagte sich die Union im Jahre 1824 feierlich von der Einmischungs=
politik der europäischen Großmächte los und erklärte, daß keiner euro=
päischen Macht eine Einmischung in die Verhältnisse der Staa=
ten von Nord= und Südamerika zustehe, oder auch nur das
Recht, ihren Besitzstand in Amerika zu erweitern.

Als erster Whig oder Föderalist trat Präsident John Quincy Adams
aus Massachusetts (1825—1829) auf. Sein neuer Zolltarif erwies sich für
die Nordstaaten eben so ersprießlich als nachtheilig für die davon einschnei=
dend getroffenen südlichen Staaten. Bereits bei diesem ersten, nachdrücklich
gegen die Bewohner des Südens geführten Streiche erklärten diese, daß sie
infolge der erhöhten Einfuhrzölle auf Industrieprodukte, gegenüber der
Herabdrückung der Roherzeugnisse ihrer Heimat, wie der systematischen Ent=
werthung der Negerarbeit, lieber aus der Union ausscheiden würden (da=
mals secession genannt). In Süd=Carolina ward das neue Zollgesetz für
null und nichtig erklärt, und die „Süders" protestirten ausdrücklich gegen
die von den „Norders" beantragte Akte wegen Aufhebung der Sklaverei.

Diese Bewegung kam unter General Andrew Jackson aus Tennessee
(1829—1837), einem Anhänger der Demokraten, zum Ausbruch. Unter
ihm erwies sich das lang angefochtene Prinzip der Nationalbank zu Phila=
delphia als ein unhaltbares. Sie machte förmlich Bankerott und das Land
mußte die furchtbare Geldkrisis von 1836 über sich ergehen lassen.

Ebenfalls demokratisch gesinnt war Martin van Buren, ein New=
Yorker (1837—1841), unter welchem die Seminolen, die Indianer Florida's,
überwältigt wurden. Mit General William Henry Harrison aus Ohio
(1841) kamen die Föderalisten an das Staatsruder. Bereits nach vier Wochen
starb jedoch der Präsident, und der demokratisch gesinnte John Tyler,

wieder ein Virginier, trat an die Spitze der Regierung (bis 1845). Die Frage wegen Texas und Oregon gelangte unter ihm zur Entscheidung. Texas und das neu aufgenommene Florida wurden für sklavenhaltende Staaten er- klärt. — Der erbitterte Wahlkampf, welcher der Erhebung von J. Knox Polk aus Tennessee (1845—1849) vorherging, zeigte, welche unermeßlichen In- teressen für die Parteien der Union auf dem Spiele standen. Die Demokra- ten brachten Polk mit 1,335,834 Stimmen durch, während der Föderalist Henry Clay 1,297,033 Stimmen erhielt. Mit Clay's Aufstellung als Präsidentschafts-Kandidat spaltete sich die Whigpartei — die Konservativen sonderten sich von den Progressisten ab. Die Ersteren bezeichnet man am besten als Republikaner. Wesentlich aus Whigs, gemäßigten Demokraten und Abolitionisten (Sklavereifeinden) bestand die neugebildete Frei- bodenpartei (freesoilers).

Zacharias Taylor aus Louisiana (1849—1850), gewählt infolge seiner Leistungen als Oberbefehlshaber im Kriege gegen Mexiko, versuchte es, sich von dem Drängen und Treiben der Parteien unabhängig zu machen. In immer drohenderer Gestalt trat seitdem die Sklavenfrage in den Vordergrund. Die Clay-Bill (1850) bewirkte schließlich ein ge- genseitiges Zugeständniß, welches eine Aussicht auf künftige Aufrechterhal- tung der Sklavengesetze offen ließ. An Taylor's Stelle trat nach dessen Tode (1850) der Vizepräsident Millard Fillmore aus New-York (bis 1853). Daß eine Zeit vorausgesehen ward, in welcher die Union in Gefahr gerathe, zersprengt zu werden, darauf deutete die Bildung der aus Whigs und Demo- kraten zusammengebrachten Partei der Unionisten hin. Durch äußere Ver- hältnisse und Verwaltungsangelegenheiten, sowie durch Grenzregulirungen, waren die Blicke des Präsidenten Franklin Pierce (1853—1857) von den inneren Krebsschäden der Republik abgelenkt worden. Mit der Ver- waltung von James Buchanan (bis 1861) aber begann schon das Vor- spiel der Kämpfe, welche unter der denkwürdigen Präsidentschaft des Mär- tyrers der nationalen und humanen Ideen der Union, Abraham Lincoln, zum Ausbruche kommen und bis zum Siege durchgekämpft werden sollten.

Die großartigen Verhältnisse, unter denen Abraham Lincoln auf- trat und wirkte, sind so sehr mit seiner Persönlichkeit verschmolzen, daß die- selben besser im Verlaufe der Darstellung seines Lebens abgehandelt werden.

Zunächst entrollen wir ein Gemälde, wie die Jugend, die Jahre des Bildens und Heranreifens zum Manne, von Dem durchlebt wurden, welcher neben Washington und Franklin im Tempel der Unsterblichkeit zu glänzen bestimmt war.

4.

Abraham Lincoln.

Die Wiederherstellung der Republik der Vereinigten-Staaten von Nordamerika.

Die Vereinigten Staaten nach Lincoln's Tod.

Abraham Lincoln.

Ein Lebenslauf vom Holzfäller bis zum Präsidenten der Vereinigten Staaten.

Geboren am 12. Februar 1809. Gestorben am 15. April 1865.)

Nach dem Werke des Dr. Max Lange: „Abraham Lincoln, der Wiederhersteller der nordamerikanischen Union."

Fest ist sein Gang, doch milde blickt sein Auge,
Nach Hohem strebt er stets, im Thun bedacht;
Bei rohen Formen, wie Natur sie bildet,
Voll Thatkraft; treu dem Volk und seinem Rechte,
Gewissenhaft, doch jedem Zwange feind.

1. Von Kentucky nach Indiana.

Im Herbste 1816 rollte ein schwerbepackter Karren über die schmalen, gewundenen Pfade nordwestlich nach dem Staate Indiana in Nordamerika. Obenauf saßen ein Mann und eine Frau, Beide in der Tracht der Hinter= wäldler. Ein siebenjähriger Knabe, der nebenher schritt, schwang die Peitsche und suchte das magere Gespann anzutreiben. Von Zeit zu Zeit löste ein kleines, nur wenig älteres Mädchen den Bruder in seinem wichtigen Berufe ab.

Ansiedler waren es, welche die Wälder Kentucky's verlassen hatten, um sich weiter im Westen eine neue Heimat zu suchen. Ein sehnsüchtig zurück= gewandter Blick des Ehepaars, die Thräne auf dem Antlitz der bleichen Frau bezeugten, daß der Abschied vom häuslichen Herde den Auswanderern nicht leicht geworden. Auch die Kleinen sahen ganz wehmüthig d'rein; doch wie im kindlichen Herzen Freud' und Leid schnell mit einander wechseln, so geschah es auch hier. Die Geschwister stimmten ein fröhliches Lied an, zu dem der Vater halblaut die Melodie pfiff, während die Mutter leise vor sich hinsummte.

So ging der kleine Zug weiter Tag für Tag, blos unterbrochen durch den kurzen Aufenthalt, den die Bereitung eines einfachen Mahles oder die nothwendige Nachtruhe veranlaßte. Endlich erreichte man den prachtvollen Ohiostrom, den die Indianer nicht mit Unrecht den „Schönen Fluß" nennen. Dort schiffte sich die ländliche Karawane auf einem Flachboote ein; leicht glitten sie über die hohen Fluten des vom Herbstregen angeschwollenen Wassers. Doch die wunderherrliche Aussicht, welche ihnen von beiden Ufern entgegen= lachte, vermochte ihnen kaum einen Ruf des Entzückens abzulocken. Nur die= Kinder schauten voll Lust auf die üppigen Rebenguirlanden, die sich unter der Früchte Last beugten. Dann wieder jubelten sie über einen Schwarm wilder Enten, welche, durch das nahende Fahrzeug aufgeschreckt, kreischend davonflogen. In sanften Wellenzügen erhoben sich hier grüne Berge, mit Sykomore=Platanen, Buchen, Walnußbäumen und Akazien bewaldet; dort tauchte ein freundliches weißes Landhaus auf, von Obst= und Gemüsegärten umsäumt. In weiten Thalniederungen weideten Pferde und Kühe, auf den Um= zäunungen der einzelnen Niederlassungen hockten Eichhörnchen — kurz, die Ge= gend konnte dem Farmer als ein wahres Paradies erscheinen. Der bekümmerten Ansiedlerfamilie ging jedoch erst dann ein Gefühl wahrer Herzensfreudigkeit auf, als das Boot dreißig deutsche Meilen unterhalb Louisville landete.

Ein klar sprudelnder Quell führte auf den Punkt, wo Thomas Lincoln und seine Familie den neuen Herd gründen wollten. Mit Eifer begann man den Bau der kunstlosen Hütte, wobei auch der kleine Abe (eine zärtliche Ab= kürzung für den ehrwürdigen Namen Abraham) eine Axt in die Hand bekam. Es galt, binnen kurzer Frist Stämme zu fällen und zuzuhauen. Jedes Glied der Familie mußte bei der Arbeit rührig mit angreifen, und siehe, schon nach drei Tagen war eine Wohnung gefertigt, die dem Namen „Blockhaus" alle Ehre machte. Nur ein einziger Wohnraum fand sich innerhalb der höl= zernen Behausung. Oben bildeten einige quer gelegte Balken eine Art Speise= kammer, die jedoch auch zeitweilig die Stelle unserer Kleiderschränke zu ver= treten bestimmt schien. Ja, noch einem andern Zwecke diente dieser Verschlag. Jeden Abend kletterte Klein=Abe die rohe Leiter empor, um sich in der luf= tigen Dachkammer seine Schlafstätte zu suchen. Zwei wollene Decken waren Alles, was er an Bettzeug besaß — eine zur Unterlage, die andere zum Warmhalten — was bedurfte er mehr?

Süß, wie nur ein unschuldiges Kind es vermag, entschlief er auf diesem harten Lager, um von Spiel und Arbeit, Wald und Himmel zu träumen.

Ob ihm der Traumgott wol auch ein Bild künftiger Größe vor die Seele gezaubert haben mag? — Ob er ihm vom begeisterten Jubel eines befreiten Volkes erzählte? — Ob er ihm eine Märtyrerkrone gezeigt? —

Ein Bett für Vater und Mutter, ein Tisch und vier Stühle waren das einzige Hausgeräth unserer unverwöhnten Naturkinder. Im grünen Wald, da tummelte sich unser Abe am liebsten herum; wenn er nicht bei der Hand war, falls man ihn brauchte, dort war er gewiß zu finden. Buchstabiren hatte er schon in Kentucky gelernt, und eifrig setzte er seine Lesestudien auch in der neuen Heimat fort. Aber noch besser als alles Gedruckte verstand er die Belehrung, welche ihm draußen unter dem reinen blauen Himmel zu Theil ward. Wenn er, als fleißiger Junge, die Lektion gelernt, ließ er die Schulweisheit bei Seite, um von Baum und Blume, Grashalm und Frucht die Geheimnisse des Lebens zu erlauschen. Jeder Schmetterling, jeder Vogel kündete ihm Neues und Herrliches. Die Sprache der Pflanzen und Thiere war ihm keine fremde; in ihr wußte er zu antworten; mit seinem himm=lischen Vater unterhielt er sich am liebsten im grünen Waldestempel, jener hehren Kirche, vom Schöpfer selbst errichtet.

Das erste Geschenk, welches unsern Abraham im zweiten Daheim be=glückte, war eine Büchse, und das erste Wild, welches der kleine Jäger erlegte, ein Truthahn, der dem elterlichen Hause zu nahe gekommen. Kaum ein Jahr nach der Ankunft in Indiana traf den neun Jahre alten Abe der herbste Verlust, der schwerste in seinem ganzen Leben. Die Mutter wurde ihm auf immer entrissen. Es war der erste Todesfall unter den Bewohnern der jungen Niederlassung und daher für Alle ein bedeutungsvolles Ereigniß. Ein=fach war die Bestattung der Todten. In roh gezimmertem Sarge wurde sie in einen frisch aufgeworfenen Grabgrund auf einem Hügel im Walde einge=senkt, ohne Sang und Klang. Doch fehlte dem ernsten Akte die Weihe nicht. Denn die feierlich ernste Stimmung der Umwohner wurde durch die Erinnerung an die allgemein empfundene Liebe und Güte der Verklärten zu einer wahr=haft aufrichtigen Trauer. Abe vor Allen war untröstlich; hatte er doch das Wesen verloren, an welchem seine junge Seele mit innigster Ergebenheit hing. Bis in seine spätesten Jahre machte sich noch der Einfluß der Verstorbenen geltend und gar mancher edler Charakterzug, wie ihn die weitere Geschichte des Lebens Abraham Lincoln's noch oft entrollen wird, weist auf die Behüterin der ersten Kinderjahre unseres Helden hin. Ja, als eine entschiedene Rückwirkung des gefügigen Charakters wie der sanften Empfindungsweise seiner Mutter be=zeichnete Lincoln später selbst einmal seine Fähigkeit, sich in fremde Anschauungen geduldig hineinzuleben und ohne Groll über Beleidigungen hinweg zu blicken.

Des Ansiedlers Heimkehr.

2. Ansiedlerleben.

Ein eigenthümlicher Menschenschlag waren unsere Ansiedler. Außer Stutz=
flinte, Axt und Bibel bedurfte der Hinterwäldler nur sehr wenig zum Genusse
des Lebens. Sein größtes Gut bildeten seine Familie und sein gutes Recht,
das er durch kräftigen Arm sich selbst verschaffte; „Tomahawk=Recht“ nannte
er es. In seiner Lebensweise ahmte er meist dem Sohne des Waldes, dem
Indianer, nach. Wollte er auf die Jagd gehen, so schützte er seinen Kopf
mit einer Pelzkappe und seine Füße mit Mokassins von Wildleder. Flinte,
Jagdtasche und Pulverhorn waren natürlich sein vornehmstes Rüstzeug. Zu
besonderem Schutz gegen Frost und Feuchtigkeit trug er einen weiten Jagd=
kittel und wol auch sogenannte Leggins oder Beinkleider von weichem Hirsch=
leder. Die ganze Tracht war höchst zweckmäßig und praktisch.

Der Wald war das eigentliche Daheim des Bewohners des Westens:
wochenlang blieb er von seinem Blockhause und seiner Familie entfernt. Im
Walde kannte er jeden Weg und Steg, den er nur einmal betreten, und selbst

dort, wo noch keines Menschen Fuß geweilt, streifte er umher, ohne sich zu verirren. Es gehörten aber auch Jägerherzen dazu, um sich ohne Bangen in die endlosen Urwälder zu wagen, deren düstere Schatten friedliche Menschenkinder mit angstvollen Vorstellungen erfüllen. Wer tiefer in das Dunkel dringt, verstummt, und wäre er noch so rebelustig. Die üppige Wildniß ist wie in Dämmerschein gehüllt, feierliche Ruhe breitet sich über die riesigen Stämme und die mit Blättern bestreuten Pfade; nur hier und dort bringt ein einzelner Sonnenstrahl Licht und Leben in das geheimnißvolle Dunkel. Zuweilen schwirren Züge wilder Tauben über dem Haupte des Wanderers; zu seinen Füßen dehnen und ringeln sich Schlangen, träge Stierschlangen und schillernde Königsschlangen. Der Wald ist ein gefährlicher Aufenthalt, doch der kühne Jäger hat seine Zaubergewalt bezwungen. Vor ihm beugt sich oder flieht, was Andere in's Verderben reißt.

Selten kehrten die Waldmänner ohne reiche Beute nach dem Lager zu= rück. Hatten sie einen Hirsch erlegt, so wurde diesem das Fell abgezogen, und ein hoher Ast diente dem Fleisch wie dem Felle einstweilen zum schützenden Aufbewahrungsort gegen räuberische Wölfe, bis die Jäger ihre errungenen Schätze am Abend abnahmen und in's Lager trugen. Ein kräftiges Mahl be= schloß den mühevollen Tag, heiteres Gespräch würzte die einfache Tafel und die lustig dampfende Pfeife vollendete das Bild naturwüchsiger Behaglichkeit.

Der Sonntag wurde heilig gehalten; kein Schuß durfte während der Sabbathfeier durch die Wälder knallen: das hätte Unglück gebracht.

Waren die gemeinschaftlichen größeren Jagdzüge beendet, so erfreute sich der kräftige Waldessohn der häuslichen Ruhe. Sein Blockhaus gewährte ihm Alles, was er zur Behaglichkeit des Lebens bedurfte. Wie geringfügig waren aber auch seine Ansprüche! Die Baumstämme, aus denen seine Hütte gezim= mert war, besaßen mitunter noch den vollen Reichthum ihrer rauhen und dicken Rinde. Die viereckigen Gemächer im Innern der Wohnung erhoben sich kaum über 10 Fuß; auf dichtgelegten Balken erbaute man das Dach und den Giebel.

Dunkel genug mochte es zudem in jenen Räumen aussehen, denn nicht immer fand man es der Mühe werth, durch ein Fenster dem Tageslicht Ein= gang zu gewähren. Auch einen Fußboden suchte man häufig umsonst; einige Balken zum Abhalten der Erdfeuchtigkeit galten schon für großen Luxus.

Als Abendbleuchte genügte das Feuer auf dem Herde, der dicht neben der Hütte errichtet war, oder auch eine Kerze aus Büffelfett. Die Wände waren nur mit Kleidungsstücken, Aexten, Beilen, Bohrern, Messern und ähnlichem Handwerkszeuge geschmückt. Bett, Wiege, Schemel, Tisch und verschiedene Kübel, Alles in rohesten Formen und vom Familienvater selbst gefertigt, voll= endeten das Stubengeräth. Neben dem Herde stand das hölzerne Kochgeschirr. Die Sorge für die Haushaltung lag natürlich der Frau ob; doch war sie damit nicht überbürdet, wie etwa ihre bräunliche Nachbarin, das Indianer= weib; von allen gröberen Arbeiten blieb sie vielmehr verschont.

Eben so einfach wie die Einrichtung des Hauses gestaltete sich auch die Lebensweise der Waldbewohner. Als Festmahlzeit galt saftiges Wildpret: Hirschbraten, Elenn= oder Büffelfleisch; dann ein fetter Bärenschinken, Reb=hühner, wilde Tauben, Truthähne und Fasanen. Dies Alles aber bot der Wald in Hülle und Fülle. Fehlte es daran, so begnügte man sich mit Hasen, Eichhörnchen und Opossums. Man sieht, unsere Freunde wußten bei aller Abgeschiedenheit doch zu leben.

Zum Frühstück und Abendessen genoß der Hinterwäldler täglich Mais=brod, sein „Johnny Cake." Als Gemüse kannte man nur gekochtes Welsch=korn, entweder mit Milch oder mit Syrup und Bärenfett bereitet, oder auch Maisbrei; erst später ward Schweinefleisch zum Lieblingsgerichte erhoben.

Nicht weniger naturwüchsig als das häusliche erschien auch das Alltags=leben der ersten Ansiedler. Als vornehmster Richter galt die wohlverdiente Meinung und Achtung, die sich der Mann erworben. Wehe dem, der vor dem Richterstuhl der öffentlichen Meinung nicht bestehen konnte! Er wurde, wenn er ein Müßiggänger war, von seinem Nachbar „fortgeschafft", oder er bekam eine redliche Tracht kräftiger Hiebe. Bei größeren Verbrechen legte sich die unerbittlich rächende Lynchjustiz in's Mittel. Hatte ein Pferdedieb, Fäl=scher oder Herumstreifer längere Zeit sein Unwesen getrieben, so sammelten sich die achtbarsten Männer der Gegend zur Berathung über die Strafe, wel=cher der Schuldige anheimfallen sollte. Nicht selten bestiegen sie Nachts ihre Pferde, um den Verbrecher zur Rechenschaft zu ziehen. Man machte dann kurzen Prozeß, band den Missethäter an einen Stamm, peitschte ihn bis auf's Blut, und wenn die Buße recht eindringlich sein sollte, salbte man ihm die Wunden nicht mit Oel, sondern mit Theer und Federn, „man federte ihn."

Außer der strengsten Gerechtigkeitsliebe beseelte den Ansiedler des Westens auch tiefe Religiosität. Die Bibel war das Buch, aus welchem die Mutter ihren Kindern das Lesen lehrte; die Ankunft eines Geistlichen wurde wie ein Freudenfest gefeiert. Aus meilenweiter Ferne strömte man hinzu, um dem Vortrage eines „Reisepredigers" zu lauschen, welcher zu gleicher Zeit als ärzt=licher Rathgeber auftrat und die Aufgabe löste, die jüngstgeborenen Kinder, oft aufwärts bis zum zehnten Jahre, zu taufen und in den „Büschen" das heilige Abendmahl zu ertheilen.

Die Familie Lincoln machte keine Ausnahme von der Regel und hielt treu an den ehrwürdigen Ueberlieferungen ihrer Voreltern fest. Denn der Men=schenschlag, aus welchem Abe hervorgegangen, war ein echt amerikanischer. In Berk's County (Staat Pennsylvanien) finden wir ihre ersten Spuren, wenn auch nicht die ursprüngliche Stätte ihrer ersten Ansiedelung. Wahrscheinlich gehören sie derselben Familie an, welche schon früher im Gefolge von William Penn ihrem Vaterlande aus Religionsgründen Lebewohl gesagt, um sich in der Kolonie Old=Plymouth niederzulassen.

3. Abe's Jugendtage.

Unter Verhältnissen der so eben geschilderten Art war Thomas Lincoln, der Vater unseres Helden, aufgewachsen; nicht sonderlich verschieden davon waren die Umstände, unter welchen Abe groß ward. Die Großeltern hatten sich aus Virginien nach Kentucky gewendet und in der Gegend von La Rue County, unfern der Stadt Hodginville, hatte am 12. Februar 1809 unser Abraham das Licht der Welt erblickt.

In Kentucky verbrachte er die ersten sieben Jahre seines Lebens. In jenen Tagen gab es noch keine Freischulen im Lande, doch bemühten sich einzelne besser unterrichtete Männer, der Jugend die nöthigste Belehrung zu ertheilen. Auf diese Weise gelangte auch Abraham zu einigen Kenntnissen.

Mehr als Lesen und Schreiben vermochte der gelehrte Caleb Hazel jedoch seinen Zöglingen nicht beizubringen, und Abe lernte sogar nur buchstabiren bei ihm. Der höchste Wunsch des kleinen Burschen ging dahin, der Mutter es gleichzuthun, welche so schön aus der heiligen Schrift vorlas und des Sonntags die Kapitel so verständig zu erklären wußte. Bei Nachbar Hazel sollte er es nicht so weit bringen, denn der Vater Lincoln war des Lebens an der Nolinbucht müde geworden; hunderterlei Gründe bewogen ihn, sich weiter im Nordwesten, jenseit des Ohio, eine neue Wohnstätte zu suchen. Er verkaufte daher sein kleines Anwesen für 10 Fässer Branntwein und 20 Dollars und machte sich mit den Seinen auf den Weg. So kam es, daß wir die Familie Lincoln im Herbst 1816 auf der Wanderschaft nach dem südlichen Indiana antrafen.

Seit dem Tode seiner trefflichen Mutter war eine merkliche Veränderung in Abe vorgegangen. Sein Sinnen und Trachten richtete sich immer mehr auf etwas Höheres; er wiederholte sich Alles, was er von seiner frommen Mutter gehört, und suchte seinen Vater durch Fleiß und Gehorsam zu erfreuen, auch bei der Arbeit ihn immer kräftiger zu unterstützen und zu fördern.

Eines Abends kam Letzterer mit vielsagender Miene zum kleinen Abraham. In der Hand trug er ein sorgfältig eingewickeltes Päckchen, das er langsam aufschnürte. Ein Buch kam zum Vorschein, grau und unansehnlich, für den kleinen Jungen aber von höherem Werthe als das kostbarste Spielzeug. Mit großen Augen las er den Titel: „Des Christen Pilgerfahrt." Bisher hatte Abe nur aus den Quellen geschöpft, die ihm das Wort Gottes und der Katechismus boten. Jetzt winkte ihm ein neuer Born köstlicher Belehrung. Mit Fenereifer machte er sich an das Lesen des unschätzbaren Werkes. Er wollte es eben zum zweiten Male beginnen, da wurde ihm noch ein anderes, unverhofftes Glück. „Aesop's Fabeln" waren es, welche ihm eine gute Nachbarin zum Lesen gab, und die ihn bald noch mehr fesselten, als jede frühere Lektüre. Er verstand sie besser; die verschiedenen Thiergestalten ergötzten ihn, die Scherze zerstreuten und belustigten ihn. Ja, so viel und so gern las

er in dem neuen Buche, daß er unvermerkt den größten Theil desselben aus=
wendig lernte.

Um diese Zeit sollte Abe auch noch in anderer Weise Nahrung für seine
Lernlust und Wißbegierde finden. Es wohnte ein Mann in der Nähe des
väterlichen Blockhauses, der sich einigermaßen auf die Schreibkunst ver=
stand. Dieser erbot sich, den Knaben in die Anfangsgründe jener Kunst ein=
zuweihen. Der Unterricht begann. Abe machte eben so rasche Fortschritte im
Malen der Buchstaben, wie vordem im Entziffern derselben. Sein Lehrer
betrachtete ihn als ein halbes Wunder und konnte nicht müde werden, die An=
stelligkeit und den Eifer des begabten Schülers zu loben. Da an Papier,
Federn und Tinte bei den armen Hinterwäldlern eben kein Ueberfluß herrscht,
so mußte oft ein halbverkohlter Holzstab als nothwendiges Material herhalten.
Abe schrieb — schrieb ohne Aufhören, bis er seinen Meister überflügelt hatte,
der mit immer größerer Bewunderung dem Treiben des Knaben zusah und
dabei den schönsten Triumph eines Lehrers, den, sich von einem Schüler über=
troffen zu sehen, gern und freudig feierte. Trotz all' seiner glühenden Be=
geisterung für Lesen und Schreiben ging Abraham nicht minder emsig auch
der Arbeit im Walde nach und ließ sich von seinem Vater nie Etwas zwei
Mal heißen. Und das will viel sagen, denn gar oft wäre er wol viel lieber
bei seinen Büchern geblieben, als mit der Axt über der Schulter zum Holz=
fällen gegangen. Im Freien nahm er allerdings dann und wann, wenn die
Arme sich müde gehauen hatten, einen Stock zur Hand und grub mit sinniger
Miene die schönsten Buchstaben vor sich hin in die Erde. Bei dieser Beschäf=
tigung wurde er einst von einem Nachbarknaben überrascht.

„Was machst Du hier?" fragte David.

„Ich schreibe," antwortete Abe mit stolz=zufriedenem Lächeln.

„Das glaube Dir der Kuckuk. Wo hättest Du schreiben gelernt? Sprich,
was sollen die Zeichen bedeuten?"

„Es ist mein Name."

Hiervon wollte David sich nicht überzeugen lassen. Er holte seinen Vater
herbei, und richtig, der Mann buchstabirte langsam

A - b - r - a - h - a - m   L - i - n - c - o - l - n,

geschrieben in großen, deutlichen Buchstaben auf dem urwüchsigen Boden des
Staates Indiana, — gleichsam wie ein vorbedeutendes Zeichen der einst un=
ermeßlichen Wichtigkeit dieses Namenszuges. Denn seit jenem Tage strebte
Abraham Lincoln höher und immer höher, bis er, als Präsident, die wich=
tigsten Korrespondenzen und Aktenstücke der Vereinigten Staaten mit seinem
Namen unterzeichnete.

Etwa neun Monate nach dem Tode seiner Frau rief Thomas Lincoln
den kleinen Federhelden zu sich und gab ihm folgenden bedeutungsvollen Auf=
trag: „Du hast jetzt hübsche Uebung im Schreiben erlangt. Wie wäre es,
wenn Du einmal einen Brief schriebst?"

Abraham Lincoln's erster Schulgang

„Laß mich's versuchen", meinte Abe freudestrahlend. Er holte Papier, Tinte und Feder, setzte sich mit wichtiger Amtsmiene an den Holztisch in der Mitte des Zimmers und blickte erwartungsvoll auf seinen Vater, der ihm einen ziemlich langen Brief an den nächstwohnenden Geistlichen diktirte. — Mr. Elkins — so hieß der Pfarrer — wurde darin gebeten, Sonntag nach Lincoln's Farm zu kommen und hier die übliche Leichenrede zu Ehren der verstorbenen Frau Lincoln zu halten.

Der erste Brief.

Als Abe das letzte Punktum gemacht, las er das Kunstwerk der neugierig zuhörenden Schwester wie dem gegenübersitzenden Vater vor, der mit Erstaunen und Befriedigung dem Thun des Sohnes zugeschaut hatte.

Abraham war der Erste der Familie Lincoln, der einen wirklichen Brief zu Stande gebracht. Welch' denkwürdiger Tag!

Drei Monate nach Abgang des Schreibens trabte ein altes Pferd mit einem ehrwürdig aussehenden Reiter auf die Blockhütte zu. Abe erkannte in Letzterem den greisen Pfarrer Elkins. Er ging ihm entgegen und fragte nach der ersten Begrüßung: „Herr Pfarrer, haben Sie meinen Brief erhalten?"

„Deinen Brief? Du meinst Deines Vaters Brief, lieber Junge"

„Nein, meinen Brief. Sie wissen doch, Vater kann nicht schreiben."

„Wenn Du den Brief geschrieben hast, brauchst Du Dich dessen nicht zu schämen."

„Und es ist mein erster!" —

Abe's Bibliothek hatte sich mittlerweile noch um ein neues Buch vermehrt. Es war das „Leben Washington's." — Washington und Lincoln, welche Gedanken knüpfen sich für uns an diese beiden Namen!

Abe's Großvater war Zeitgenosse des Erstgenannten, dessen Denkmal die Vereinigten Staaten geworden; er hatte an seinen Siegen Theil genommen und sprach von nichts lieber als von ihm, dem Helden Amerika's. Diese Begeisterung war auf Thomas Lincoln übergegangen, und Abraham hörte schon in zarter Kindheit den Namen Washington's mit schwärmerischer Verehrung aussprechen. Die Eindrücke, welche der strebsame, aufgeweckte Knabe hierdurch empfing, prägten sich ihm unauslöschlich ein.

Wieder waren einige Monate dahingeflossen. Ein neuer Lebensabschnitt begann für Abe. Sein Vater führte seinem Hausstand eine neue Stütze und seinen Kindern eine zweite Mutter zu. Diese würdige Stellvertreterin der Verstorbenen ließ sich die weitere Ausbildung des talentvollen Knaben sehr angelegen sein. Der Privatschule, welche kurz nach ihrer Ankunft errichtet ward, führte sie in unserem Abe einen neuen und fleißigen Schüler zu. Abraham übertraf im Lesen, Schreiben und Rechnen bald alle seine Mitschüler. Dabei war und blieb er ein herzensguter Bursche, verabscheute Zank und Uneinigkeit und erwarb sich durch sein versöhnliches Wesen den Beinamen „der Friedensstifter."

4. Vom Holzfäller zum Holzflößer.

So wuchs Abraham zu einem kräftigen, blühenden Jüngling heran. Seine Gestalt ward höher und muskulöser als die seines Vaters, seine Hände hatten wenigstens eben so viele Schwielen vom Holzhacken aufzuweisen, wie die des alten Lincoln. Als tüchtiger Arbeiter bekannt, wurde er in der ganzen Nachbarschaft zu Hülfe gerufen, wo es Größeres zu thun gab, und überall fand man in ihm den bereitwilligen Nothhelfer, unter dessen gewichtigen Streichen die dicksten Stämme bald zu Boden sanken.

Bei alledem hatte er seine geistige Ausbildung keineswegs vernachlässigt. Wo er ein neues Buch entdeckte, suchte er es sich zu leihen; auch las er die alten Werke oft von Neuem. Seiner kleinen Bibliothek hatte er noch zwei weitere Bände beigefügt: Franklin's Leben und eine Uebersetzung des Plutarch. So bestand sein ganzer Bücherreichthum, außer Katechismus, A-B-C-Buch, Bibel und den eben genannten Werken, noch in Aesop's Fabeln, des Christen Pilgerfahrt, zwei Lebensbeschreibungen Washington's und dem Leben Clay's.

Daneben war auch die Feder nicht bei Seite gelegt worden. Alle Nachbarn, die mit der Ferne verkehren wollten, wandten sich an Abe. Er wurde zum Briefschreiber für die ganze Umgegend und lernte dadurch, sich in die Gedanken=gänge Anderer zu fügen und fremden Ideen richtigen Ausdruck zu verleihen.

Kurz nach dem Tode seiner ältesten Schwester eröffnete sich dem jungen Manne der Blick in die weite, weite Welt. Ein Nachbar befrachtete ein Mississippi=Flachboot mit Holz und Getreide, welches in New=Orleans gegen andere Bedürfnisse oder gegen Silber umgesetzt werden sollte.

Die Floßfahrt.

Abe empfing den Auftrag, das Flachboot nach der Crescent=City zu führen. — Die Bootsleute, Stromschiffer, auch Hakenmänner genannt, waren damals die eigentlichen Frachtfahrer, den Kärrnern vor Einführung der Eisenbahnen vergleichbar. Die Flachbootmänner verdienten sich schweres Geld mit schwerer Arbeit. Stromabwärts war die Fahrt eine Lust; stroman aber mußten die Schiffer mit ihren Hakenstangen das Boot vorwärts schieben, wenn der Wind ungünstig war, und den Weg am Laufbord der ganzen Länge ihrer Reise nach durchmessen.

Der Mississippi war damals noch viel reicher als heute mit Planters (losgerissenen, aufrecht stehenden Baumstämmen), Sägern und Wälzern (Baum= stämmen, die sich rundum drehen) versehen, und Raub und Mord auf den Booten des Riesenstromes gehörten, besonders im untern Laufe desselben, keines= wegs zu den Seltenheiten. Die Bootsleute führten ein beschwerliches, aber ein lustiges, ungebundenes Leben.

Abe sollte dieses Leben kennen lernen. In großer Erwartung sah er der Fahrt entgegen, von der er sich tausendfachen Genuß versprach. Mit seinem Freunde John schiffte sich Abe am bestimmten Morgen nach New=Orleans ein. Die neuen Scenen, welche sich vor den Augen der beiden Freunde entfalteten, boten ihnen unerschöpflichen Stoff für die Beobachtung. Zuweilen begegneten ihnen andere Boote, deren Schiffsleute ihnen zuriefen: „Wo kommt Ihr her?" „Wohin des Weges?" „Was für Ladung?" —

Doch nicht lange blieb der Himmel klar und wolkenlos. Stürme warfen das Fahrzeug hin und her, schwere Regengüsse durchnäßten die jugendlichen Bootsleute bis auf die Haut. Ja, noch vor ihrer Landung bei New=Orleans wurden sie von einer ernstlicheren Gefahr bedroht.

Abe hatte wie gewöhnlich des Abends das Boot am Ufer befestigt und sich mit seinem Kameraden dem Schlafe überlassen. Um Mitternacht weckte ihn ein Geräusch. „Was giebt's?" rief er aus und stieß John an.

John rieb sich die schlaftrunkenen Augen. Plötzlich schnellte er ganz er= schreckt in die Höhe. „Niggers (Neger)!" flüsterte er.

„Wer da?" rief Abraham.

Keine Antwort. Nur flüsternde Stimmen wurden vernehmbar.

„Wer da?" ruft Abe nochmals mit erhöhter Stimme.

Jetzt erblickten die Jünglinge vier schwarze Gestalten, welche das Mond= licht doppelt unheimlich erscheinen ließ. Zugleich hörten sie in der wohlbe= kannten Negersprache und in mehr drohendem als bettelndem Ton die Worte:

„Ole Niggers" (Alte Neger).

Sie ahnten augenblicklich, was die dunkle Gesellschaft im Schilde führte, und setzten sich in Vertheidigungszustand. Leider hatten sie keine Feuerwaffen an Bord, waren also hauptsächlich auf die Kraft ihrer Muskeln und derben Fäuste angewiesen.

Einer der Schwarzen sprang an Bord des Flachbootes. Er schwang einen mächtigen Knittel hoch in der Luft und stürzte auf John los. Abe aber entriß ihm die Holzwaffe, packte den Strolch an der Kehle und stürzte ihn in das tiefe Gewässer.

Ein Plätschern — dann Todesstille.

Die drei übrigen Neger vermochten ebenfalls nichts gegen die herkulische Stärke der jungen Hinterwäldler auszurichten. Sie mußten, übel zugerichtet, unverrichteter Sache wieder abziehen. Aber auch Abe war nicht ganz ohne Verletzung davongekommen.

Sein rechter Arm war durch einen Keulenschlag gelähmt und sein rechtes Auge von einem Messerstich beinahe ernstlich beschädigt worden. Ein von St. Louis den Strom hinabfahrender Dampfer, welcher Schaden an seinem Räderwerk ge= litten hatte, nahm sich der jungen Floßbootschiffer an, und einige Mann seiner Besatzung halfen das Floßboot weiterschaffen. Damit war jedoch die Noth nicht völlig überstanden. Die Flößer traf noch ein anderer Unfall, da sie bei Baton Rouge an den Kalkfelsen der Stromufer während eines Gewittersturmes fast Schiffbruch gelitten hätten; indessen sie entrannen auch diesmal der drohenden Lebensgefahr und landeten bald nachher am Halbmond=Kai von New=Orleans.

Die verführerischen Wunder der Weltstadt erweiterten zwar mächtig den engen Gesichtskreis der unerfahrenen Hinterwäldler, vermochten aber ihre Auf= merksamkeit kaum länger zu fesseln, als bis der geschäftliche Auftrag zu ihrer vollen Befriedigung ausgeführt war.

Nachdem John und Abraham in die heimatlichen Wälder zurückgekehrt waren, lieferten ihnen die überstandenen Abenteuer und das geschickt abge= schlossene Geschäft noch oft Stoff zur Unterhaltung. Die Kunde aber von der treuen Pflichterfüllung trug wesentlich dazu bei, das allgemeine Vertrauen auf des jungen Lincoln Glück, Umsicht und Thatkraft in seiner Heimat zu befestigen.

5. Von Indiana nach Illinois.

Während der letzten Jahre waren immer von Neuem Gerüchte über die ungemeine Fruchtbarkeit des benachbarten Staates Illinois nach Indiana ge= drungen. Auch Thomas Lincoln hatte davon gehört und gar manchmal den Plan erwogen, die Wohnstätte noch weiter im Westen aufzuschlagen, in jenem Lande, „wo Milch und Honig fließen." Er sandte einen Verwandten seiner Frau auf eine Untersuchungsreise nach dem gepriesenen Staate, und als dieser bei seiner Rückkunft nicht müde werden konnte, die besuchte Gegend, wie eine wahrhaft „paradiesische", in die Wolken zu erheben, dachte Thomas Lincoln allen Ernstes an eine neue Uebersiedelung.

Der Staat Illinois liegt zwischen Indiana, Kentucky, Missouri, Jowa, Wisconsin und dem Michiganfee. Sein Boden ist meist flach, nur im Norden erheben sich einige Hügel. Im Süden findet man üppige Waldungen, über die mittleren Theile erstrecken sich theils trockene, theils feuchte Wiesengründe: Prairien. Die trockenen Gegenden leiden häufig an Wassermangel, deshalb zieht sich Alles nach den Flußufern. Der Illinois ist der Hauptstrom, Grenz= flüsse sind der Ohio und die Mississippi. Getreide, Tabak und Hülsenfrüchte bilden die Haupterzeugnisse des ergiebigen Bodens.

Im März 1830 trat die Familie Lincoln ihre Wanderung an. Die Ge= sellschaft zählte zwölf Personen, da sich auch zwei verheirathete Töchter der Frau Lincoln, sammt Kindern und Gatten, dem Zuge anschlossen.

Abraham hatte so eben sein 21. Jahr zurückgelegt, war also mündig. Er hätte nun sein eigener Herr sein können, zog es aber vor, als guter Sohn beim alten Vater zu bleiben und diesem zu helfen, bis die neue Heimstätte ein ruhiges, behagliches Plätzchen geworden.

In vierzehn Tagen ward der Weg von Spencer County (Indiana) nach Illinois zurückgelegt. Die zur ständigen Niederlassung erwählte Stelle lag 2½ Meilen westlich von Decatur, an der nördlichen Seite des Sangamon= flusses. Hier wurde, unter Abraham's thätigster Beihülfe, augenblicklich eine Blockhütte errichtet. Dann dachte man an das Einfriedigen des neuen Besitz= thums, dessen Fruchtbarkeit alle Erwartungen weit übertraf.

Abe hatte das zur Einfriedigung erforderliche Pfahlwerk zuzurichten. Von Morgens früh bis Abends spät schwang er mit gewohnter Rührigkeit die Axt, und in unglaublich kurzer Frist hatte er Pfähle für zehn Morgen Landes her= beigeschafft. Diese hölzernen Zeugen seines Fleißes sollten später noch zu besonderer Bedeutung gelangen. Während der Sitzung der republikanischen Staatenconvention, jener großen Vereinigung, in welcher sich die vornehmsten Häupter der Partei zusammenfinden, um die Wahl des Präsidenten zu berathen oder sonstige wichtige Beschlüsse zu fassen, wurde eine Fahne, an zwei jener Pfähle befestigt und mit passender Inschrift versehen, in die Versammlung ge= bracht und den Mitgliedern unter dem begeisterten Jubelgetöse aller Anwesenden dargereicht. Bald darauf trug das Volk dieselbe Fahne unter lautem Jubel durch alle Staaten der Union, in denen freie Arbeit zu Ehren gekommen ist.

König Louis Philipp behauptete, als er den Thron Frankreichs bestieg, daß Derjenige, welcher sich am besten zu helfen wisse, sich auch am besten zum Regenten eigne. Ist dies wirklich der Fall, dann war Abraham Lincoln aller= dings zum Präsidenten der Vereinigten Staaten wie geschaffen.

Der erste Winter in Illinois war einer der strengsten, dessen sich die Be= wohner jener Gegend entsinnen; den Winter des „tiefen Schnees" nannten sie ihn, denn Monate lang lag eine weiße Decke drei Fuß hoch über der Ebene. Mangel an Lebensmitteln war eine natürliche Folge der außergewöhnlichen Kälte; Abe mußte, trotz Unwetter und Schneegestöber, hinaus auf die Jagd, um Fleisch zu schaffen. Er war kein besonderer Schütze, aber die Liebe zu den Seinigen lehrte ihn, auch das Ungewohnte mit Eifer und Treue zu vollbringen.

Die alt=englische Tüchtigkeit, die Liebe zum heimischen Herde, hatte Jung= Abraham bis dahin beherrscht. Jetzt aber machte sich die Natur des Ameri= kaners in ihm geltend. Abe war ein Mann geworden, und, nach wohlüber= legtem Entschluß, schickte er sich rasch an, die heimatliche Blockhütte zu verlassen.

Ohne bestimmten Plan für die Zukunft, ohne ein anderes Kapital, als unerschütterliche Charakterfestigkeit, unbeugsame Redlichkeit und den festen Wil= len, durch Arbeit sich empor zu schwingen, trat Abe in die Welt ein.

Vorerst begab er sich in die Nähe von Petersburg und arbeitete, wo er Arbeit fand; zumeist bei einem Mr. Armstrong.

Während des Winters, den Abe in Petersburg zubrachte, wußte sich der junge Mann bei Allen, mit denen er in Beziehungen trat, beliebt zu machen. Sehr oft saß er während der langen Abende bei der Familie Armstrong, die ihn wie einen Sohn hielt, am lustig flackernden Kaminfeuer. Der alte Armstrong wärmte sich die runzeligen Hände, die stille Hausfrau blickte sinnend in die auflodernde Flamme und Abe las eifrig in dem Buche, das er aus der staubigen Bibliothek seiner Pflegeältern, wie er die Familie Armstrong wohl nennen durfte, hervorgestöbert hatte. Sein Rock ist etwas fadenscheinig geworden, aber daran liegt ihm nichts: ist doch nach seiner Ansicht eine gute Lektüre stets einem glänzenden Anzuge bei Weitem vorzuziehen.

Kurz, er scheint zufrieden mit seinem Loose.

Als der Frühling wieder seinen Einzug gehalten, erging an Abraham abermals der Auftrag, ein Flachboot nach New-Orleans zu führen.

Mit einem Gemisch von Dankbarkeit und Wehmuth verließ Abraham das gastfreie Dach der Armstrongs; er ahnte wol nicht, unter welchen Verhält= nissen er von ihnen wieder hören sollte.

In New-Orleans schien dies Mal Alles dazu angethan, dem wackern Abe seine Kaltblütigkeit zu rauben. In der Halbmondstadt raste die Cholera, die Geschäfte stockten; die Furcht vor Ansteckung verscheuchte einen guten Theil der Einwohnerschaft. Dennoch füllten sich die Krankenhäuser von Stunde zu Stunde, und zuletzt wagten sich nur noch die Brüderschaften vom Herzen Jesu zu St. Ro= chus hervor, um die Todten zu begraben. Kurz, der Eindruck, welchen Lincoln dieses Mal von der Königin des Südens empfing, war so niederdrückend, daß er sich entschloß, Tags darauf New-Orleans zu verlassen.

Trotz alledem verlief in Bezug auf den geschäftlichen Erfolg diese zweite Fahrt nach New-Orleans fast noch glücklicher als die erste, und die Klugheit, mit welcher der junge Schiffer den ihm anvertrauten Handel auch diesmal leitete, verstärkte den guten Eindruck, den schon sein erstes Erscheinen auf den Frachtherrn Offut hervorgebracht hatte.￼

Einen solchen Jüngling wollte dieser an sich fesseln und bot ihm deshalb eine feste Stellung in seinem Geschäfte an. Abe nahm das Anerbieten an, und so sehen wir ihn vom Floßmann zu einem Handelsgehülfen vorgeschritten. Er war bald eine bekannte Person in New=Salem. Jedermann kaufte noch ein Mal so gern, wenn der freundliche Lincoln die Waare verabreichte. Auch war seine Ehrlichkeit bald im ganzen Dorfe sprüchwörtlich geworden.

Daneben zeigte er sich aber auch gewandt, fleißig und sorgsam auf den Vortheil seines Prinzipals bedacht. Gleichwol hob sich das Geschäft doch nicht zu der gehofften Blüte und den thatkräftigen jungen Gehülfen litt es bald nicht länger hinter dem Ladentische. Er dürstete nach frischerem Leben und einem größeren Wirkungskreise. Doch ehe er noch seinem Herrn kündigte, befreite ihn ein unvorhergesehenes, aber darum nicht minder willkommnes Ereigniß von der beständigen Beschäftigung mit Wage und Papierdüte.

· Indianerkrieg. ·

6. Abraham Lincoln, Kapitän der Freiwilligen, Feldmesser und Rechtskundiger.

Die Kriegstrompete erscholl. Der indianische Häuptling „Black-Hawk", der „Schwarze Falke", hatte die Gegend durch seine räuberischen Einfälle unsicher gemacht. Diesen Feind galt es zu bekämpfen, und deshalb erging an die jungen Milizen jener Gebiete der Aufruf zu den Waffen. Auch Abe gesellte sich zur Schaar der Freiwilligen, welche gegen den Häuptling der Sax- und Fuchsindianer zu Felde ziehen wollten.

Schon die ersten Zeichen von feindlicher Gesinnung, welche die Indianer gaben, waren drohend genug. Räuberische Angriffe auf das Eigenthum der Farmer erfolgten; die Indianer verwüsteten die Felder derselben, rissen die Umzäunungen nieder und zwangen die Weißen mit Tomahawk und Feuerwaffe, das Weite zu suchen. Die Opachen, Comanchen und andere südliche Stämme bis hoch hinauf zum Norden — die Creeks, Huron- und Schwarzfuß-Indianer u. s. w. — waren auf den Kriegspfad berufen worden, und sicherlich wäre das gleichzeitige Auftreten der kriegerischen Indianerstämme der Republik der Vereinigten Staaten überaus gefährlich geworden, wenn dem „Schwarzen Falken" die Vereinigung aller Heereskräfte der Rothhäute gelungen wäre. Was sich jedoch nicht um Black-Hawk geschaart hatte, focht auf eigene Hand.

Unsere Leser wissen, daß Abraham Lincoln in seiner Heimat bei Allen, die ihn kannten, wegen seiner Umsicht und Thatkraft ein großes Vertrauen genoß, weshalb seine Ernennung zum Kapitän der Freiwilligen gerade nicht überraschen wird. So ward denn aus dem friedlichen Ladendiener ein kriege= rischer Held. Einer seiner Kriegsgefährten schreibt von ihm, daß er der Liebling seiner Kameraden gewesen sei, ein tüchtiger, gewandter Offizier, der seine Leute unter strenger Aufsicht zu halten wußte, dabei pünktlich in Erfüllung seiner Pflichten, voll Muth und Hingebung.

Allerdings gehört der sogenannte „Indianerkrieg", welcher mit der Ge= fangennahme des „Schwarzen Falken" seine Endschaft erreichte, nicht zu den Großthaten, die der Geschichtschreiber der Vergessenheit zu entziehen die Pflicht hätte. Lincoln selbst sagt, er habe kaum e i n e n lebenden Indianer zu Gesicht bekommen, dafür manches blutige Gefecht mit Moskitos bestanden, und wenn er auch nie wegen blutender Wunden zur Erde gesunken sei, so wäre ihm letzteres doch einigemal aus Hunger begegnet.

Dennoch ward die kurze kriegerische Laufbahn für Abe bedeutungsvoll. Ein Mann, der als „Kapitän" im Felde gestanden, so meinte er, müsse höher hinaus wollen, denn als ehrsamer Ladendiener sein Leben zu beschließen.

So war Abe auf die gefährliche Straße des Ehrgeizes gelangt, und ernstlich begann er seine Vorstudien, um als Rechtsgelehrter vor das „Bar", die Ge= richtsschranke, zugelassen zu werden. Der neue Rechtskandidat war eine ori= ginelle Erscheinung, ein echter Hinterwäldler in Sprache, Anzug und Manieren. Abe war seine richtigen sechs Fuß hoch und dazu ziemlich unvortheilhaft ge= wachsen. Seine sehnigen, knochigen Arme und Beine, die ihm fortwährend im Wege zu sein schienen, wenn er nicht marschirte oder arbeitete, waren von auffallender Länge. Die Hände, auf die Abe einst so stolz war, wollten sich unter keiner Bedingung in Handschuhe einsperren lassen. Der Hals war überaus lang, die Brust viel zu schmal und noch weniger wollte der Kopf passen, der verhältnißmäßig viel zu klein für das riesige Körpergerüst erschien. Das Haar war nicht minder eigenartig; jedes einzelne Härchen stand, kraft seiner innern Selbständigkeit, gerade empor vom Schädel, aller Kämme und Bürsten spottend. Die Stirn war wie eine mächtige, weite Felspartie, knochig, schon bei dem jungen Manne mit Furchen überzogen. Der Mund war ungeheuer groß, mit zwei Reihen schneeweißer Zähne bewaffnet, und die Ohren schienen eines Kopfes von doppeltem Umfang würdig. Unter dichten Brauen lugten aus ihren Höhlen hervor helle, treue Augen, blitzend, scharf und kindlich, gutmüthig blickend, schel= misch funkelnd und dann wieder träumerisch in's Weite schauend. Abe schien das Innerste Desjenigen, den er ansah, durchdringen zu können — er kannte den Mann, als hätte sein Herz Glasfenster. Der Anzug schien dieser Figur erst nirgend zu passen. Die Beinkleider waren viel zu kurz, um die wuchtigen Wasser= stiefel zu verbergen, und der etwas fadenscheinige Rock verlängnete noch mehr alle schneiderliche Kunst. In der ganzen Erscheinung lag aber eine große Kraft und Tüchtigkeit. Die phyſiſche Stärke des Mannes war unverkennbar, und über die moraliſche Geartung des ehrlichen Abe konnte ſich Niemand täuſchen, der nur einen Blick in dieſes Antlitz gethan hatte, das ein vertrauenerweckendes Mienen= ſpiel mit ſinniger Ruhe und einer gewiſſen Würde verband.

Dieſer höchſt eigenartigen Perſönlichkeit ſtand das härteſte Stück Arbeit be= vor, um ſich in der Welt emporzubringen. Neben ſeinen meiſt wohlhabenden Kollegen, den geſuchten Advokaten von der Gerichtsſchranke und den übrigen beſſer geſtellten Rechtskandidaten, ſtand Lincoln als blutarmer Mann da. Er ſuchte Beſchäftigung und Verdienſt bei den Aemtern für die Kongreßländereien, und, ohne eigentliche höhere mathematiſche Kenntniſſe, gelang es dennoch ſeinem eiſernen Fleiße, die Arbeiten eines Feldmeſſers auszuführen.

Lincoln war ſo zu derſelben Würde gelangt, welche einſt Vater Waſhington inne hatte. Er ſteckte die Landgrundſtücke für die Anſiedler ab und mußte trotz Wind und Wetter mit ſeinen Meßwerkzeugen durch die Felder ziehen oder in Buſch und Niederung ſeine Vermeſſungen anſtellen. An Abenteuern fehlte es hierbei nicht. Den Feldmeſſer im Weſten darf kein angeſchwollener Fluß zurückhalten, er darf ſich nicht fürchten, im ſtrömenden Regen, bei ſcharfer Kälte ſein Nacht= lager im Walde zu ſuchen, oder das ärmliche Lager der Anſiedler zu theilen, welche auf ſeine Thätigkeit mit geſpannter Erwartung blicken.

Doch verlor inmitten ſeiner Vermeſſungsarbeiten Abraham Lincoln den auserkornen eigentlichen Lebensberuf nicht aus den Augen; vielmehr ſtudirte er emſig die Quellen der amerikaniſchen Rechtsanſchauungen, gerade keine leichte Aufgabe, denn die Amerikaner kennen Hochſchulen, wie wir ſie in Deutſchland haben, nicht und vermögen nur mit vieler Mühe ſich zum Geſetzeskundigen aus= zubilden. — Die vielfach ſchmerzlich empfundene Handels= und Geldkriſis im Jahre 1837 machte mit einem Schlage der übertriebenen Spekulation mit Land= und Luftſchlöſſern, Dörfern und Städten ein Ende, und das Geſchäft der Ver= meſſung gerieth ſchließlich ganz in's Stocken, wodurch unſerm jungen Rechts= gelehrten noch mehr Zeit und Anregung zu Theil wurde, ſeinen Studien mit Aufwand aller ſeiner Kräfte obzuliegen.

7. Vor der Gerichtsſchranke.

Das Jahr 1836 war noch nicht zu Ende, als Abraham Lincoln ſeine juri= ſtiſchen Vorbereitungen vollendet, ſowie die Zulaſſung zur Advokatur erworben hatte. Bald galt er für den beſten Rechtsgelehrten des ganzen Staates. Es zeigte ſich, daß er einen außerordentlich ſcharfen Blick beſaß und den Angelpunkt eines Streitfalls raſch und ſicher aufzufinden wußte. Dabei liebte er es, durch treffende Vergleiche, lakoniſche Antworten, welche ein plötzliches Licht über die Verhand= lungen warfen, ſeine Gegner zu verblüffen. Er erhielt dieſelben ſtets in dem

Glauben, daß er ihnen an Geist und Schärfe des Urtheils überlegen sei. Wandte er sich an das Gefühl der im Gerichtssaal Versammelten, sprach er mit der ganzen Wärme seines Herzens seine Meinung aus, so blieb sicher Niemand ungerührt.

Unsere jungen Leser werden sich aus früheren Andeutungen noch erinnern, daß Lincoln bei seinen ersten Ausflügen in die weite Welt während eines Winters freundliche Aufnahme in dem Armstrong'schen Hause gefunden hatte! War auch diese Familie nicht mit äußeren Glücksgütern gesegnet, so war der alte Armstrong doch bereit, unsern Abe, so weit es in seinen Kräften stand, zu fördern. Damals konnte Lincoln die Großmuth jener guten Menschen nur mit Versprechungen loh= nen; doch einige Jahre nach seinen ersten Studien am Herde der Armstrong'schen Blockhütte fand er die ersehnte Gelegenheit, um die längst fällige Schuld des Dankes auch durch die That abzutragen. Der alte Armstrong war unterdessen gestorben; seine Wittwe lebte noch und bedurfte in einem bestimmten Falle mehr als je der Hülfe. Ihr ältester Sohn, der armen Mutter einzige Stütze, sollte, des Mordes angeschuldigt, vor dem Schwurgericht erscheinen. Konnte Lincoln, der talentvolle Advokat, welcher überdies sicher von der Unschuld des jungen Men= schen überzeugt war, eine bessere Gelegenheit zum Beweise seiner Dankbarkeit finden? Reichlich nutzte er sie aus. Wie es geschah, bezeichnet mehr als alles Andere die Denkweise und Biederkeit unseres Abraham. Die Sache war folgende:

Ein raufsüchtiger Mensch hatte bei einer nächtlichen Zusammenkunft im Streite das Leben eingebüßt, und der junge Armstrong wurde als Mörder dessel= ben bezeichnet. Der Ankläger behauptete die Schuld des Unglücklichen mit so großer Bestimmtheit, daß kaum ein Zweifel übrig blieb. Die ganze Bevölkerung gerieth in Aufregung. Man erinnerte sich jedes kleinlichen Vorfalles aus dem Leben des Angeklagten, der allerdings ein etwas leichtfertiger Bursche gewesen sein mochte. Jeder Schulzwist des jungen Armstrong wurde aufgefrischt, jede längst vergessene Unart wieder hervorgeholt und in solchem Maße vergrößert, daß der Jüngling bald gleich einem geborenen Bösewicht dastand. Die Erbitterung des Volkes war schon so hoch gestiegen, daß den Angeklagten nur die Riegel des Gefängnisses vor einem Wuthausbruch des Pöbels retteten. Fast alle Zeitungen nahmen Partei gegen den Verfolgten und verlangten unnachsichtliche Bestrafung des vermeintlichen Verbrechers. Dieser aber war durch die gefahrdrohende Lage, in welche er sich plötzlich versetzt sah, von Angst und Bangen so niedergedrückt, daß er in Tiefsinn und Verzweiflung versank. In dieser großen Bedrängniß erhielt Frau Armstrong einen Brief von Abraham Lincoln, in welchem er sein Möglichstes zu thun versprach, um ihren beklagenswerthen Sohn zu retten. Das Nächste, was er zu erwirken suchte, war die Berufung eines andern Gerichtes, da die zur Zeit versammelten Geschwornen unter dem Druck des allgemeinen Vor= urtheils befangen schienen; dann setzte er noch einen Aufschub der entscheidenden Verhandlung durch und erschien, nach sorgfältiger Unterrichtung über die ganze Sachlage, am Tage des Termins voll ruhiger Zuversicht vor dem versammelten Gerichtshofe.

2*

Das Zeugenverhör begann. Die Schale des jungen Armstrong schnellte hoch empor, und sein Verbrechen schien erwiesen, seine Verurtheilung unvermeidlich. Da erhob sich Abraham Lincoln und richtete erst wenige, scheinbar unwesentliche Fragen an die geladenen Zeugen. Namentlich drang er auf bestimmte Angabe von Ort und Zeit der verbrecherischen Handlung. Hierauf suchte er verschiedene irrige Aussagen über den früheren Lebenswandel seines Schützlings zu berichtigen und den Richtern wie dem Publikum darzulegen, daß Armstrong, wenn auch wild und ungestüm, doch nie wirklich verdorben oder lasterhaft gewesen sei. Endlich entwickelte er, wie zwischen dem Kläger und dem Angeklagten ein feindseligeres Verhältniß obwalte, als jemals zwischen dem Angeklagten und dem Ermordeten bestanden hätte. Todtenstille herrschte im Saale, als Lincoln mit fester Stimme den Hauptzeugen aus einer Verlegenheit in die andere brachte. Die Unwahrheit der gemachten Aussagen konnte keinem Zweifel mehr unterliegen. Was Anfangs einfach und durchaus glaubwürdig erschienen war, stellte sich nun als berechnete Verläumdung heraus. Der Zeuge hatte angegeben, daß die Schlägerei zu einer gewissen Stunde des Abends stattgefunden und daß er selbst beim Mondscheine gesehen habe, wie der Gefangene den tödtlichen Streich geführt hätte. Lincoln aber bewies, daß zur besagten Stunde der Mond noch gar nicht aufgegangen war, folglich das ganze Zeugniß auf durchaus unhaltbarem Grunde beruhte. Er bewies dies mit so überzeugender Klarheit, daß das „Nicht=Schuldig!“ schon auf aller Anwesenden Zunge schwebte. Doch der beredte Advokat war mit diesem moralischen Siege noch nicht zufrieden. Mit voller Seele hatte er sich seit Monaten dem Werke der Dankbarkeit hingegeben, und was so lange in ihm geglüht, brach nun in feurigen Worten der Begeisterung fessellos hervor. Betäubend traf seine Rede das Ohr des Meineidigen, welcher todtenbleich aus dem Saale schwankte.

Nach diesem erschütternden Auftritte wandte sich Lincoln an die Geschwornen. — Er sprach zu ihnen als zu Vätern, deren Söhne den Vater verlieren, als zu Männern, deren Weiber zu Wittwen werden könnten; er beschwor sie, keinem Vorurtheil Gehör zu leihen, sondern dem Angeklagten Gerechtigkeit widerfahren zu lassen. Zuletzt, als er noch auf die ihm obliegende Pflicht der Dankbarkeit zu sprechen kam, die er schon gegen den Vater des Angeklagten zu erfüllen gehabt habe, sah man fast kein Auge, das trocken geblieben wäre.

Die Dämmerung brach an. Doch bevor der Abend völlig hereinsank, schloß Lincoln seine Rede, indem er, mit hocherhobenem Arme auf die Sonne deutend, feierlich ausrief: „Noch ehe diese Sonne heute untergeht, soll sie einen freien Mann bescheinen!“

Die Geschwornen zogen sich zurück. Nach Verlauf einer halben Stunde in den Gerichtssaal zurückgekehrt, verkündete ihr Obmann das „Nicht=Schuldig!“ — Besinnungslos sank die Wittwe in die Arme ihres Sohnes, der sie mit den zärtlichsten Worten wiederzubeleben suchte. Dann eilte er mit der Frage: „Wo ist mein Befreier?“ zum überglücklichen Lincoln. Beider Herzen waren zu voll für

Worte. Nur leises Schluchzen verkündete, wie es in ihnen wallte und jubelte. Lincoln wandte sich jedoch zu dem Fenster und nach dem Westen zeigend, wo eben das Tagesgestirn noch als rother Ball am Horizont weilte, sagte er ruhig:

„Die Sonne ist noch nicht untergegangen und Du bist frei!"

Freiheit vor Sonnenuntergang.

Als der junge Advokat den Erfolg seiner Rechtspraxis gesichert glauben konnte, wählte er sich Springfield, die Hauptstadt des Sangamon=Bezirkes, zum Wohnorte und siedelte am 15. April 1837 dorthin über. Mehrere Jahre nach seinem Umzuge blieb er noch unverheirathet und vertrat während dieser Zeit, geehrt durch das Vertrauen seiner Mitbürger, seinen Bezirk in der gesetzgebenden Versammlung seines Staates. Doch schon seit dem Jahre 1840 zog er sich von den politischen Kämpfen zurück, um sich ganz seinem Berufe und dem häuslichen Leben zu widmen, welches ihm um so reichere Freuden gewährte, als er in glücklicher Ehe mit einer vortrefflichen Dame sein Augenmerk immer mehr auf die sorgliche Er=ziehung seiner prächtigen vier Knaben zu richten hatte.

Sklavenarbeit.

8. Freie Arbeit und Sklavenarbeit.

Die Lehrjahre des Amerikaners in Rücksicht auf das äußere Leben waren für Lincoln seit seiner Niederlassung in Springfield zu Ende; er hatte sie durch-gemacht in der urwüchsigen Entwicklung eines echten Bürgers der neuen Welt. Arbeit über Arbeit war sein Loos gewesen, Arbeit der mannichfachsten Art und in den verschiedensten Lebenskreisen. Aus dem Hinterwäldler war ein Floßboot-mann, aus dem Ladendiener ein Milizenkapitän geworden, bis der Feldmesser auf eine kurze Frist sich in einen Postbeamten verwandelte und dieser endlich den Erfolgen des Rechtskandidaten weichen mußte. Harte und schwere, aber freie und selbstgewählte Arbeit! Durch sie hatte Abraham sich emporgerungen zur bürger-lichen Selbstständigkeit, ohne andere Mittel von Hause aus als die geübte Kraft seiner Fäuste; ohne andern Bildungsfond des Geistes, als den unerschütterlichen Willen, sich aus niedrer Tagesarbeit emporzuarbeiten zum Leben in geistiger Be-schäftigung. Ja, dieses rastlose Streben nach Veredlung, nach steter Hebung der eignen Verhältnisse war allmälig so innig mit der ganzen Lebensanschauung des Mannes verwachsen, daß er geradezu darin die ganze Bestimmung des Menschen suchte. — Jede Arbeit, welche zu einer geachteten, unabhängigen Lebensstellung führte, schien ihm gleich achtbar. Vom Grunde seines Herzens verabscheute er dagegen die Arbeit, welche den Menschen zur willenlosen Maschine in fremder Hand herabdrückt. Wie verschieden auch die Menschen unter einander von Natur ausgestattet und daher berechtigt sein mögen — das eine Recht, ihr sauer er= worbenes Brod unabhängig von Anderen zu genießen, erschien ihm unveräußer= lich und von Natur den Menschen angeboren. In diesem Sinne stand er bei den großen Kämpfen, die sein Vaterland in Bewegung setzten und zu erschüttern drohten, auf Seite der Niedergedrückten, der Unfreien, der willenlosen schwarzen „Arbeitsthiere", wie der Neger so oft jenseit des Ozeans genannt wird. Ueber die Stellung dieses Theiles der Bewohner der Vereinigten Staaten zu der weißen Gesammt=Bevölkerung mögen sich unsere Leser durch aufmerksames Verfolgen der nachstehenden Darlegung unterrichten. Das Leben und Wirken Abraham Lincoln's ist für sie unverständlich, wenn sie diesen Abschnitt überschlagen.

Seit der Gründung der ersten englischen Kolonien in dem Theile der Ver= einigten Staaten, welcher heute Virginien genannt wird, waren 250 Jahre ver= flossen, und es hatten sich im Laufe dieser Zeit außer Engländern und Franzosen auch noch andere ehemalige Angehörige europäischer Staaten in den Gebieten zwischen den großen Seen und dem Mississippi niedergelassen. Es waren meist kräftige, an harte Arbeit oder Kriegsstrapazen gewöhnte Menschen, welche den Kern der Bevölkerung der britischen Kolonien bildeten. In Folge der englischen Mißregierung und der Nichtachtung der Rechte seiner Pflanzstaaten (Kolonien) war Großbritannien zuerst in Mißhelligkeiten und endlich in Streit und Kampf mit den kräftig aufstrebenden Bewohnern gerathen. Sicher weiß die Mehrzahl unserer Leser, vielleicht aus „Schlimpert's Vorbildern der Vaterlandsliebe", wie es den Kolonisten gelungen war, das englische Joch abzuwerfen und unter Führung des unvergeßlichen Staatsmannes und Heerführers George Washington sich ihre Unabhängigkeit zu erkämpfen. Seit jener Zeit ist die Bevölkerung der großen Republik über'm Ozean von gegen fünf Millionen auf mehr als dreißig Millionen Seelen gestiegen, unter denen sich heute etwa vier Millionen Negersklaven be= finden. Diesen Zuwachs an Bevölkerung verdankt die Republik den herzlosen Anschauungen, zu welchen sich bis in das erste Viertel dieses Jahrhunderts nicht nur Großbritannien, sondern, mit Ausnahme weniger erleuchteter Menschen, ganz Europa bekannte. Das, was man Sklaverei, in Amerika „häusliches Institut der Sklaverei" nennt, ist eine Einrichtung, beinahe so alt wie die Welt. Die Bevöl= kerung Europa's, meist der kaukasischen Menschen=Rasse angehörig, überragt an Intelligenz oder geistiger Tüchtigkeit, an Erfindungsgabe und Willenskraft bei Weitem alle übrigen Völkerschaften und andersfarbigen Rassen unserer Erde. Kein Wunder, wenn der Europäer im Gefühle seiner höheren Begabung mit einer oft beklagenswerthen Ueberschätzung sich für den alleinigen Herrn und Ge= bieter der Welt angesehen hat. Wo der weiße Mann erscheint, mit allen Hülfs= mitteln seines unerschöpflichen Geistes, mit seinen Feuerwaffen, seinen Werkzeugen

seinen Maschinen, da weichen — vielleicht anfänglich nur Schritt für Schritt —
oder es sinken, einem unabwendbaren Verhängniß folgend, immer rascher und
ersichtlicher die dunklergefärbten Eingeborenen der in Besitz genommenen neuen
Länder dahin. Dies vollzieht sich überall, wo der vielgeschäftige Sinn des Kau=
kasiers die anfangs vielleicht nur auf ein kleines Gebiet beschränkten Niederlas=
sungen zu mächtigen Kolonien groß zu ziehen weiß.

Der europäischen Kriegskunst und dem Bekehrungseifer der abenteuerlustigen
Spanier zur Zeit der Eroberung durch Ferdinand Cortez erlag die eingeborene
Bevölkerung Mexiko's. Ein gleiches Schicksal traf die zahlreichen Indianer=
horden, welche ehemals die unermeßlichen Wiesengründe und Wälder der Ver=
einigten Staaten bewohnten. Doch nur im Norden derselben fand der Einwan=
derer den rechten Boden für seine Arbeitstüchtigkeit. Im Süden dagegen, d. h.
in Alabama, Georgia, Louisiana, Süd=Carolina und in Theilen von Missouri,
Texas u. s. w., ist weder Klima noch sind die Bodenverhältnisse dem weißen
Manne gleich günstig; der Europäer widersteht nicht so leicht den Einwirkungen
der Tropen=Natur. Voll Ausdauer in der gemäßigten Zone leistet er, je mehr
er sich dem Aequator nähert, doch nicht dasselbe, was die Eingeborenen Afrika's,
oder was die nach den vorhin genannten Staaten verpflanzte schwarze Neger=
Rasse zu leisten vermag. Dies erkannten gar bald nach Entdeckung der Neuen
Welt jene Staaten, welche Jahr aus Jahr ein den Ueberfluß ihrer Bevölkerungen
nach Amerika entsendeten. Zuerst waren es Spanier und Portugiesen, die das
fluchwürdige Geschäft der Neger=Ueberführung nach Amerika unternahmen. Der
berechnende Holländer war schon im Jahre 162) vor dem Engländer in Vir=
ginien erschienen. Sein gelehriger Nachbar ließ nicht lange auf sich warten und
bald betrieben britische Seefahrer, nachdem sie einmal in Amerika Boden gefaßt,
kaum minder nachhaltig jenen abscheulichen Handel mit farbigen Menschen. Die
Kolonisten der Neu=Englands=Provinzen waren in den Anschauungen jener Zeit
aufgewachsen und erblickten zum Zwecke der Bodenbestellung in dem Neger den
alleinig brauchbaren Arbeiter. Man hielt es in jenen Zeiten durchaus nicht, ja
man hält es heute noch nicht für eine Versündigung gegen die göttliche Welt=
ordnung, wenn aus Selbstsucht und Verblendung kein Unterschied gemacht wurde
zwischen dem erlaubten und hochwichtigen Handel mit den vielartigen Artikeln der
weitverzweigten europäischen Industrie und dem Raube, Ankauf und Wiederver=
kauf schwarzer Menschen. War doch dadurch Abhülfe geschafft dem Mangel an
ausreichenden Hülfskräften, der sich von Jahr zu Jahr um so fühlbarer erwies,
je reicher die Ausbeute ward, die sich aus dem bis dahin noch ganz unerschöpften
fruchtbaren Boden der Staaten bis zum Golfe von Mexiko gewinnen ließ. Der
Tabakshandel, das Zuckerrohr, später die Baumwolle, setzten in steigendem Grade
die Handelsflotten Europa's in Bewegung, und wenn auch anfänglich die Ueber=
führung der Neger nach jenen von der Natur so begünstigten Gebieten von
Seiten der Bewohner derselben mit Widerwillen angesehen ward, so erkannten
dieselben doch gar bald, daß ihr Wohlstand abhängig war von der zunehmenden

Bodenbestellung. So kam es. daß 150 Jahre lang zu diesem Behufe und zu andern Dienstleistungen durchschnittlich kaum weniger als 50,000 Schwarze nach den immer mächtiger aufblühenden Neu=Englands=Staaten übergeführt worden sind. Damals dachte noch Niemand daran, den Dampf und alle übrigen Hebel der Maschinenthätigkeit im Großen zur Ausnutzung des fruchtbaren Landes in Bewegung zu setzen, und es lag allerdings damals auch in der Heranziehung des Negers die einzige Möglichkeit zur Hebung des Handels mit den Naturprodukten der südlichen Gegenden. Seitdem aber mit Anfang dieses Jahrhunderts men= schenwürdigere Anschauungen zur Geltung gekommen und der farbige Mann nicht nur als eine bloße Waare. angesehen wird, die man vertauschen, verkaufen, vermiethen, verpfänden, verspielen und vererben kann, entspann sich auf beiden Seiten des Ozeans ein oft bis zur Erbitterung geführter Kampf für die Rechte der unglücklichen unterdrückten schwarzen Rasse, deren Niederhaltung in den Vereinigten Staaten so sehr im Widerspruch zu den republikanischen Grundsätzen des Landes sich befand. England ging, vielleicht nicht ohne selbstsüchtige Beweg= gründe, mit dem bemerkenswerthen Beispiele der Aufhebung der Sklaverei in seinen Tochterstaaten voran. Um dieselbe wirksam zu unterdrücken, hielt es eine eigene Flotte, bestimmt, die afrikanischen Küsten zu überwachen, den Raub oder An= und Verkauf schwarzer Eingebornen zu verhindern und den Handel mit der= gleichen Waare nach Amerika und andern Orten hin zu hemmen. Die in ihren innersten Interessen berührten Bewohner der Südstaaten der Union erkannten die ihnen drohende Gefahr. Bisher ward das Leben eines Schwarzen nicht höher gewerthet wie jede andere käufliche Sache. Als aber nach Unterdrückung des Neger= handels die jährlichen Zufuhr der schwarzen Waare ausblieb, that man Dasjenige aus Eigennutz, was das christliche Gebot der Menschenliebe erheischt hätte: man schonte das schwarze Eigenthum, ja man suchte alle Mittel und Wege auf, um die Zunahme der Schwarzen im Lande selbst zu fördern. Es gelang. Während zu Ende des vorigen Jahrhunderts die Schwarzen an vielen Orten kaum den 15. oder 20. Theil der Bevölkerung ausmachten, war deren Anzahl von damals noch nicht einer Million zu Anfang der vierziger Jahre bis zu über vier Millionen angewachsen und bildete nunmehr zu dem Abschätzungswerthe von etwa 3000 Millionen Dollars das „lebendige große Haupt=Kapital" der arbeitsscheuen Pflanzer. Bei alledem hatten sich die Verhältnisse der Sklaven stetig nur ver= schlimmert. Das Gesetz verweigerte dem unglücklichen Neger jeglichen wirksamen Schutz. Ein Sklave durfte ohne den vorschriftmäßigen Paß sich nicht zwanzig Schritte über sein Quartier hinaus begeben; die grausamste Mißhandlung, ja die Verstümmelung eines Negers wurde höchstens mit einer Geldstrafe geahndet, ja zuletzt ward den unglücklichen schwarzen Menschen die Seele abgesprochen und die schwarzen Arbeitskräfte waren thatsächlich dem Thiere gleichgestellt.

Mit der außerordentlichen Vermehrung der schwarzen Bevölkerung hatte das Bestreben Schritt gehalten, die Sklaverei auch in den nach Westen und Süden gelegenen neuerworbenen Gebieten einzubürgern, welche als neue Staaten im

Laufe der Zeit in die nordamerikanische Republik aufgenommen waren. Gegen Ende des letzten Jahrzehnts bestand die Sklaverei gesetzmäßig in fünfzehn Staaten, denen neunzehn sklavenfreie (Nord=) Staaten gegenüberstanden. In den dazwischen= liegenden acht Grenzstaaten konnte sich noch in bescheidener Weise der Einfluß des Nordens geltend machen; in den reinen Sklavenstaaten hingegen trachtete man nur dahin, so viel Macht zu erlangen, um Alles niederzuhalten, was sich gegen die Erhaltung der Sklaverei auflehnte. Alle Bestrebungen der Feinde und Freunde der Sklaven gingen deshalb dahin, die dem Staatenbunde neu beitre= tenden Staaten oder diejenigen Landestheile, wo Sklaverei nur geduldet und nicht gesetzmäßig eingeführt war, dem einen oder andern Systeme zuzuwenden.

. Die jahrelange Nachgiebigkeit des Nordens gegen die steigenden Zumuthun= gen des Südens in Angelegenheit der Sklaverei zeigt kein Beispiel auffälliger als das, welches die oberste Behörde, der Kongreß, selber gab. Durch das von uns erwähnte Zugeständniß erlangten die Sklavenhalter des Südens das Recht, flüch= tige Sklaven über ihr Gebiet hinaus verfolgen zu dürfen, und es versprachen die Nordstaaten ausdrücklich die Auslieferung aller in ihren Gebieten ergriffenen schwarzen Ueberläufer an die Beamten des Südens.

Von den Zuständen während jener Zeit schwerer Kämpfe in allen Theilen der Republik, insbesondere unter den Vertretern des Volkes und auf dem Kapitol, dem Regierungspalaste zu Washington, zeugt das manchem unserer Leser unter dem Titel „Onkel Tom's Hütte" bekannt gewordene Buch der Negerfreundin Beecher = Stowe. Es liefert ein herzergreifendes Gemälde rohester Grausamkeit und Selbstsucht der Herren auf der einen und markerschütternder Noth und Drang= sale der niedergehaltenen Sklaven auf der andern Seite. Doch wir wissen nicht erst aus jenem Buche, daß die bedauernswerthen Neger, oft mehr noch als den Herrn, die Herrin oder deren Kinder und Freunde, die Härte der Hausverwalter, Sklavenaufseher und die schwarzen Günstlinge des Hauses zu fürchten hatten, deren rohe Gefühllosigkeit selbst die der Pflanzer übertroffen hat. Schwer hat sich ein guter Theil der südstaatlichen Pflanzer an seinen schwarzen Mitmenschen versündigt. Was der Vater verbrochen, sollte sich jedoch nach den Gesetzen der Weltordnung an den Kindern und Kindeskindern rächen; denn keine Mißachtung der dem Menschen angeborenen Rechte, kein geduldetes Unrecht bleibt jemals un= gesühnt.

Das Zutreffen dieses unabänderlichen Gesetzes zeigt sich schon in dem be= merkenswerthen Umstande, daß die im Norden wie im Süden gleich tief verachtete Negerrasse während des vier Jahre langen Kampfes zwischen den Nord= und Südstaaten von dem Präsidenten der Union zuletzt doch zur Kriegsarbeit heran= gezogen und der Ehre gewürdigt ward, mit den Waffen in der Hand auf gesetz= liche Weise gegen ihre bisherigen Bedränger zu Felde ziehen zu dürfen. Die Negertruppen standen an Tapferkeit und Anstelligkeit nicht hinter den weißen Re= gimentern zurück und bildeten im letzten Jahre einen ansehnlichen Theil, wie man behauptet ein Viertel, der gesammten Heeresmacht des Nordens.

Schwarze Possenreißer im Lager der Sonderbundstruppen.

Während so der einsichtsvolle Präsident und seine Räthe in dem Neger den Menschen anerkannten, blieb im Lager der Aufständischen die schwarze Rasse das, was sie in den Sklavenstaaten von jeher gewesen, ein willenloses Werkzeug, lediglich zur harten Arbeit und zur Befriedigung aller Launen des weißen Gebieters geschaffen. Von einem solchen Geschöpfe durfte man dort freilich weder hochsinnige Tapferkeit, noch Anhänglichkeit an das Geburtsland, noch kriegerischen Eifer in Vertheidigung desselben erwarten. Im Feldlager der Sonderbündler zeigt sich daher auch die schwarze Rasse in ihrer ganzen Beschränktheit und verächtlichen Niedrigkeit. Dort lungert sie herum, geneigt, sich zu kleinen Dienstleistungen verwenden zu lassen, den Narren und Spaßmacher abzugeben im Zelte des bisherigen Brodherrn oder in den Schankbuden der herumziehenden Sänger, Seiltänzer und dergleichen Jahrmarktskünstler mitzuspielen. Abends, wenn sich die Soldaten im Rebellenlager um das Wachtfeuer versammelten, erschienen die gewandtesten jener schwarzen Possenreißer und belustigten ihre ehemaligen Herren durch schnöde Späße oder durch sogenannte „Niggerlieder", deren absonderliche Weisen ein anderer Schwarzer mit der Geige begleitete, während sprunggewandte Kameraden unter den seltsamsten Bewegungen und Gliederverrenkungen die Versammlung ergötzten. So dienten die unglücklichen Schwarzen den Sonderbundstruppen zu Scherz und Kurzweil; ganz anders war fast zu derselben Zeit die Verwendung der schwarzen Rasse in der Unionsarmee. Hier wurden die neu eingestellten Negersoldaten überall benutzt, wo es galt, wacker auszuhalten und abzuwehren. Bei Durchschlagung von Wäldern, Ueberbrückung von Flüssen, Festungsbauten, Kanal- und Eisenbahnarbeiten, kurz, bei allen Ingenieur- und Pionnierarbeiten leisteten die neuen schwarzen Truppen vortreffliche Dienste. Gut geführt zeigten sie sich eben so ausdauernd in Noth und Drangsalen, wie zäh im Widerstand gegen feindliche Angriffe.

---

9. Die Parteien im Norden und Süden der Union.

Zu der sogenannten „Sklavenfrage" gesellte sich im Verlaufe der letzten Jahrzehnte noch eine andere große Interessenfrage. Ihre wachsende Bedeutung ist eine der Ursachen, daß die Bewohner der nördlichen Provinzen sich immer entschiedener gegen die Einrichtung der Sklaverei aussprachen.

Unsere Leser wissen, daß das ganze Verkehrsleben der Welt auf dem gegenseitigen Austausch der Bodenerzeugnisse gegen die Produkte der Fabrik- und Gewerbsthätigkeit beruht. Dort, wo eine große Menge unbebauten Bodens Tausende von Menschenhänden in Bewegung setzt und wo es meist an hinreichenden Arbeitskräften zur Ueberwachung und Pflege des Bodens mangelt, sind natürlich die Löhne für die Arbeit hoch. In Amerika sitzen die Menschen noch nicht so dicht nebeneinander, wie in den alten Kulturstaaten Europa's. Die Maschinen, durch welche man den Mangel an schaffenden Händen zu ersetzen sucht, lassen sich nicht bei allen Vorrichtungen der Industrie und der Bodenbestellung anwenden. Aus diesen Verhältnissen geht naturgemäß hervor, daß der Arbeiter in Amerika einen viel höhern Lohn erhält als bei uns. Je kostspieliger aber die Heranziehung der Menschenhände ist, welche der Fabrikant zur Verfertigung seiner Erzeugnisse ge= braucht, um so theurer wird auch die Waare an Ort und Stelle zu beschaffen sein. So lange nun kein hinlänglicher Ersatz für den Mangel an Arbeitskräften stattgefunden hat, oder so lange durch ausreichende Heranziehung solcher noch nicht ein gewisses Gleichgewicht zwischen dem Bedarf an Waaren und deren Er= zeugung im Lande hergestellt ist, oder, wie man sich auszudrücken pflegt, so lange die Industrie im Lande die Konkurrenz mit dem Auslande noch nicht zu ertragen vermag, suchen die Staatsregierungen ihre Angehörigen dadurch zu schützen, daß sie die Zulassung aller jener Erzeugnisse, deren Herstellung nicht so billig im Lande selbst wie außerhalb desselben zu erlangen ist, nur gegen Erlegung hoher Zölle gestatten. Man nennt deshalb dieses Handelsystem auch S ch u tz= z o l l s y st e m, im Gegensatz zu den Grundsätzen des F r e i h a n d e l s. Wo letztere herrschen, trachtet ein ackerbautreibendes Volk dahin, die Erzeugnisse des Gewerbfleißes und der Fabrikthätigkeit, wie Kleidungsstoffe, Metall= und Luxus= waaren c., dort zu kaufen, wo sie am billigsten fabrizirt werden, und es wird letzterer daher an den Hauptstapelplätzen des Handels der Eingang unter den günstigsten Bedingungen gewährt, oder mit andern Worten, die Zulassung gegen nur ganz geringfügige Abgaben verstattet.

Die Süd= oder, wie wir sie von nun an nennen wollen, die Sklaven= Staaten, sind in erklärten Sinne als Ackerbau=Staaten anzusehen. In den sklavenfreien oder Nord=Staaten hingegen hatten sich, unter dem Einflusse glück= licher Friedensjahre, zwar die ersten Anfänge industrieller Thätigkeit entwickelt, aber doch nicht bis zu dem Umfange, um den dreißig Millionen Einwohnern der Union mit ihren Bedürfnissen an Manufaktur=Gegenständen, d. h. an Erzeug= nissen der Menschenhand, abzuhelfen. In der Absicht, die im ersten Aufblühen begriffene Industrie zu schützen und um letztere nicht in den ersten Anfängen schon bei dem Wettstreit mit der viel älteren Gewerbsthätigkeit Europa's unterliegen zu sehen, griff man zu dem eben erst dargelegten Schutzsystem vermittelst hoher Eingangszölle. In der Wirklichkeit also stellte sich die Sache ungefähr folgendermaßen. Der Handelsmann des Nordens bezieht oder fabrizirt die noth= wendigsten Gegenstände des täglichen Lebens, als: Mehl, Fleisch und Kleider= stoffe, sodann Holz= und Metallwaaren aller Art, Waffen und Geräthschaften, Luxusgegenstände wie Möbel, Kutschen, Bijouterien c. in Menge und verkauft jene selbsterzeugten oder von auswärts bezogenen und in diesem Falle durch die Zölle schon sehr vertheuerten Artikel zu möglichst billigen Preisen nach allen Theilen der Union, vorzüglich nach den südlichen Staaten. Dafür liefert der Süder (Ausdruck für Bewohner des Südens) seine aus allen Theilen Europa's vielbegehrten Bodenprodukte, wie Rohbaumwolle, Zucker, Tabak, Reis c. Für diese seine Produkte hätte er aber an allen Handelsplätzen unseres Kontinent bereitwillige Abnehmer gefunden, und es würden ihm England, Frankreichs Deutschland, Italien, die Schweiz 2c. sehr gern ihre Erzeugnisse direkt, ohne die, nordischen Zwischenhändler, geliefert haben. Dabei würden sich auch die Bewohner des Südens nicht schlecht gestanden haben, falls es ihnen möglich gewesen wäre, ihren Bedarf an Gegenständen des täglichen Lebens ohne den Aufschlag hoher Zölle zu beziehen. Für die Bewohner des Nordens und des Südens aber konnte nur ein und dasselbe Handelssystem gelten, und weil der Norden die Schutzzölle nicht entbehren konnte, so mußte sie der Süden, der sie so gern entbehrt hätte, auch mitbezahlen. Dies machte vielfach böses Blut und verstärkte die bereits zu hoher Gefahr emporgewachsenen Gegensätze zwischen dem Norden und Süden, oder den beiden großen Staatengruppen der nordamerikanischen Union.

Ein weiterer Hauptgrund zu Mißhelligkeiten lag in der Stellung und Entwicklung der zwei großen Parteien des Landes, welche sich seit Gründung der Republik um die Leitung der öffentlichen Angelegenheiten stritten. Ein beträchtlicher Theil der Bewohner des Nordens gehörte zu der sogenannten republikanischen Partei, welche nach Aufhebung der Sklaverei strebte, die Gesammtregierung in Washington zu stärken suchte und endlich dem Schutzzollsystem im Interesse einer noch nicht völlig entwickelten Industrie den Vorzug vor der vielfach gewünschten Freihandelsrichtung gab. Zu den Demokraten, welche die entgegengesetzte und daher feindliche Partei bildeten, zählten fast ausnahmslos die Bewohner der südlichen (Sklaven=) Staaten; aber auch ein guter Theil des Nordens. Aus den Anhängern dieser Partei war in den letzten Jahrzehnten die Regierungsgewalt am Sitze der Bundeshauptstadt und an ihrer Spitze der Präsident bestellt worden. Diese mächtige Vereinigung Gleichgesinnter erstrebte größtmögliche Unabhängigkeit der einzelnen Staaten (also Lockerung der Centralgewalt in Washington); sie verlangte für jede einzelne Regierung das Recht, die Einrichtung der Sklaverei beizubehalten und beziehentlich einzuführen; sie suchte die eingeborene weiße Bevölkerung gegen die Folgen der bisher alljährlich zugenommenen Einwanderung zu sichern und neigte sich endlich dem Freihandelssystem in den letzten Jahren immer entschiedener zu. Je reichlicher durch Aufnahme des reißend schnell zur Blüte gelangten Californiens, sowie anderer neuen Staatengebiete, die Hülfsquellen der Union in nie geahnter Fülle flossen, großen Wohlstand verbreitend nach den zwischen zwei Weltmeeren gelegenen Gebieten der Union, um so unversöhnlicher standen sich die beiden großen Parteien des Zukunftslandes gegenüber. Die Republikaner, welche bisher bei den alle vier Jahre stattfindenden Wahlen eines neuen Präsidenten seit mehreren Jahrzehnten unterlegen waren, nahmen jetzt alle ihre Kräfte zusammen, um die Berufung ihres Kandidaten Henry Clay zum höchsten Amte der Republik durchzusetzen.

A. Lincoln

Leipzig: Verlag von Otto Spamer.

Der Baumstumpf-Redner.

10. Vom Baumstumpf auf den Präsidentenstuhl.

Es war eigentlich Lincoln's innigster Wunsch, sich von den politischen
Wirren seines Landes frei zu halten, um nur seinem Berufe und seiner Familie
leben zu können. Düstere Wolken aber zogen am Horizonte auf und — wie der
damalige bedeutende Staatsmann Henry Clay meinte — in der Dunkelheit war
es Lincoln unmöglich, sein Licht zu verbergen. Dem allgemeinen Verlangen
nachgebend, trat er nun für den zum Präsidenten auserkornen Henry Clay in die
Schranken, geleitet von der Ueberzeugung, daß nur in dem Siege der freisin=
nigen Partei das Heil des Vaterlandes zu suchen sei.

Henry Clay gehörte zu den ausgezeichnetsten Männern seiner Zeit. Voll
Vaterlandsliebe stellte er stets das von ihm aufgefaßte allgemeine Interesse über
die wandelbaren Anschauungen seiner Gesinnungsgenossen und verlangte eine
thatkräftige nationale Politik. Vor Allem galt es ihm, die äußere Wohlfahrt

ſeiner Mitbürger zu fördern. Er beantragte in großartiger Weiſe nützliche öffentliche Arbeiten und innere Verbeſſerungen; er ſetzte das damals höchſt wichtige
„Schutzzollſyſtem‟ der Union durch, welches die Induſtrie der Vereinigten Staaten
gegen die Erdrückung durch die engliſche Konkurrenz ſichern ſollte. Einen ſolchen
großdenkenden Staatsmann zu unterſtützen, hielt Lincoln für ſeine Pflicht. Un-
ermüdlich ſuchte er deſſen Geſinnungsgenoſſen neue Verſtärkungen zuzuführen und
der Sache, der er diente, durch Wort und Feder zu nützen. Er verſtand es vortrefflich, in öffentlichen Reden die große Menge für ſeine Anſchauungen zu gewinnen und durch treffende Gleichniſſe, dem Volksleben entlehnt und meiſt mit
köſtlichen ſchlagenden Scherzen gewürzt, den Zuhörern eine Frage klar zu machen,
ſowie bei ihnen die tiefere Empfindung für das Recht wachzurufen. Bei den öffentlichen Beſprechungen ſaß Lincoln gewöhnlich mit tief geſenktem Kopfe und ge-
kreuzten Armen und Beinen da, ſich gelegentlich die Nägel von allen zehn Fingern
beißend, daß es knackte. Er ſchien zu ſchlafen; aber nichts entging ſeiner Aufmerk-
ſamkeit. Raſch erhob er ſich, wenn Nebenſächliches etwa zur Hauptſache der Verhandlung zu werden drohte, fertigte entgegenſtehende Bedenken geſchickt ab, ordnete das Material der Berathung in einem Augenblicke und brachte etwaige
Gegner oder Widerhaarige durch einen gutmüthigen, aber in der Regel ſcharf ge-
ſchliffenen Scherz zum Schweigen.

Alle Reden, welche Lincoln für ſeine Partei und deren Wahlkandidaten,
ſowie ſpäter zur Begründung ſeiner eignen Anſichten gehalten hat, fußen auf dem
einen unwandelbaren Grundſatz: „daß die Geſetze der Republik für
unantaſtbar zu gelten haben.‟ Obſchon damals im Staate Illinois
die demokratiſche Partei die vorherrſchende war, ſo errangen doch die perſönlichen
Vorzüge des überall gern gehörten Redners der eigenen Richtung gar manche und
für die Zukunft noch viel mehr verſprechende Erfolge.

Nachdem er auf ſolche Weiſe im Staate Illinois ſein Möglichſtes gethan
hatte, wandte er ſich auf den Wunſch des Volkes nach ſeinem früheren Heimats-
ſtaat Indiana und erzielte dort, in unermüdlicher Thätigkeit, bis zum Vorabend
der Wahl, auf jenem viel günſtigeren Boden die großartigſten Erfolge. Trotz
aller Bemühungen und einzelner Triumphe gelang es dennoch Clay's Freunden
und Geſinnungsgenoſſen nicht, demſelben den Sieg zu ſichern. Henry Clay unterlag bei dem großen Wahlkampfe freilich mit einem kaum nennenswerthen
Stimmen-Unterſchied.

Im Jahre 1838 und 1840 ward Abe Lincoln abermals in den geſetz-
gebenden Körper ſeines Staates gewählt und von demſelben zum Sprecher er-
nannt. Lincoln galt von nun an für die bedeutendſte politiſche Perſönlichkeit in
Illinois. Zwei Jahre nach dem mißglückten Wahlfeldzug für Henry Clay wurde
Lincoln von Freunden und Geſinnungsgenoſſen aufgefordert, als Kandidat des
Sangamon-Diſtriktes aufzutreten, behufs deſſen Vertretung im Kongreß zu
Waſhington. Von einer überaus großen Mehrzahl ſeiner Bürger zu den höch-
ſten Ehrenſtellen berufen, zu welchen ein nordamerikaniſcher Bürger emporſteigen

kann, trat Lincoln als ein verhältnißmäßig junger Mann mitten unter die Reihen ergrauter Staatsmänner. Gar bald aber erkannte man in ihm einen der bedeu= tendsten Vertreter des Westens. Es lagen wichtige Gegenstände vor, welche im Kongreß des Jahres 1846 zur Verhandlung kommen sollten. Die Aufnahme des Staates Texas in die Union war soeben vollzogen, der Krieg mit Mexiko nahte seinem Ende. Dagegen war der von den Gesinnungsgenossen Clay's auf= gestellte Zolltarif kurz vorher im Senat verworfen worden.

Abraham Lincoln's erste Anstrengungen gingen dahin, den berechtigten For= derungen verdienter Soldaten und Offiziere, welche die Erfolge im mexikanischen Kriege errungen, Abhülfe zu verschaffen. Die Mehrzahl jener Wackeren hatte man ohne die versprochene Belohnung verabschiedet und überhaupt vielfach ver= letzt. Dann trat er mit vermittelnden Vorschlägen dem Antrage des Repräsen= tanten Wilmot entgegen, welcher verlangte, daß in neu aufzunehmenden Staaten die Sklaverei ein für alle Mal verboten sein solle. Bei all' diesen Gelegenheiten zeigte er sich als ein ernster, besonnener Mann, unbestechlich, rechtschaffen und gottesfürchtig. Oft hatte er erklärt, daß er sich vor dem verwickeltsten Rechts= falle nicht fürchte, da sein Gewissen rein sei. Lincoln schwankte auch nicht in seinen politischen Ansichten, und bei allen Bedenken bot sich ihm ein sicherer Weg= weiser in der niedergeschriebenen Offenbarung der Väter amerikanischer Freiheit dar: in der Grundverfassung der Vereinigten Staaten sammt ihren Zusatzartikeln.

Vom ersten Augenblicke der öffentlichen Wirksamkeit Lincoln's an bis zu dem endlich erkämpften Siege über den Abfall der Südstaaten ist dies der leitende Grundsatz jenes merkwürdigen Staatsmannes geblieben. Unerschütterlich be= harrte er auf dem geschriebenen Rechte und Gesetz; gestützt auf das zu Recht be= stehende Fundament der Union, strebte er das Neue aufzuführen, welches für alle Unionsbürger dieselben Rechte und Pflichten in sich schloß, und in diesem Sinne, langsam von Fall zu Fall auf sicherer Grundlage vorschreitend, ließ sich Lincoln, wie er später sagte, weit mehr von den Ereignissen bestimmen, als daß er selbst den Ereignissen den Gang vorgezeichnet hätte.

In den Jahren 1847 bis 1849 gehörte Lincoln der Gesetzgebenden Ver= sammlung als Mitglied an. Während dieser Zeit hatte sich nicht allein sein Ruf als Redner, sondern auch als praktischer Staatsmann, nach allen Seiten der Union hin verbreitet. Seit Clay's Tode galt er für einen der ersten Staats= männer, gewissermaßen für den Nachfolger Clay's, so daß, als am 16. Mai 1860 Abgeordnete der republikanischen Partei sich zu Chicago versammelten, Abraham Lincoln als Kandidat für den Präsidentenstuhl bezeichnet wurde, und so die Vor= wahl eine entschiedene Stimmenmehrheit für ihn ergab. Auch bei der Volks= abstimmung vom 6. November 1860 siegte Abraham Lincoln über seine Mitbe= werber mit einer beträchtlichen Mehrheit von Stimmen. Es war ein harter, steiniger Pfad, auf welchem sich Abraham Lincoln vom Holzfäller bis zum Rechts= kandidaten und vom Stumpfredner bis zum Präsidenten der Vereinigten Staaten von Nordamerika emporzuarbeiten hatte.

Aufhissen des Sternenbanners zu Philadelphia.

11. Abraham Lincoln, Präsident der Vereinigten Staaten von Nordamerika.

Obwol die ganze Nation nun auf Abraham Lincoln schaute, um aus dem unbedeutendsten seiner Worte einen Fingerzeig für die Zukunft heraus zu erkennen, so zeigte sich doch der neue Präsident ungemein zurückhaltend.

Die Lage der Republik im Februar 1861, als sich Lincoln von Springfield nach Washington begab, war eine höchst bedenkliche. Die Zerwürfnisse zwischen den nördlichen und südlichen (Sklaven-) Staaten schienen unlösbar. Die letzteren hatten während des vergangenen Jahrzehnts immer entschiedener jeden Versuch einer Einmischung in ihre inneren Angelegenheiten von der Hand gewiesen und erblickten in der Aufrechthaltung der Sklaverei geradezu den Grundpfeiler ihres Bestehens. Da während der letzten Jahre aus Angehörigen ihrer Partei die obersten Bundesbehörden hervorgegangen und aus ihrer Mitte selbst der Prä= sident gewählt worden war, so ist es begreiflich, daß ihre Ansprüche stets nur gestiegen waren. Ihre immer klarer hervortretende Absicht, sich von der Republik der Vereinigten Staaten gänzlich loszusagen, fand in dem zweideutigen Schalten und Walten des bisherigen Präsidenten James Buchanau und seiner Mi= nister eher eine Förderung als ein Hinderniß.

Während die leitenden Staatsmänner des Südens bereits über den Plan, den Abfall nöthigenfalls mit Gewalt durchzusetzen, im Geheimen übereingekom= men waren, glaubten der versöhnliche Lincoln und seine Gesinnungsgenossen noch immer an die Möglichkeit, die aufgeregten Gemüther ihrer Gegner zu beruhigen und die mit Rebellion drohenden Staaten zum Gehorsam gegen die oberste Bun= desbehörde zurückzuführen.

Der abtretende Präsident Buchanan, der bis März 1861 sein Amt ver= waltet hatte, war alt und weder den Zeitverhältnissen gewachsen, noch mit der nöthigen Thatkraft ausgerüstet, um dem Sturm Widerstand leisten zu können, der schon herauraste. Nach seiner Ansicht war nirgends Rettung oder Hülfe für die bedrohte Union zu erwarten, und er hinterließ seinem Nachfolger nur das Wrack eines zertrümmerten Staatsschiffes. Als Rettung vielleicht noch möglich war und General Scott, der Oberbefehlshaber des Heeres, sowie Staats= sekretär Caß den Präsidenten ersuchten, Verstärkungen nach Fort Sumter zu schicken, schlug Buchanan dies entschieden ab. Caß, ein im Staatsdienst ergrauter Beamter, vermochte der zweideutigen Handlungsweise des Präsidenten nicht län= ger zuzusehen und schied deshalb aus dem Ministerium.

Die übrigen Mitglieder des Kabinets, die im Dienste der Union standen und aus deren Säckel lebten, verriethen geradezu die Republik an den Süden. Staatssekretär Cobb, ein Sklavenhalter aus Georgia, hatte den Schatz in gutem Zustande gefunden und hinterließ ihn fast im Bankerott. Ueber 6 Mil= lionen Dollars waren unter ihm entwendet oder vielmehr zum Besten des Son= derbundes verbraucht worden. Floyd, der Kriegssekretär, entleerte die nörd= lichen Arsenale fast gänzlich ihrer Vorräthe an Waffen und Kriegsmaterial aller Art und füllte damit die Zeughäuser des Südens; auf eine einzige Ordre hin waren am 30. Dezember 1859 mehr als hunderttausend Gewehre nach dem Süden transportirt worden.

Rath= und thatlos schaute der Kongreß dem schlimmen Treiben der Ge= walthaber zu. Gleicher Zwiespalt, wie in seiner Mitte herrschte, theilte das Volk des Nordens in zwei Lager. Die demokratische Partei hielt es geradezu mit den Sonderbündlern, und die zwischen dem Norden und Süden liegenden Grenz= Sklavenstaaten verwarfen jeden Versuch, durch Gewaltmaßregeln die abgefal= lenen Theile der Union ihr wieder zuzuführen. Süd=Karolina gab das erste Beispiel offenen Abfalles, ihm folgten zunächst die Staaten Mississippi, Alabama, Florida, Louisiana und Texas; später, als eine versuchte Friedensvermittlung ergebnißlos verlief, schlossen sich dem durch die genannten Staaten gebildeten Sonderbunde weiterhin an: Nord=Carolina, Vir= ginien, Georgia, Missouri und Arkansas.

So war die Lage der Dinge beschaffen, als Lincoln sein hohes Amt an= trat. Er war kaum eine Woche Präsident, als Kommissäre des Südens nach Washington kamen, um eine Trennung auf friedlichem Wege herbeizuführen. Lincoln hatte bei Uebernahme seines Amtes geschworen, die Union zu erhalten, zu schützen und zu bewahren. Er konnte und durfte nicht mit Leuten verhandeln, die gerade das Gegentheil hiervon im Schilde führten. Alle friedlichen Hoff= nungen vernichtete mit einem Male der Kanonendonner, der von Charleston her= überschallte. Die zweitägige Beschießung des Forts Sumter durch die Konföde= rirten, sowie dessen Einnahme, eröffnete den unvermeidlich gewordenen Krieg.

Das Traumgebilde einer Versöhnung, das bis jetzt noch immer so viele Gemüther umfangen gehalten, zerriß hiermit. Der schlafende Löwe des Nordens erwachte und schüttelte seine Mähne. Als die erste Nachricht von den gegen Fort Sumter abgeschossenen Kanonenschüssen anlangte, war es, wie wenn der Schuß das Herz des Nordens getroffen: Millionen, die gestern noch Brüder gewesen, standen sich heute als erbitterte Feinde gegenüber, und als Abraham Lincoln am 4. Juli 1861 vom Kongreß 400 Mill. Dollars und 400,000 Streiter ver= langte, antwortete ihm dieser mit Bewilligung von 500 Mill. Dollars und einer halben Million Mann.

Mittlerweile hatten die Sonderbundsstaaten an die Spitze der eingesetzten Regierung einen ihrer thatkräftigsten und klügsten Staatsmänner, Jefferson Davis, berufen und denselben mit einer außerordentlichen Machtfülle ausge= rüstet. Man machte sich schlagfertig, und die Herstellung wie emsig betriebene Herbeischaffung von Kriegsmaterial und Vorräthen aller Art setzte Tausende ge= schäftiger Hände in Bewegung. Eine reguläre Armee von 25,000 Mann wurde organisirt und 150,000 Freiwillige aufgeboten. Nord und Süd verwandelten sich in zwei unermeßliche Heerlager. Bereits im Juni standen ansehnliche Trup= penkörper sich gegenüber, und am 19. Juli fand die erste größere Schlacht am Flusse Bull=Run statt, welche für die Sache des Nordens nicht günstig endigte. Vier lange Jahre währte der entsetzliche Bruderkampf. Hunderte von größeren und kleineren Gefechten und Schlachten wurden geschlagen und Alles, was im Süden und Norden als tüchtig oder talentvoll sich bemerkbar machte, verbraucht. Sieben Oberbefehlshaber erschienen auf dem unermeßlichen Kriegstheater an der Spitze der Hunderttausende des Nordens, um eben so schnell ihre verantwortliche

Stellung einem gleich rasch wieder abtretenden Nachfolger zu überlassen, bis es endlich der eisernen Thatkraft des Generalissimus Ulysses S. Grant, nach dem Gelingen des ewig denkwürdigen Zuges des Generals Sherman mitten durch Georgien, möglich ward, die Sonderbunds=Hauptstadt Richmond einzuschließen, die besten feindlichen Generale und Heere zu besiegen und der Rebellion den Todesstoß beizubringen.

Als Lincoln sein Amt antrat, war der beste Theil der Flottenbestände dem Süden in die Hände gespielt worden. Es galt daher, eine ganz neue Flotte zu schaffen, und zu ihrer Herstellung und Ausdehnung bis auf 600 Fahrzeuge mit über 5000 Kanonen, sowie behufs Verstärkung ihrer Furchtbarkeit, sind alle großartigen Erfindungen der Gegenwart in Anwendung gebracht worden. Die hierauf verwendete Mühe und Kosten waren nicht verschwendet. Den An= strengungen der Union, auch zur See ein Uebergewicht über den abtrünnigen Süden zu erlangen, ist es zuzuschreiben, daß die Kräfte des Sonderbunds gar rasch versiegten, sobald seine Verbindung mit dem Meere und seinen heimlichen Freunden in Europa unterbrochen war. Auf einige der bemerkenswerthesten Er= eignisse aus dem nordamerikanischen Kriege werden wir jedoch in einem späteren Artikel eingehen, und wir können daher um so eher zu der Hauptperson, die uns beschäftigt, und zu deren thätigem Eingreifen in die Kriegsführung zurück= kehren. Lincoln gab den Oberbefehlshabern unbeschränkte Gewalt, alles Noth= wendige zu verlangen, und legte sich selbst die schwierige Pflicht auf, alles Ge= forderte zu schaffen. Sogar der kaltblütige Staatssekretär Seward gerieth über die Verpflichtungen, welche der Präsident einging, in fieberhafte Angst. — „Wie wollen Sie innerhalb acht Tagen für M'Clellan 150,000 Pfund Heu schaffen, damit die Mannschaften der Potomac=Armee sich in den Zelten ihr Lager bereiten können?" fragte der Minister. — „Wie? — Das weiß der Lincoln von heute nicht!" antwortete der Präsident. „Geht den Lincoln von heute auch nichts an, wie der Lincoln von übermorgen seine Pflicht erfüllen wird — genug, daß der Bursch von übermorgen Rath schaffen soll."

Die Fabrikation von Geschützen und Geschossen, von Pulver, Handfeuer= und Blankwaffen war bisher in keineswegs bedeutendem Umfange betrieben wor= den; auf die von ihm ausgegangene Ermunterung hin entstanden plötzlich groß= artige Werkstätten für Feuerwaffen und Etablissements für Gußstahlgeschütze u. s. w. in Harper's=Ferry, Boston und anderen Orten, während zahlreiche Kanonen= boote und Eisenschiffe verschiedenartigster Konstruktion von den Werften zu New= York, Boston und Philadelphia geliefert wurden.

Neben dieser großartigen Erzeugung von Waffen, sowie den riesigen An= strengungen, die Verluste an Zeit, Menschen und Material wieder einzubringen oder zu ergänzen, verdiente eine ganze Reihe von Versuchen, die militärischen Hülfsmittel durch Anwendung der neuesten wissenschaftlichen Entdeckungen zu er= weitern und zu bereichern, Erwähnung. Doch wir müssen ausführlichere Mit= theilungen hierüber uns für einen folgenden Artikel aufsparen.

Verlegenheiten gar mancher Art erwuchsen dem Präsidenten aus dem viel=
geschäftigen Walten seiner Militär=Obersten, deren Eifer für die Union sie nicht
selten zu theils übereilten, theils nicht völlig gesetzmäßigen Aeußerungen und
Proklamationen fortriß, Verheißungen, deren Bestimmungen zu Gunsten der
Neger von Lincoln zu verschiedenen Zeiten bedeutend abgeschwächt werden mußten.

Am schlimmsten erging es dem vielgeprüften Staatsoberhaupte, als er per=
sönlich verantwortlich gemacht wurde für das Schalten seiner Bevollmächtigten in
den eroberten Hauptpunkten der Sonderbundsstaaten, z. B. für Butler's strenge
Maßnahmen zur Herstellung der Ordnung in dem eroberten New=Orleans.

Ueberschüttet von Anklagen und Schmähungen, erachtete der ebengenannte,
nicht immer glücklich gewesene General die Fortführung seines Kommando's auf
dem Schlachtfelde fast leichter, als die Handhabung jener friedlichen Mission.

So herb die Angriffe klangen, womit dieser und seine Gesinnungsgenossen
überschüttet wurden, so komisch sah sich die Erhitzung der Gemüther im eigenen
wie im Feindeslande an, als bald nach den Akten vom 22. September 1862
und vom 1. Januar 1863, welche allen Negern in den aufständischen Staaten die
Freiheit verkündeten, Lincoln diesen Gesetzen praktische Folgen gab. Zunächst
schritt der Präsident zur Anlage jener vielbesprochenen Negerkolonien unfern
Vicksburg und an anderen Punkten des Mississippi=Stromes. Rüstig schritt das
angefangene Werk fort und die aufgeblühten Neger=Ansiedlungen sprechen wenig=
stens dafür, daß dergleichen Versuche mehr hätten gemacht werden sollen.

Dem Befreiungsakte folgte unmittelbar — im Februar 1863 — auf dem
Fuße ein anderer Akt, nämlich die militärische Verwendung und Einreihung der
Schwarzen in die Unions=Armee, ein entscheidender Vorgang, den wir an anderer
Stelle noch ausführlicher besprechen werden. Zahlreich herbeiströmende Schwarze
fanden Verwendung sowol in der Land=Armee als auf der Flotte, besonders als
Besatzungstruppen fester Plätze sowie in der Eigenschaft spezieller Arbeitstruppen.

An der Kundgebung versöhnlicher Absichten hat es der Präsident bei keiner
Gelegenheit fehlen lassen. Er war nicht nur stets geneigt, auf Unterhandlungen
mit dem Süden, sobald sie nur auf Wiederherstellung der Union hinausliefen,
einzugehen, sondern er hat von dem schönen Recht der Begnadigung, so oft es
sich nur thun ließ, Gebrauch gemacht. Dies beweisen vielfache Einzel=Begna=
digungen, sowie die allgemeinen Amnestie=Erlasse, als deren bedeutungsvollster
die am 8. Dezember 1863 erlassene Proklamation erscheint, wodurch allen Auf=
ständischen Vergessen des Geschehenen zugesichert wird, sobald sie ihre Waffen
niederlegen und der Union neue Treue geloben würden.

Sanften und bescheidenen Charakters, hegte Lincoln gegen Niemand Haß,
und nur die Feinde des Menschengeschlechtes waren auch seine Feinde. Demnach
lag ihm durchaus nichts an der Habhaftwerdung und Bestrafung der Urheber
des brudermörderischen Krieges, und er würde sicher dieselbe Milde gegen sie
haben vorwalten lassen, wie sein Amtsnachfolger. General Sherman beklagte
sich, daß ihm die Regierung nie deutlich zu verstehen gebe, wie er sich den flüch=

tigen Machthabern von Richmond gegenüber im Fall ihrer Ergreifung verhalten solle. Er fragte endlich den Präsidenten geradezu, ob er Jefferson Davis fangen oder entwischen lassen solle. „Ich will Ihnen was sagen," erwiederte Lincoln; „hinten im Bezirk Sangamon lebte ein alter Mäßigkeitsprediger, der es mit der Lehre und Ausübung der Enthaltsamkeit sehr streng nahm. Eines Tages hielt er nach einem langen Ritt in der Hitze sich im Hause eines Freundes auf, der ihm eine Limonade bereitete. Während der Freund das milde Getränk mischte, fragte er einschmeichelnd, ob er nicht ein kleines halbes Tröpfchen von etwas Stärkerem darin haben möchte, damit er nach dem heißen Ritt ein wenig die erschlafften Nerven stärke. „Nein", sagte der Mäßigkeitsapostel, „ich bin aus Prinzip dagegen. „Aber", fügte er mit einem schmachtenden Blick auf die daneben stehende Flasche hinzu, „wenn Sie es so machen könnten, daß ohne mein Wissen ein Tröpfchen hineinfiele, so denke ich, es würde mir nicht gerade sehr weh thun." — „Sehen Sie, General", schloß Lincoln, „meine Pflicht ist es, die Flucht von Jefferson Davis zu verhindern; aber wenn Sie es so machen und ihn ohne mein Wissen entfliehen lassen könnten, so denke ich, es würde mir nicht arg weh thun."

Unter vielen anderen Zügen der Herzensgüte des Präsidenten mag hier noch der eine Fall erwähnt sein, wie er einst von einem Besucher bei der Abzählung von Banknoten angetroffen wurde und dessen Verwunderung über eine so mechanische Arbeit mit den Worten aufklärte: „Allerdings, lieber Herr, mag diese Beschäftigung wol meiner Amtsthätigkeit etwas fern liegen, aber ein Präsident der Vereinigten Staaten hat neben seinen amtlichen Obliegenheiten noch eine Menge anderer kleiner Pflichten, die weder in der Verfassung noch in den Kongreß-Akten stehen. Hier sehen Sie selbst ein Beispiel davon mit Ihren eigenen Augen. Dieses Geld zu zählen kommt eigentlich einem armen Neger zu, der im Staatsamt als Kassenbote angestellt ist, jetzt aber krank im Hospital liegt und seine Geldpäckchen nicht abzuzählen vermag. Da bin ich nun für ihn eingetreten und eben damit beschäftigt, das Geld abzutheilen und die Päckchen selbst zu verschließen."

So erschien in Lincoln der Mensch wie der Staatsmann, der Beamte wie der Mann zu inniger Einheit verschmolzen. Auch seine Sprache im gewöhnlichen Leben unterschied sich kaum merklich von seiner Redeweise bei öffentlichen Akten oder in Staatsverhandlungen; und wie er in der einen Lage dachte und fühlte, so geschah er es auch in der anderen. Obschon von der Natur mehr zum Ernst geneigt, zeigte er sich doch im Gespräch wie in der Berathung meist heiter und würzte seine Auslassungen durch witzige Anspielungen, bei denen stets die große Sanftmuth seines Charakters sowie die schnelle Auffassung schwieriger Verhältnisse hervortritt.

Wenn George Washington aus dem Gefühl hoher Verehrung der Befreier und Vater seines Landes genannt wurde, so gilt dem heutigen Geschlecht Abraham Lincoln als Retter und Vater und Diesem hat sein Volk die beiden Namen aus inniger Liebe gegeben.

Inauguration des Präsidenten.

12. Abraham Lincoln's zweite Präsidentschaft.

Die Politik des Präsidenten Lincoln und seiner Regierung erscheint stets klar und deutlich durch seine eigenen Worte vorgezeichnet. Keine Zurückhaltung, keine Verheimlichung trübt irgend ein Schriftstück aus seiner Amtszeit. Frei und offen, klar und vertrauensvoll hat er sich der Oeffentlichkeit gegenüber ausgesprochen und dadurch im Herzen des Volkes einen vollen Anklang, in der Liebe aller Besseren einen sicheren Halt gewonnen. „Rechtlichkeit" ist der Ausdruck, welcher bei Erörterung seiner Politik stets auf Aller Lippen schwebte; unbeugsame Rechtlichkeit im Verein mit jener Hochherzigkeit, die alle selbstsüchtigen Zielpunkte ausschließt. Der Geist jener Staatskunst, welche nur durch Heimlichkeit und Täuschung ihr Ziel zu erreichen vermeint, hat auch nicht einen Augenblick lang die Klarheit seines Geistes umschattet und die Reinheit seiner Gesinnung getrübt.

In diesem Sinne trat er nicht nur den auswärtigen Mächten gegenüber, wenn es galt, ihre Einmischungsgelüste fern zu halten, sondern verfolgte auch, trotz aller Widerrede mißvergnügter Parteien im eignen Volke, klar und unerschütterlich, was er für das Rechte erkannt hatte. Oft wurde von den Einen Alles, was er that, überaus heftig angegriffen, dann wieder von Anderen Alles, was er unterlassen, als Zeichen der Schwäche und des Wankelmuthes verurtheilt.

Inzwischen ging er ruhig seinen Weg, folgte seinen Eingebungen und brachte einen der furchtbarsten Kriege zu glücklichem Ende. Ihm gelang es, nach vier Jahren der schwierigsten Verwaltung, das ungetheilte Vertrauen der Nation sich erhalten zu haben.

Da Lincoln's Amtszeit bis zum 4. März 1865 ablief, so waren schon viele Monate vorher die verschiedenen Parteien wegen seines Nachfolgers in großer Aufregung.

Schon während der Frühlingswahlen im vergangenen Jahre 1864 zeigte sich deutlich, daß die republikanische Partei während der letzten Jahre außer= ordentlich gewachsen war. Fast überall erklärte sich die Volksstimme mit Einig= keit und Enthusiasmus für die Wiedererwählung Lincoln's. Diese bedeutete so viel als: Aufhebung des Instituts der Sklaverei, Wiederherstel= lung der Union, Rechtlichkeit und Offenheit in Leitung der in= neren und äußeren Angelegenheiten, Ordnung im Staatshaus= halte, Rückkehr zu den ehrwürdigen Ueberlieferungen, welche die Grundlagen zu dem Riesenbau bilden, auf denen sich die heutige Republik der Vereinigten Staaten erhebt.

Der Kandidat der Gegenpartei, der Demokraten, war M'Clellan, der frühere Feldmarschall der Unions=Armee. Diese mächtige Partei wollte Frieden mit dem Süden auf irgend welche Bedingungen hin eingehen; denn der damals noch wüthende Kampf hatte bereits ungeheure Opfer an Menschenleben und Geld gekostet. Beinahe an 2000 Millionen Dollars Staatsschuld lasteten schon damals auf dem Lande; Steuern aller Art, von denen man früher keine Vorstellung ge= habt, waren Ursache gesteigerten Mißfallens mit der bestehenden Verwaltung.

Im Programme der Demokraten heißt es: „Da beinahe vier Jahre den Krieg als ergebnißlos für die Herstellung der Union erwiesen haben, da unter dem Vorwande militärischer Nothwendigkeit die Konstitution und die bürgerliche Freiheit verletzt worden sind und der materielle Wohlstand des Landes sehr her= untergekommen ist, so erfordern Gerechtigkeit, Humanität und das Staatswohl, daß unmittelbare Schritte zur Beendigung der Feindseligkeiten geschehen und der Friede herbeigeführt werde."

Dies hieß mit anderen Worten, daß die Unabhängigkeit des Südens aner= kannt werden solle, wenn auf keine andere Weise der Frieden herzustellen sei. — Die Bedeutung der Wahlbewegung ließ sich in zwei Namen zusammenfassen und der Feldruf lautete demgemäß: „Abe Lincoln oder M'Clellan?"

Das Volk mußte genau, was es wollte und was es von dem Einen wie von dem Anderen zu erwarten hatte.

Während die Wage des Kampfes noch hin und her schwankte, war jedoch Atlanta, einer der wichtigsten Punkte des Südens, in die Hände der Bundes= truppen gefallen. Hierdurch änderte sich die Lage der beiden streitenden Mächte gewaltig; denn damit gewann die Kriegsführung im Norden neuen, kaum noch erwarteten Aufschwung. Unter dem Einfluß dieses Erfolges wurde Lincoln am

8. November 1864 mit großer Stimmenmehrheit wieder erwählt. Alle Staaten des Nordens, nur drei (Delaware, New=Jersey und Kentucky) ausgenommen, stimmten für ihn, und zum Vize=Präsidenten wurde Andrew Johnson, damals Gouverneur von Tennessee, ernannt.

Seine Politik war also durch seine Wiederwahl vom Volke gebilligt worden und für alle seine Mühen und Gefahren konnte ihm, als bestem, unermüdlichem Diener, das Volk keinen schöneren Lohn zu Theil werden lassen. Besaß er selbst doch keinen anderen Ehrgeiz, als das Streben, die Angelegenheiten der Nation zum wahren Wohl derselben zu leiten. Selbst in den dunkelsten Stunden seiner Amtsführung, während der unglücklichen Kriegsjahre von 1861 bis 1863, als oft die muthigsten Herzen verzweifeln wollten, behielt er seine Selbstbeherrschung und sein festes Vertrauen auf die Vorsehung, welche Alles noch zum Rechten hin= ausführen würde.

Die ganze Hoheit seiner Herzenswünsche, denen auch sein Thun entsprach, drückte der Präsident in den schönen Worten aus, mit welchen er die feierliche Rede beim Antritt der zweiten Präsidentschaft schloß. „Ohne Rachegedanken gegen irgend Jemand", so sprach er, „erfüllt mit Liebe und Versöhnung für Alle, unter kräf= tigem Festhalten an dem Recht, welches uns Gott als das Rechte erkennen ließ, wollen wir die Vollendung des großen Werkes, das unser ganzes Wollen erfüllt, anstreben; die Wunden, aus denen die Nation blutet, mit zarter Fürsorge ver= binden und brüderlich den Tapfern unsern Beistand leihen, welche ihr Leben auf den Schlachtfeldern einsetzten. Laßt uns auch der trost= und hülfsbedürftigen Wittwen und Waisen der Gefallenen eingedenk bleiben; mit einem Worte: laßt uns Alles thun, was uns zu einem gerechten und dauerhaften Frieden unter uns selbst und mit allen andern Völkern der Erde verhelfen könnte."

Von solch' einem Biedermanne mochte das Volk sich nicht trennen, als seine Wiederwahl in Frage kam. Sie vorzüglich sollte wesentlich zum Siege der ge= rechten Sache beitragen. Die Südstaaten warteten mit Sehnsucht auf das Ende seiner Amtszeit, und nur die Hoffnung, daß durch die nächste Präsidentenwahl der Norden in unvereinbare Parteien zerfallen würde, hatte ihren Muth während des letzten Jahres, wo sie die größten Opfer bringen mußten, aufrecht erhalten. Die gänzliche Verzweiflung, die sich jetzt, wo ihre Hoffnungen gescheitert waren, der Gemüther im Süden, gegenüber einer immer hoffnungsloser erscheinenden Zukunft, bemächtigte, trug nicht wenig dazu bei, die Katastrophe zu beschleunigen, welche so jähe den allgemeinen Siegesjubel unterbrach.

Wenige giebt es wol heute noch, die nicht Lincoln's Staatsweisheit aner= kennen; auch der Süden, wenn nicht schon früher, wird dies wenigstens in seiner folgenden Generation thun, sobald er zur Erkenntniß gelangt ist, daß er nur ein Theil eines großen Ganzen sein, daß Sklaverei nicht den einzigen Grundpfeiler seiner Wohlhabenheit und irdischen Glückseligkeit bilden kann.

Wiederaufhiſſen des Sternenbanners der Union auf Fort Sumter am Todestage Lincoln's.

13. Abraham Lincoln's Tod.

Es war am 14. April, dem Charfreitage des Jahres 1865, am ſelben
Tage, an welchem vor vier Jahren das vielſternige Banner der Union auf Fort
Sumter niedergeſunken war, als die Nachricht von der Wiederaufhiſſung der
nationalen Fahne auf der genannten Bundesfeſte in Waſhington eintraf. Allge-
meine Freude herrſchte über die vom Kriegsſchauplatze eingegangenen erfreulichen
Botſchaften. Das letzte Bollwerk war dem Sonderbunde entriſſen; ſeine Heere
hatten ſich zerſtreut, ſeine beſten Führer waren gefallen oder auf dem Felde der
Uebermacht erlegen: der Sieg der Union war vollſtändig.

Der Tag verging unter vielfachen Geſchäften und Unterredungen und der
Präſident hatte ſich genöthigt geſehen, einige der erbetenen Audienzen auf den

nächstfolgenden Tag zu verschieben. Am Abend begab er sich mit seiner Gemahlin und zwei Begleitern in's Theater. Hier war eine Loge des ersten Ranges für den obersten Staatschef und seine Gesellschaft reservirt und vorn mit dem Sternen= banner geschmückt worden. Zu diesem geräumigen Platze führten zwei Thüren aus der benachbarten Gallerie. In einem dunkeln Korridor, dessen Wand einen spitzen Winkel mit einer der Thüren bildet, war jener ruchlose Mensch versteckt, welcher den Anschlag gegen des Präsidenten Leben mit außerordentlicher Berech= nung ausgedacht hatte. Alle möglichen Vorsichtsmaßregeln waren von ihm ge= troffen worden, um jeder Vereitlung seiner That vorzubeugen und zugleich seine Flucht zu sichern. In die Thür, welche zur Loge führte, hatte er ein kleines Loch gebohrt, durch welches man das Innere des Raumes übersehen konnte.

Während alle Zuschauer dem Fortgange der Vorstellung gespannt folgten, erscholl plötzlich ein Pistolenschuß und man sah, wie von der Loge des Präsidenten ein Mann unter dem Rufe „Freiheit!" nach der Bühne zustürzte. Als der in der Loge anwesende Major Rathbone den Mörder ergreifen wollte, ließ Letzterer sein Pistol fallen und zielte mit einem großen Messer auf die Brust seines Gegners. Dieser fing den Stoß auf, vermochte aber nicht, den Missethäter festzuhalten, obschon er ihn ohne Zögern am Gewande ergriff. Ohne sich zu besinnen, riß Jener sich jedoch los und sprang von der Logenbrüstung 12 Fuß tief auf die Bühne hinab, wobei er mit seinen Sporen ein großes Stück aus der Fahne herauszerrte. Aber schnell gefaßt erhob er sich, zückte den Dolch und verschwand mit den Wor= ten: „Der Süden ist gerächt!" in das ihm wohlbekannte Gewirr der Coulissen= räume, von wo er durch einen hinteren Ausgang entkam und auf einem draußen bereit gehaltenen Pferde davonsprengte. Zwischen der blutigen That und dieser Flucht, um halb 11 Uhr, war kaum ein Zeitraum von einer Minute vergangen.

Der Meuchelmörder, ein ehemaliger Schauspieler, nannte sich Wilkes Booth. Die tödtliche Kugel war in schräger Linie vom linken nach dem rechten Ohr in das Haupt des Präsidenten eingedrungen.

Der jähe Schrecken, welchen das tödtliche Attentat auf den Präsidenten in ganz Washington hervorrief, wurde noch an demselben Abend durch die schreck= liche Kunde verdoppelt, daß auch auf den Staatssekretär W. Seward ein Mord= anfall versucht worden sei. Ein junger Mann, Namens John Suratt, hatte sich in das Krankenzimmer des Ministers, welcher an den Folgen eines heftigen Falles darnieder lag, unter allerlei Vorwänden den Weg gebahnt. Nachdem er dort den Krankenpfleger zu Boden geworfen, gelang es ihm, dem Minister im Bette mehrere Messerstiche beizubringen und dann trotz des Widerstandes der inzwischen herbeigeeilten Familienmitglieder und Hausbewohner doch auf die Straße hinaus zu entkommen. Bereits am nächsten Morgen wurde er jedoch verhaftet. Der schwerverwundete Staatssekretär konnte nach wenigen Wochen wieder das Zim= mer verlassen.

Der zum Tode getroffene Präsident war mittlerweile aus dem Theater in ein dem letzteren gegenüber befindliches Haus gebracht worden.

Dort blieben die Nacht über seine Familienangehörigen, einige nähere Freunde, die Minister und mehrere Aerzte zugegen. Sein ältester Sohn, Kapitän Lincoln, der gerade an diesem Tage zum Besuche bei den Eltern angelangt war, suchte seine von Schmerz überwältigte Mutter zu beruhigen, mußte aber wiederholt selbst das Zimmer verlassen, um dem Ausbruch seiner Gefühle freien Lauf zu gönnen. Auch die anderen Anwesenden waren von tiefstem Schmerze ergriffen; dem Kriegs= minister Stanton, dessen Gemüth nicht so leicht zu erschüttern war, rollte doch zuweilen eine Thräne die Wange hinab. Der Sterbende lag ruhig athmend da, die Augen geschlossen. Das Bewußtsein kehrte nicht wieder. Gegen Morgen ver= kündeten die Aerzte, daß das edelste Herz der Union aufgehört habe zu schlagen.

Noch nie ist wol in der freudig erregten Stimmung eines ganzen Volkes ein so jäher und vollständiger Umschlag eingetreten wie an jenem unglücklichen Charfreitag im Herzen der amerikanischen Nation. Der festliche Schmuck in Straßen und Häusern war plötzlich verschwunden und verwandelte sich in Trauer= flor. Die unzähligen Nationalflaggen, welche so lustig im Winde flatterten, senkten sich; an einer Menge Privatwohnungen sah man die Jalousie=Läden ge= schlossen und mit Flor zusammengebunden, wie es in Amerika Sitte ist, wenn ein Trauerfall das Haus betroffen.

So endete das Leben Abraham Lincoln's, des 16. Präsidenten der Ver= einigten Staaten, im Anfang seines 57. Jahres und im zweiten Monat seiner zweiten Präsidentschaft. Im unerforschlichen Rathschluß der Vorsehung war es bestimmt, daß er durch eine Kugel, inmitten seiner Familie, von der Hand eines Meuchelmörders den Märtyrertod erleiden sollte. Es war ihm aber noch be= schieden, ein Vorgefühl des großen Segens, den er durch seine weise Verwaltung über das Land ausgegossen, zu genießen. Die ihm anvertraute Macht hatte er mit Erfolg benutzt, um das, was der Union gehörte, zurückzugewinnen und auf's Neue zu wahren. Kein Unions=Fort konnte an dem Tage, da er fiel, die Zeichen des Verraths mehr erheben. An seinem Todestage war die alte Bundesflagge von Neuem errichtet und von denselben Händen wieder auf Fort Sumter auf= gepflanzt worden, welche vor vier Jahren von der Rebellion genöthigt wurden, das Banner zu senken.

Es war ein trauriger, düsterer Apriltag, als auf den Schwingen des Blitzes die Nachrichten durch das Land zuckten: „Auf den Präsidenten ist geschossen! — er liegt im Sterben! — ist todt!" Als die furchtbare Gewißheit von Haus zu Haus ging, da beugten sich selbst starke Geister und gaben dem Schmerze Raum. Keine andere Anregung, als die Stimme des Herzens allein, rief über das ganze amerikanische Festland — vom Atlantischen Ozean bis zum Stillen Meer — dieselbe ernstgeweihte Stimmung wach.

So düster auch der Tag war, da die erste Nachricht durch das Land gegan= gen, in den Herzen der Patrioten sah es doch noch düsterer aus. Durch das ganze Land herrschte eine Trauer, wie im Herzen der Kinder, die am Todtenbett ihres Vaters stehen.

Man war gewohnt, wenn Alle schwankten, den Geist des eignen Widerspruchs zu unterdrücken. Zu oft hatte der Erfolg bewiesen, daß Lincoln meist das Rechte getroffen; man war gewohnt, von ihm, der mit glücklichem Griff Alles, was er anfaßte, zu Ende führte, die Verwicklungen heilsam gelöst und die Wohlfahrt des Vaterlandes kräftig gefördert zu sehen. Jetzt herrschte nur das e i n e Gefühl des dumpfen, stillen Schmerzes in Millionen Herzen.

Inzwischen lag der geliebte Todte im Paradebett auf einem prachtvollen Katafalk im Bundeskapitol, und Tausende von weißen und schwarzen Männern und Frauen standen davor, um noch einen letzten Blick auf den hingeschiedenen Vater der Nation zu werfen. Wieder an einem düsteren Apriltage, dem 19. des= selben Monats, trug man ihn hin zu seinem letzten Ruheort und beging in der Bundeshauptstadt die Leichenfeier. Durch das ganze Land erscholl der Donner der Kanonen und das Geläute der Glocken; die Geschäfte wurden geschlossen und inbrünstige Gebete zum Himmel emporgeschickt. Langsam bewegte sich der Leichen= zug nach dem letzten Ruheplatze, genau durch die Straße, auf welcher der Ver= klärte einst einhergezogen bei seinem ersten Gang zum Präsidentenstuhl. Längs der Schienenstraße, welche Baltimore, Philadelphia, New=York, Columbus, Indianapolis mit Chicago und Springfield verbindet, begrüßten Tausende den Paradesarg in dumpfem Schweigen. Doch noch ehe der Traueract beendigt war, durchzuckte die längst erwartete Nachricht das Land, daß der Mörder der ewigen Gerechtigkeit bereits überantwortet sei, und mit den Worten: „Nutzlos, nutzlos!" seine verbrecherische Seele ausgehaucht habe. Als die Trauer=Prozession dorthin sich wandte, wo einst im Jahre 1861 sich Tausende versammelt hatten, aus bloßer Neugier für den von seiner Partei so hochgehaltenen Volksmann, da fanden sich jetzt, vier Jahre später, Hunderttausende ein, die aus inniger Liebe und aufrich= tiger Trauer erschienen. Blumen schmückten die irdischen Ueberreste des Todten, feierliche Lieder wurden gesungen, das große Herz eines ganzen Volkes brach aus in einen einzigen Thränenstrom. Manche Kränze, die auf seinen Sarg in Washington gelegt wurden, bedeuteten noch mehr als ein Zeichen der allgemeinen Landestrauer: mehrere kamen von nahen Verwandten solcher Krieger, die einst, nach Kriegsrecht zum Tode verurtheilt, vom Präsidenten begnadigt worden waren. So trugen sie ihn heim, den bei seinem ersten Auftreten die Nation kaum kannte, den sie aber mitten im Sturm und Drang der vier Jahre unheilvollen Bruder= triegs als Freund und Vater kennen und lieben gelernt. Auf dem „Grünen Eichenkirchhof", in seinem trauten Springfield, dort senkte man ihn am 4. Mai in sein kühles Grab am Fuße eines Hügels, in der schönsten Gegend des Thales, über welchem prächtige Waldbäume, die letzten Ausläufer der Prärie, freundlich herüberschatten. Ein einfacher Leichenstein, mit dem einzigen Worte „L i n c o l n", bezeichnet die Stätte; die ganze Nation hat nur Einen dieses Namens, der ihr so genau bekannt und wie kein Anderer theuer ist.

Darunter ruht Alles, was von Abraham L i n c o l n sterblich ist.

Der u n s t e r b l i c h e Lincoln? — Heil ihm auf immer!

Heimkehr der Heere.

Die Vereinigten Staaten seit Lincoln's Tod.

In der erschütterndsten Weise unterbrach die Ermordung des Präsiden=
ten Lincoln dessen redliche Bemühungen, dem Lande den Segen des Frie=
dens so rasch als möglich wieder zu Theil werden zu lassen und die Menge
noch offener Fragen einer allseitig befriedigenden Lösung zuzuführen. Der
fanatische Booth gehörte einer Verschwörung an, welche sich zu dem Zwecke
gebildet hatte, durch die Ermordung der hervorragendsten Mitglieder der
Regierung, sowie der Generale Grant und Hallock die bereits verlorene
Sache des Südens wieder günstig zu gestalten. Indeß fiel Lincoln als
das einzige Opfer, denn das gleichzeitig gegen den Staatssekretär Seward
verübte Attentat führte, wie wir wissen, nur zu dessen Verwundung, und
die übrigen beabsichtigten Mordanfälle unterblieben.

Booth ward bei seiner Gefangennehmung erschossen, die anderen Ver=
schworenen theils hingerichtet, theils zu schweren Kerkerstrafen verurtheilt.

Den Bestimmungen der Verfassung gemäß wurde der Vizepräsident
Johnson Lincoln's Nachfolger. Von ihm, der oft genug seinem Zorne
über die Feinde der Union, die Verräther an dem großen gemeinsamen Vater=
lande in leidenschaftlichen Auslassungen Luft gemacht hatte, mußten der Süden
und seine Freunde (die demokratische Partei) selbstverständlich ein hartes
Strafgericht befürchten, der Norden dagegen und besonders die entschiedenen
„Republikaner" eine strenge Züchtigung der Rebellenstaaten als wohlver=
dient erhoffen. Selten aber hat sich das Urtheil über einen Staatsmann
binnen so kurzer Zeit so vollständig umgestaltet, wie das über den sieben=
zehnten Präsidenten der Vereinigten Staaten. Viel des Uebels freilich, das
sich unter Johnson entwickelte, ist zweifelsohne dem Umstande zuzuschrei=
ben, daß dieser im Grunde nur sehr mittelmäßig begabte Mann durch die
Ereignisse zu einer Stellung erhoben ward, welche auszufüllen ihm die Größe
des Geistes und höheres Verständniß fehlte.

Geboren am 29. Dezember 1808 zu Raleigh in Nord=Carolina, erlernte
Andreas Johnson daselbst die Schneiderprofession, arbeitete seit 1824 zu
Laurens Courthouse in Süd=Carolina und seit 1826 zu Greenville in Ten=
nessee; hier ward er 1828 und die beiden folgenden Jahre Alderman und
dann drei Jahre Stadtoberhaupt oder Mayor; 1833 dem Gesetzgebenden
Körper von Tennessee beigeordnet, gelangte er 1841 in den Senat; 1843
bis 1853 sehen wir ihn als Mitglied des Repräsentantenhauses in Washington
fungiren, 1853 ward er Gouverneur von Tennessee und trat 1857 für diesen
Staat in den Senat des Kongresses. Entschieden sprach er sich noch zu An=
fang des Jahres 1861 gegen eine Trennung (Secession) des Südens von
der Union aus und bemühte sich insbesondere, wenn auch vergebens, Ten=
nessee von dem Anschlusse an die rebellischen Südstaaten abzuhalten. Nach
der Eroberung von Nashville durch die Unionisten wurde Johnson 1862
Militärgouverneur von Tennessee, von welchem Posten ihn 1865 die Wahl
zum Vizepräsidenten der Union abrief.

Als bald darauf infolge jener Unthat die oberste Leitung der Unions=
angelegenheiten in die Hände Johnson's kam, vollzog sich zwar in seinem
Wesen keine Wandlung, aber indem er den Gedanken der Aufrechterhaltung
der Union zum Losungsworte aller seiner Handlungen machte, ward er zu
einem Verhalten gegen den Süden verleitet, das nothwendiger Weise den in
unerhört blutigen Waffengängen zum Austrag gebrachten Gegensatz zwischen
den Nord= und Südstaaten in einem Konflikte der obersten Unionsgewalten
fortspielen ließ. Nach Johnson's Auffassung hatte nämlich die Union that=
sächlich gar nicht aufgehört zu existiren, und daher schien ihm die Wieder=
herstellung der Zustände nach der Unterwerfung des Südens keine erheb=

lichen Schwierigkeiten zu haben und einer Mitwirkung der gesetzgebenden Gewalt gar nicht zu bedürfen. So schritt Johnson ohne die Theilnahme des Kongresses ans Werk und ließ sich an der Erfüllung derjenigen Bestimmungen seitens der Secessionisten genügen, welche schlechterdings unerläßlich erschienen. Zwar ließ er die Mitglieder der ehemaligen konföderirten (Südstaaten=)Regierung, einschließlich des Präsidenten Jefferson Davis, gefänglich einziehen und vor Gericht stellen; bald darauf jedoch hob er alle Beschränkungen des Binnenhandels auf, öffnete die noch unter Lincoln geschlossenen Häfen wieder und gewährte eine Amnestie, deren Beschränkungen nur scheinbar waren, denn den von ihr Ausgeschlossenen sollte das Recht zustehen, sich mit Begnadigungsgesuchen an den Präsidenten zu wenden. Die Südstaaten sollten ihren Sonderbestrebungen rückhaltlos entsagen, die Aufhebung der Sklaverei anerkennen und außerdem noch einige, indeß nicht sehr weit gehende Rechte den frei gewordenen Schwarzen zugestehen. Um einen so mäßigen Preis wollte Johnson den abtrünnigen Süden in alle seine früheren Rechte innerhalb der Union zurückführen und ihren Abgesandten ohne Weiteres die Befugniß einräumen, wie ehedem ihren Sitz im Kongreß einzunehmen. Diese Milde erschien jedoch nicht als versöhnende Nachgiebigkeit, sie war doch eine Schwäche, oder ein Mangel an Einsicht.

Selbstverständlich trat der Kongreß einer solchen Auffassung entgegen; schon deshalb weil die Neuordnung des Südens nur auf dem Wege der Gesetzgebung, also nicht durch den Präsidenten allein, vorgenommen werden konnte. Doch wollte es die Mehrheit der Kongreßmitglieder nicht sofort zu einem offenen Bruche mit Johnson kommen lassen. Ohne die rechtliche Gültigkeit seiner Anordnungen im Süden zu bestätigen, schlug man lieber einen versöhnlichen Mittelweg ein. Freilich genügte der kundgegebene Mangel an Willfährigkeit dem Präsidenten vollkommen, um den in ihm schlummernden bösen Eigenschaften den Zügel schießen zu lassen. Unwahr, dabei hartnäckig, unvernünftig und doch listig, eitel und übellaunig, eben so gierig nach Popularität, als willkürlich in seinen Verfügungen, unsteten Geistes, aber beharrlich in seinen Willensäußerungen, sah er den Präsidentenstuhl als einen Baumstumpf oder einen Thron an, je nachdem er den Antrieb fühlte, zu überreden oder zu befehlen. Er wurde aus einem Verabscheuer von Hochverräthern deren Werkzeug, er, der frühere Ankläger der Rebellenstaaten sank in Abhängigkeit von ihrer Unterstützung herab.

Immer unverhaltener zeigte sich die Mißstimmung, welche infolge dieses Gebarens das ganze Land durchzog. Hier und da trat sie selbst in heftigen Ausbrüchen zu Tage, indem die entschiedenen Republikaner und die Anhänger Johnson's sich förmliche Schlachten lieferten. Eine Gefährdung des Nordens durch den Süden oder auch nur eine ernstliche Rivalität des letzteren gegen den ersteren im Westen, war freilich nicht mehr denkbar:

Kansas, das anfängliche Streitobjekt, sowie Nevada und Nebraska gehörten bereits als anerkannt freie Staaten der Union an; auch ein Theil Virginiens hatte sich von der Südstaaten-Konföderation losgesagt, jene weiten Gebiete des Westens aber, welche die Wiege neuer Territorien und Staaten sind, bedurften der freien Arbeit des Nordens, und ebenso gewiß erschien es, daß in dem Gebiete der Secession selbst die freie Arbeit, wenn auch langsam, Wurzel fassen, allmälig tiefer und tiefer eindringen und zuletzt den ganzen Süden in seiner Eigenthümlichkeit wesentlich verändern, innerlich umgestalten würde. Deshalb beschränkten sich die gegen Johnson's Bestrebungen gerichteten Maßregeln des Kongresses darauf, die Uebergriffe des Präsidenten durch entsprechende Gesetze, zu denen namentlich das im März 1867 über eine vorläufige militärische Verwaltung der Südstaaten erlassene Gesetz gehörte, unschädlich zu machen und seine Pläne zu durchkreuzen. Auch lehnte das Repräsentantenhaus die bereits im November 1867 beantragte förmliche Anklage des „schlechten Regenten im Weißen Hause" als unzweckmäßig ab.

Dieser unwürdige Nachfolger Lincoln's dagegen sann immer auf neue Tücken, und nachdem er jahrelang auf dem äußersten Rande des Gesetzes wie auf einem schlaffen Seile balancirt, that er endlich einen Fehltritt und — brach das Gesetz, indem er am 21. Februar 1868 den Kriegsminister Stanton eigenmächtig, ohne die verfassungsmäßige Zustimmung des Senats, absetzte und an dessen Stelle ebenso eigenmächtig den 70jährigen General Lorenzo Thomas ernannte. Dieses „schwere Kriminalvergehen" bildete den Tropfen, der den Inhalt des Sündenmaßes Johnson's zum Ueberlaufen brachte." Die Aufregung, welche infolge dessen namentlich in Washington und New-York herrschte, hatte seit dem denkwürdigen Tage, an dem das Bombardement des Forts Sumter gemeldet wurde, kaum ihres Gleichen gehabt. Die Spezialtelegramme der New-Yorker Zeitungen aus Washington nahmen in einzelnen Nummern den Raum von sechs Spalten des Formats der Londoner „Times" ein, denn jede Bewegung und jedes Wort Stanton's, Thomas', Johnson's, des Generals Grant und der hervorragendsten Kongreßmitglieder ward gemeldet. Genug, schon am 22. Februar, dem Geburtstage Washington's, an welchem sonst keine Sitzung stattfindet, ward im Repräsentantenhause das Anklageverfahren gegen Johnson abermals beantragt und dieser Antrag am 24. Februar mit großer Stimmenmehrheit angenommen. Daraufhin begaben sich am folgenden Tage zwei Deputirte des Repräsentantenhauses in den Senat — der eine derselben, der greise und fast schon mit einem Fuß im Grabe stehende Stevens, mußte auf einem Lehnstuhl hingetragen werden — und zeigten in feierlicher Weise an, daß das Repräsentantenhaus im Namen des Volks der Vereinigten Staaten den Präsidenten Johnson als des Staatsverbrechens Angeklagten vor die Schranken des Senats als höchsten politischen Gerichtshofes fordere.

General Ullyses Grant.

So war der bis jetzt in der Geschichte der Union unerhörte Akt ein=
geleitet: das Oberhaupt der Vereinigten Staaten wurde vor die Schranken
der Justiz gerufen. Wir übergehen die verschiedenen Phasen der lang=
athmigen und langweiligen Prozedur, die denn doch schließlich einen anderen

4*

Ausgang fand, als allgemein angenommen ward. Denn in der öffentlichen Meinung galt der Präsident bereits für so gut wie verurtheilt. Als indeß am 16. Mai die Abstimmung über den wichtigsten, Johnson des Hochverraths und des Verfassungsbruchs beschuldigenden Artikel abgestimmt wurde, sprachen sich von 54 Stimmen doch nur 35 für die Schuld des Präsidenten aus, den somit, da nur eine Stimme an der nöthigen Zweidrittel=Majorität fehlte, ein einziges Nein vor der Verurtheilung bewahrte. Möglich, ja wahrscheinlich, daß dabei einige Senatoren ein falsches Spiel gespielt, allein man verzichtete auf eine Untersuchung wegen Bestechung der Verdächtigen und tröstete sich, daß ja das Regiment Johnson's blos noch kurze Zeit dauerte. Um so lebhafter richteten sich nun schon alle Gedanken auf die neue Präsidentenwahl. Aus den hochgehenden Wogen des Parteikampfes ging der beliebte Obergeneral Ulysses Grant (geb. 27. April 1822 zu Mount=Pleasant in Ohio), der Kandidat der großen republikanischen Partei und namentlich ihres gesunden Kerns gemäßigter Elemente, als Sieger hervor.

Dieser hat den auf ihn gesetzten Erwartungen allerdings auch nicht allenthalben entsprochen. Insbesondere fehlte es nicht an Mißgriffen bei Besetzung der Staatsämter, man klagt, daß der Präsident verwandschaftliche Stellenjäger zu oft berücksichtigte und dadurch der allerwärts herrschenden Bestechlichkeit Vorschub geleistet habe. Trotz diesen Klagen bilden doch die Zustände in den Vereinigten Staaten unter Grant's Präsidentschaft einen höchst erfreulichen Gegensatz zu der sturmgepeitschten Zeit des großen Bürgerkriegs und dem auf dem Fuße folgenden Streite zwischen den beiden obersten, aus dem allgemeinen Wahlrecht hervorgegangenen Staatsgewalten, dem Kongreß und dem Präsidenten. Heute ist es eine allbekannte Thatsache, daß die zukunftsreiche Republik der Vereinigten Staaten mit ihren riesigen Hülfsquellen und ihrer unternehmenden und thätigen Bevölkerung nach einem beispiellosen heftigen Bürgerkriege aus den laufenden Einnahmen (die am 30. Juni 1871 einen Ueberschuß von fast 100 Millionen Dollars ergaben!) nicht nur die Zinsen einer neu geschaffenen Schuld von mehr als drittehalb Milliarden Dollars unverkürzt berichtigt, sondern auch monatlich 4 bis 7 Millionen Ersparungen aufzuweisen hat. Während dergestalt die gesammte Staatsschuld (ungerechnet die während des Krieges auf 2000 Mill. Dollar angewachsene Schuldenlast des Südens, die, weil natürlich vom Norden nicht anerkannt, als ein allerdings verlorenes Kapital zu betrachten ist) sich am 1. September 1865 auf die Summe von 2,757,689,571 Dollars belief, war sie am 1. Juli 1871 schon auf 2,398,248,099 Dollars zurückgegangen. Wie leicht ergießt die ernste und friedliche Arbeit eines freien Volkes das Füllhorn des Segens über unser Geschlecht, segensreicher als geräuschvoll glänzende Thaten von blendendem Strahlenkranz umgeben. Als ein solches Friedenswerk von höchster Bedeutung darf auch der durch ausgedehnte menschenleere Wildnisse führende Eisenstrang, welcher die Gestade des Atlantischen mit denen des Stillen Ozeans verbindet, darf die 1862 begonnene und am 10. Mai 1869 vollendete Pacificbahn freudigst begrüßt werden. Derselben kommt an Wichtigkeit nur die schon seit 1855 im Betrieb befindliche Panamabahn nahe. Außer der bereits im Gange befindlichen werden jedoch noch drei weitere Pacificbahnen gebaut werden, und es wird der majestätische Mississippi bei Saint Louis unter das Joch einer Brücke gezwungen, während die nimmer rastende Unternehmungslust sich ernstlicher denn je mit dem öfters schon aufgetauchten Plane einer Durchstechung der Landenge von Panama (Kanal von Darien) beschäftigt. Bei dieser so lebhaft sich äußernden Bewegung des nordamerikanischen Staats- und Kulturlebens nach Westen ist es sehr natürlich, daß bereits vielfach die Frage der Verlegung der Hauptstadt der Union nach einem natürlicheren Mittelpunkte besprochen worden ist.

Auf den verfassungsmäßigen Wiederaufbau der Union darf Präsident Grant mit Befriedigung blicken. Die 11 Staaten, welche zur Zeit der Unterwerfung der Rebellion ohne gesetzliche Regierung waren, konnten sämmtlich wieder in die Union aufgenommen werden, da sie mit der Zeit alle Vorschriften des Kongresses erfüllten. Noch bedeutsamer ist, daß zu Anfang des Jahres 1870 schon so viel Einzelstaaten den fünfzehnten Zusatzartikel zur Unionsverfassung angenommen hatten, daß er für den ganzen Umfang der Union Geltung bekam. Dieser Zusatzartikel macht das Stimmrecht unabhängig von Abstammung oder Hautfarbe, bewilligt also das Negerstimmrecht. Und als sollte die Union sogleich auf die Probe gestellt werden, ob und wie sie diese der Ueberlieferung und dem Volksgefühl so sehr zuwiderlaufenden Theorie in Wirklichkeit zu vertragen vermöchte, ward auch alsbald vom Staate Mississippi der Neger Revels als Senator in den Kongreß gewählt. Der Senat beschloß seine Zulassung, das Gesetz bestand somit die erste Probe, und die Humanität hatte wieder einen ihrer glänzenden Siege zu verzeichnen. Gewiß ein wunderbarer Umschwung der Dinge! Es mußten grauenhafte Dinge abspielen, der Boden der Union im blutigsten Ringen erbeben, bevor sich ein solches Ereigniß in den Hallen des Kapitols vollziehen konnte!

Hierbei sei noch einer anderen bedeutungsvollen Thatsache gedacht. Schon etwa ein Jahr vorher, im Januar 1869, war vom Staate Missouri auch der erste Deutsche in den Senat gewählt worden, nachdem er bereits seit Langem zu großem Einfluß gelangt war: wir meinen Karl Schurz, den einstigen Schüler, Parteigenossen und Retter Gottfried Kinkel's, der von Lincoln als Vertreter Nordamerika's an den spanischen Hof geschickt worden war und sich nachher auch als tapferer und umsichtiger General im Bürgerkriege ausgezeichnet hatte. Es bewies die hervorragende Stellung unseres Landsmannes ganz augenfällig, daß die Anglo-Amerikaner sich daran gewöhnten, in den Deutschen Nordamerika's nicht länger blos ein soziales, sondern auch ein politisches Element zu erblicken. Dazu kam, daß die Deutschen, selbst durch ein größeres Selbstgefühl gehoben, schon vor Ausbruch des Deutsch-französischen Krieges angefangen hatten, eine wichtigere Rolle in dem so vielgestaltigen Parteileben der Union zu spielen. Um so leichter ward es dem Präsidenten Grant, nach Wiederaufrichtung des deutschen Kaiserreichs, in einer vom 7. Februar 1871 datirten Botschaft die veränderte Weltstellung des geeinten Deutschlands dadurch anzuerkennen, daß er den nordamerikanischen Gesandtschaftsposten in Berlin auf gleiche Stufe mit dem zu London und Paris gebracht wissen wollte. Damit gab er zwar nicht der anglo-amerikanischen Gefühlsstimmung Ausdruck — denn die Liebe der Yankees besitzen die Deutschen nicht —, wohl aber dem Ergebniß einer nüchternen Erwägung der Thatsachen, der sich auch die Anglo-Amerikaner nicht hatten verschließen können, und die sie endlich zur Respektirung der so ansehnlichen Nationalität der Deutschen nöthigte. Der Yankee ahnt, daß ein Stück Deutschlands in Nordamerika liegt und sich organisch mit dem Staatsleben der Union verschmilzt, ohne des eigenen Ursprungs zu vergessen. Er begreift nachgerade, daß der Deutsche nicht blos zum Handwerker, Farmer und Kaufmann gut ist, sondern auch zum Mitregierer im Lande. Gewiß werden auch fernerhin die Nachkommen der Deutschen in der transatlantischen großen Republik unter einem andern Himmel und belebt von einer eigenartigen politischen und sozialen Atmosphäre nicht dieselben bleiben und bleiben können wie ihre Vorfahren. Aber sie werden in der Regel nicht so leicht Anglo-Amerikaner, sondern deutsche Amerikaner werden. Wo nur immer auf dem weiten Unionsgebiete eine Zahl Deutscher an demselben Orte wohnen — und diese Vereinigung wächst und wird noch mehr wachsen —, da bleibt die deutsche Sprache in Ehren und ein gutes Stück deutscher Sitte und deutschen Geistes erhält sich, wenn auch nicht ohne Umbildung, und dieses amerikanische Deutschthum wird sich stetig ausbreiten. Noch mehr: man darf mit Sicherheit behaupten, daß der amerikanische Nationaltypus mit Riesenschritten einer Umänderung entgegengeht und daß in kurzer Zeit ein neues Geschlecht von anderem Typus, und daß neben demselben insbesondere der deutsche Typus der vorherrschende sein wird.

Nach der neuesten Volkszählung von 1870 waren von den Bewohnern Nordamerika's 5,556,546 in der Fremde geboren und stammten 10,892,015 von in der Fremde geborenen Eltern ab, macht in Summa 16,458,561. Diese Zahl bildete beinahe schon die Hälfte der Gesammtbevölkerung von 38,650,000 Seelen, die sich auf folgende 37 Staaten und 11 Territorien vertheilen: I. auf die Neu-Englands-Staaten Massachusetts, Maine, Connecticut, Vermont, New-Hampshire und Rhode Island mit zusammen 3,487,924 Seelen auf 3215 geographischen Quadratmeilen; II. auf die mittleren Staaten New=York, Pennsylvanien, New=Jersey, Maryland und Delaware, sowie den Distrikt Columbia mit zusammen 9,838,009 Seelen auf 5391 Q.=M.; III. auf die südöstlichen Staaten Virginien, Georgien, Nord=Carolina, Süd=Carolina, West=Virginien und Florida mit zusammen 4,826,830 Seelen auf 12,385 Q.=M.; IV. auf die südlichen Staaten Ken= tucky, Tennessee, Alabama, Mississippi, Texas, Louisiana und Arkansas mit zusammen 6,426,316 Seelen auf 25,825 Q.=M.; V. auf die nordwestlichen (Central=) Staaten Ohio, Illinois, Missouri, Indiana, Jowa, Michigan, Wisconsin, Minnesota, Kansas und Nebraska mit zusammen 12,962,931 Seelen auf 28,259 Q.=M.; VI. auf die pacifischen Staaten Kalifornien, Oregon und Nevada mit zusammen 693,637 Seelen auf 18,642 Q.=M.; VII. auf die Territorien Neu=Mexiko (seit 1850), Arizona (seit 1863), Utah (seit 1850), Colorado (seit 1861), Washington (seit 1853), Idaho (seit 1868), Montana (seit 1864), Dakota (seit 1868) und Wyoming (seit 1868) mit zusammen 311,030 Seelen auf 45,764 Q.=M., sowie außerdem auf das Indianergebiet mit einer unbekannten Bevölkerungszahl auf 3245 Q.=M. und das 1867 von Rußland erworbene Territorium Alaska mit etwa 75,000 Seelen auf 27,158 Q.=M. Farbige giebt es im Ganzen 4,889,193, In= dianer 25,506 und Chinesen (einschließlich Japanesen) 63,233.

Noch ein Umstand verdient Erwähnung, welcher den deutschen Abkömm= lingen eine große Zukunft in den Unionsstaaten sichert. Es ist eine feststehende Thatsache, daß sich die in der Union heimatberechtigten Deutschen bedeutend stärker vermehren, als dies durchschnittlich bei der anglo=amerikanischen Rasse stattfindet. Dagegen sterben die alten amerikanischen Familien außerordent= lich rasch aus. Die heiße Jagd nach Erwerb, vornehmlich in den Groß= städten, die allgemeine Unlust der Mütter, sich selbst mit der Pflege und Er= ziehung ihrer Kinder zu befassen, die ganze Ueberreizung des amerikanischen Thuns und Treibens trägt schon überall sichtbar die übelsten Folgen. Der deutsche Stamm aber dauert nicht blos unter den verschiedensten klimatischen Einflüssen länger aus, er ist auch sittlich nicht so leicht zu verderben, wenn er nur sich selbst treu bleibt. So ist es denn auch jetzt das deutsche Element, auf das der Widerstand einer Schar energischer Männer gegenüber der ein= gerissenen Verderbniß in der Staatsverwaltung, gegen die Aemterjägerei, die Bestechlichkeit der Beamten u. A. m. sich vorzugsweise stützt. Schließlich lehrt — allen Erwartungen zum Trotz — die Erfahrung, daß der Strom der deutschen Auswanderung, der schwerlich in Bälde seine Richtung nach den Vereinigten Staaten verlassen wird, statt nachzulassen, sogar immer mehr anschwillt. Gegen diese Hunderttausende alljährlich Einwandernder will die irische Einwanderung nicht viel heißen, noch weniger die der Ro= manen, welche überhaupt in der Union nur schwach vertreten sind. Dagegen nimmt die Einwanderung der Chinesen zu und man wird Ursache haben, dieses neue eigenthümliche Kultur- und Arbeitselement ernstlich in Betracht zu ziehen.

Ist es unter den geschilderten Verhältnissen zu kühn, zu behaupten, daß aus nicht zu bedeutender Ferne der Tag herannaht, an dem die Deutschen der Vereinigten Staaten nach Zahl und Einfluß gleichbedeutend neben den Anglo-Amerikanern stehen? Dann wird die Weltgeschichte das schöne erhebende lebende Bild, vielleicht das großartigste, das sie jemals aufgewiesen, zeigen: das alte Deutschland in Europa und das junge Deutschland in Amerika in lebender Wechselwirkung! . . .

Doch wenden wir uns von der Zukunft zur Gegenwart zurück! Da gipfelt unsere Betrachtung der neuesten Entwicklung der Vereinigten Staaten in der Wahrnehmung, daß sie erst seit dem blutigen Kampfe gegen die Sklaverei das vollkommen geworden sind, was sie von ihrer Unabhängigkeitserklärung an sein sollten, nur aber eben wegen der sich mehr und mehr ausdehnenden Sklaverei nur zum Theil geworden waren: die Vorkämpferin für eine neue politische Ordnung der Dinge, für neue Ideen und Bürgerrechte. Zugleich sind sie durch ihre Stellung, durch den Volksgeist und durch ihre natürlichen Hülfsmittel auf eine rasche Entwicklung und auf große Ziele des Strebens hingewiesen. Unter diesen Umständen sind nicht blos heftige und selbst leidenschaftliche innere Kämpfe unausbleiblich, sondern es steht nicht nur eine immer größere Ausdehnung ihres Riesenleibes zu erwarten, sondern auch ein stets bedeutungsvolles Eingreifen der Union in den dröhnenden Gang der Weltgeschichte.   Dr. H. Schramm.

Das weiße Haus in Washington.

Ende des Bandes.